国际法文库

INTERNATIONAL LAW LIBRARY

黄进 总主编

肖永平 执行主编

专著系列

黄志雄 主编

国际民事诉讼中的临时救济研究

Study on

Provisional Remedies

in International Civil Litigation

张文亮 著

法律出版社

LAW PRESS · CHINA

北京

图书在版编目（CIP）数据

国际民事诉讼中的临时救济研究 / 张文亮著.
北京：法律出版社，2024. -- ISBN 978-7-5197-9262-6

Ⅰ. D997.3

中国国家版本馆 CIP 数据核字第 2024L3X358 号

国际民事诉讼中的临时救济研究
GUOJI MINSHI SUSONG ZHONG DE LINSHI JIUJI YANJIU

张文亮 著

策划编辑 沈小英
责任编辑 刘晓萌 鲁 安
装帧设计 李 瞻

出版发行 法律出版社
编辑统筹 法治与经济出版分社
责任校对 王语童
责任印制 吕亚莉
经　　销 新华书店

开本 710 毫米×1000 毫米 1/16
印张 16.5 **字数** 313 千
版本 2024 年 11 月第 1 版
印次 2024 年 11 月第 1 次印刷
印刷 三河市龙大印装有限公司

地址：北京市丰台区莲花池西里 7 号（100073）
网址：www.lawpress.com.cn
投稿邮箱：info@lawpress.com.cn
举报盗版邮箱：jbwq@lawpress.com.cn

销售电话：010-83938349
客服电话：010-83938350
咨询电话：010-63939796

书号：ISBN 978-7-5197-9262-6
定价：99.00 元

凡购买本社图书，如有印装错误，我社负责退换。电话：010-83938349

总序一

当今之世界，随着全球投资贸易不断增长，科学技术特别是信息技术飞速进步，通信和交通日益便捷，人文交流蓬勃发展，经济全球化、政治多极化、文化多元化、社会网络化、法律趋同化已成为天下大势。在这种背景下，作为国际社会最为重要的行为规范，国际法在全球治理中发挥着不可替代的作用。

今日之中国，秉持“创新、协调、绿色、开放、共享”五大发展理念，正在全面建设小康社会、全面深化改革、全面推进依法治国、全面从严治党、全面参与全球治理。在这个过程中，国家始终坚持统筹国内国际两个大局，于内，追求实现“两个一百年”奋斗目标，追求实现中华民族伟大复兴的中国梦。于外，坚定不移对外开放，参与全球治理；坚持和平发展、合作共赢；积极构建中国特色大国外交，完善对外战略布局，既“请进来”，又“走出去”，加快推进“一带一路”建设；坚决维护国家主权、安全、发展利益，争取良好国际环境，维护世界和平稳定，促进各国共同发展，打造“人类命运共同体”。毫无疑问，坚持统筹国内国际两个大局，不仅要全面推进依法治国，加强国内法治，而且要在全球治理中高度重视和善于发挥国际法的作用，加强国际法治，推进国内法治与国际法治良性互动，特别是要完善中国自己的涉外法律法规体系，积极参与国际规则的制定，增强中国在国际法律事务中的话语权和影响力，运用法治思维和法治方式依法处理涉外事务，强化涉外法律服务，加强国际法治合作。

当下之中国国际法学界，经过改革开放 30 多年的建设和发展，可以肯定地说，国际法学科体系不断健全，学术队伍不断壮大，国际学术交流与合作不断拓展，学术水平和创新能力不断提高，培养了一大批国际法专门人才。而且，广大国际法专家学者解放思想、实事求是、求真务实、与时俱进，深入研究和回答中国改革开放面临的国际法理论和实践问题，产出了一大批有分量的学术成果，为国际法学的繁荣发展和国家改革开放及现代化建设做出了重要贡献。但应该指出的是，中国国际法学领域还存在一些亟待解决的问题。比如，国家缺乏整体的国际法学科发展战略规划，国际法学科建设放任自流，各国际法机构各自为阵；国际法人才队伍学术原创能力和解决实际问题的能力不强，活跃在世界国际法舞台的人才不多，总体素质亟待提高；国际法人才培养体系不健全，德行教育与知识传授相分离、理论培养与实践训练相脱离、国内培训与国际培训相隔离；国际法学术研究缺少精品力作，还没有产出具有广泛国际影响的创造性思想成果和理论成果，在国际规则制定和国际法律事务中的话语权和影响力不大。可以这样说，中国国际法学界目前在学术命题、学术思想、学术观点、学术标准、学术评价、学术话语上的能力和水平同中国综合国力和国际地位还不太相称。

综上所述，国际法在国际社会中的重要地位日益凸显，中国全面推进依法治国、对外开放、参与全球治理，亟须掌握和运用国际法，中国国际法学界仍处于有数量缺质量、有专家缺大师以及作用没有充分发挥出来的状态。我们所处的时代表明，这是一个需要国际法的时代，这是一个需要国际法理论创新而且一定能够产生国际法新理论的时代，这是一个需要国际法思想而且一定能够产生国际法新思想的时代。所有这些，正是我们编辑出版“国际法文库”以推动国际法学繁荣发展的初衷。

“国际法文库”将坚持兼容并包、思想自由。主张立足中国、借鉴国外，挖掘历史、把握当代，关怀人类、面向未来，着力推进构建既具有中国特色、中国风格、中国气派，又能进入世界学术话语体系的国际法学。

“国际法文库”将坚持问题导向。面对中国改革开放的新常态、国际局势的新变化，世界范围内各种思想文化交流交融交锋的新形势，只有聆听时代的声音，回应时代的呼唤，认真研究国家深化对外开放、全面参与全球治理的重大而紧迫的问题，才能真正把握历史脉络，找到发展规律，推进国际法理论创新和全球治理实现良法善治。

“国际法文库”将坚持跨学科研究。国际法律问题涉及国际社会生活的方方面面，具有跨学科性，需要从多学科视角，运用学科交叉融合的方法，进行跨学科研究。也就是说，对于国际法律问题，不仅要从国际公法、国际私法、国际经济法等国际法学视角进行研究，而且还要从宪法、行政法、民商法、刑法、诉讼法等国内法学视角进行研究；不仅要从法学视角进行研究，而且还要从国际政治、世界历史、全球经济、人类社会变迁、多元文化交融、地球生态文明等视角进行研究。跨学科研究在于坚持用联系的发展的眼光看待问题，增强研究的整体性、系统性、协调性、战略性，促进问题合情、合理、合法的解决。

“国际法文库”将坚持创造创新。创新是一个民族进步的灵魂，也是引领理论发展的动力。创新，就是有所发现、有所发明、有所创造。国际法理论的生命力在于创新，只有不断进行探索，才能推进国际法思想创新、知识创新、理论创新、制度创新、方法创新。国际法理论创新要从问题开始，发现问题、筛选问题、分析问题、研究问题、解决问题的过程就是创新的过程。国际法理论创新不必贪大求全，发现新事实、新材料、新现象是创新，阐明一个新原理、提出一种新学说、揭示一条新规律是创新，发明一项新技能、找到一条新路径、创造一种新方法也是创新。

“国际法文库”设专著系列、译著系列、实务系列、文集系列，是法律出版社与武汉大学国际法研究所共同打造的学术品牌。法律出版社在中国出版界特别是法学、法律出版领域的龙头地位自不待言。这里有必要对武大国际法所多说几句。武大国际法所是我国著名法学家、教育家、国际私法一代宗师韩德培先生于1980年创办的，是我国高校设立的第一个国际法研究所。该所自创立以来，自强不息，追求卓越，先后培养了一大批已在学术和实务方面崭露头角的国际法专门人才，先后产出了一大批具有较高水平的国际法学术成果，先后两次被评为国家级重点学科，2000年被确定为教育部人文社会科学重点研究基地，2015年入选首批国家高端智库。可以肯定地说，武大国际法所是当今中国国际法领域的学术重镇，不断推进中国国际法人才培养、科学研究和新型智库建设，不仅是它义不容辞的责任，更是它崇高而神圣的使命。正是基于这种情怀，武大国际法所与法律出版社携手合作，设立了这个“国际法文库”。这是为中国国际法学界开辟一块新的学术园地，建造一个新的学术舞台。“国际法文库”是自由、开放、包容、多元的，海内外的国际法同仁都可以在这块园地里辛勤耕耘，春播夏种、秋收冬藏；也都可以在这座舞台上翩翩起舞，崭露头角、一展锋芒。我真诚希望，所有以国际法为志业、立志为中国国际法事业做出贡献的海内外同仁，都能把“国际法文库”视为我们共同的国际法事业的一部分，关心之、支持之、帮助之、鞭策之，勿忘初心、久久为功，去迎接我们共同期待的中国国际法学界百花齐放、百鸟争鸣的春天。

是为序。

 *

2016 年 12 月 1 日于北京

---

* 黄进，中国政法大学教授，中国法学会副会长，中国国际法学会会长，中国国际私法研究会会长。

总序二

随着中国日益接近世界舞台的中央，我国迫切需要加强国际法律共同体建设，利用国际法维护世界和平和人类命运共同体以及可持续发展，保障中国的正当利益。因此，不管是国际法制度构建，还是国际法理论创新，抑或是国际法实践引领，中国都需要从“被动适应者”向“主动引领者”转变。

由我国著名法学家、教育家、社会活动家、国际私法一代宗师韩德培先生创办的武汉大学国际法研究所是1980年由原国家教委批准成立的中国高校第一个国际法研究机构；1981年设立博士点；1995年建立博士后流动站；1996年列为“211”工程重点建设单位；2000年被教育部批准为普通高等学校人文社会科学重点研究基地；2004年被批准为“985”工程哲学社会科学创新基地；2015年被中宣部确定为首批国家高端智库试点建设单位。她一贯秉持国际公法、国际私法、国际经济法的全面和综合研究，积极拓展联合国法、欧洲联盟法、国际能源法、电子商务法、国际发展法、国际网络法、国际投资法、国际金融法、国际体育法、世贸组织法、海洋法和海商法等前沿学术领域，形成了学科研究方向齐全、学科发展水平一流、咨政服务能力突出、教学科研成果领先的鲜明特色。

但是，不管是作为教育部的人文社会科学重点研究基地，还是作为国家高端智库，仅仅依靠一个研究所的力量难以实现中国国际法理论的创新，难以实现中国从国际法的“被动适应者”向“主动引领者”的转变。当下，中国面临的问题在全球化进程中愈加凸显其复杂性，许多问题往往需要从不同学科、不同视角、不同谱系进行合理的理论解释、作出正确的政策选择；而不同学者、学术机构、智库在不同领域具有相对优势，或者因所在区域不同而存在区域政策问题的竞争优势。因此，团结、组织中国国际法学者共同攻关、协同创新是获得国际竞争优势、创新中国国际法理论，进而实现中国从国际法的“被动适应者”向“主动引领者”转变的必由之路。正是出于这种考虑，我们与法律出版社合作出版“国际法文库”，希望集中展示中国学者的国际法著述和学术见解，及时传播国外国际法学界的最新研究成果，协同研究中国面临的重大国际法实践问题，不断增强中国国际法理论的国际话语权，不断提升中国国际法制度的国际吸引力，不断提高中国国际法实践的国际影响力。

因此，“国际法文库”将面向中国国际法理论界和实务界广泛征集选题，通过自荐与他荐相结合的方式，由丛书编辑委员会根据其学术性、思想性和创新性决定出版选题。本文库分为专著系列、译著系列、实务系列和文集系列。

专著系列旨在集中呈现中国学者在国际法领域的理论研究成果，引导中国国际法学界关注国际学术动态、设置前沿学术议题、营造良好学术风气，推动中国国际法理论创新。以学术性和创新性为选题标准，主要出版中国学者关于国际法领域具体问题的创新性研究成果。

译著系列旨在全面推介国际社会国际法理论的经典著作和最新成果，促进中外国际法理论的交流与交锋，促使中外国际法实践的互动与创新。以思想性与新颖性为选题标准，主要出版国际社会在20世纪90年代以后创作或再版的国际法著作的译作。

实务系列旨在在中国国际法理论研究和实践运用之间架起桥梁，促使中国国际法研究更加贴近国家和社会的现实需要，在国际法理论的支撑下运用国际法规则分析和解决实践中出现的问题。以对策性与实用性为选题标准，主要出版针对实践中的国际法问题，特别是与中国密切相关的国际法问题的著作，强调贴合国家对外交往实际需要，关注操作层面的问题选择、分析和解决方案。

文集系列旨在及时反映中国国际法学界举办的学术会议成果，提高学术交流的质量，加强学术交流的深度，扩大学术交流的影响。以新颖性与可行性为选题标准，主要出版能够设置学术议题、引领理论前沿的论文集。

我们相信,在中国国际法学界同仁的关心、支持与积极参与下,“国际法文库”一定能够实现上述目的,为中国国际法的理论创新、制度变革和实践引领贡献她应有的智慧、发挥她应有的作用。

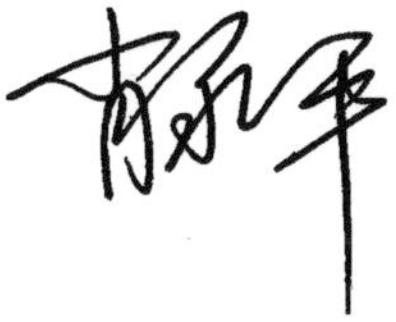*

2017 年元旦于武汉

* 肖永平,武汉大学国际法研究所所长,长江学者,法学教授,中国国际私法研究会常务副会长。

Contents

目录

绪　论

第一节　引　　言

处在全球化不断推进和彼此空间距离持续被压缩的时代,国际民商事交往已经成为我们当代生活不可或缺的一部分。作为"经济人",我们总是在权衡利弊的基础之上寻求国际民商事交往中的最优选择。国际民商事交往有力推动了国际流通和全球资源互补,但同时伴随大量跨境纠纷出现。为此,我们一方面努力提升国际民商事交往的质量,另一方面设法降低国际民商事交往的弊端,而对国际民商事纠纷解决机制的设计便是其中极为重要的一环。国际民商事纠纷的解决方式多种多样,包括但不限于诉讼、仲裁、调解、和解及其他替代性纠纷解决方式。其中,国际民事诉讼一直是最为传统和基本的跨境纠纷解决方式。①

国际民事诉讼作为一种纠纷解决方式需要被重新界定和解读,这是当前国际社会大环境下国际民商事交往不断深化的题中之义。从宏观上来讲,需要战略性思维和高屋建瓴的视角去观察国际民事诉讼,将国际民事

---

① 在国际民商事纠纷的诸多解决方式之中,国际民事诉讼和国际商事仲裁是最重要的纠纷解决方式。由于这两种纠纷解决方式在解决国际民商事纠纷中各有利弊,使它们之间的有益互补成为一种必要。对于国际商事仲裁来说,国际民事诉讼是目前唯一可与其竞相发展、相得益彰的跨境纠纷解决机制。

诉讼作为一个有机的整体,依凭国际民事诉讼机制的特点统筹国际民商事纠纷的解决与国际民商事交往的全局。从微观层面来看,作为国际民事诉讼的主要参与者与核心利益关涉者,当事人应当充分利用国际民事诉讼中的诸关键机制,以实现对国际民事诉讼这一纠纷解决方式的最优化和最理性化运用。作为国际民商事交往的主角,当事人既需要从"宏观"的角度作整体性的规划,又需要从"微观"的角度使国际民事诉讼真正成为国际民商事交往的内在部分。诚然,在很多情况下,国际民事诉讼的"宏观机制"和"微观机制"很难被人为地分开。无论如何,当事人既要从宏观的国际民事诉讼的角度筹划国际民商事交往的开展及国际民事诉讼的推进,又需要从微观的国际民事诉讼机制出发寻求宏观目标的实现。在诸多微观的国际民事诉讼机制中,临时救济(或临时措施)是极其关键的机制之一。

临时救济绝不仅是国际民事诉讼中的一项可资适用的程序机制,①该机制在广泛的国际民商事纠纷的解决中,也起着极为显著和关键性的作用。在当前的国际社会大环境下,由于外汇管制的放宽以及电子银行的发展,资金的跨境转移相当容易,几乎实时进行。为确保该领域相关涉外民商事判决得到执行以及防止被告在国家间转移资产以使判决的效力受挫,借助临时救济提供临时保护成为更值得关注的焦点。② 临时救济已日渐成为国际民商事纠纷解决中最为重要和有效的武器。③ 比如,2020 年 9 月 23 日,武汉市中级人民法院在小米通

---

① 从广义上来说,临时救济的适用已触及公法与私法、国内法与国际法的多重领域。比如,在《与贸易有关的知识产权协定》(以下简称《TRIPS 协定》)中,临时救济占据了重要的位置;参见《TRIPS 协定》第 3(3)章。《TRIPS 协定》中临时救济与国际民事诉讼中的一般临时救济共享临时救济的一些基本因素,如两种语境下的临时救济均意在提供一种具有临时性的救济,避免潜在的不可弥补的损失等。此外,2013 年"棱镜门"事件之后,"美国公民自由联盟"(ACLU)起诉美国联邦政府,并向美国联邦法院寻求禁制令以禁止美国政府收集个人信息;在国际刑事司法协助(如财产没收的国际合作、反毒品合作以及反洗钱合作等)中,临时救济亦有广泛适用。See Bruce Zagaris & Elizabeth Kingma, *Asset Forfeiture International and Foreign Law: An Emerging Regime*, Emory International Law Review, Vol. 5:1, p. 491 - 497 (1991). 本书聚焦国际民事诉讼中的一般临时救济,不对公法领域适用的临时救济作探讨;但在相关章节,其他领域的临时救济亦会有所涉及。

② See Lawrence Collins et al., *Dicey, Morris & Collins on the Conflict of Laws*, Sweet & Maxwell, 2012, p. 258.

③ See F. Gerahard, «La compétence du juge d'appui pour prononcer des mesures provisoires», (1999) *SZIER* 98; Marta Pertegás Sender, *Cross-border Enforcement of Patent Rights: An Analysis of the Interface between Intellectual Property and Private International Law*, Oxford University Press, 2002, p. 127.

讯技术公司及关联公司诉交互数字公司及关联公司案[①](以下简称小米诉交互数字案)中以“禁诉令”的方式适用临时救济(行为保全);随后,武汉市中级人民法院和深圳市中级人民法院分别在三星电子株式会社等诉爱立信公司案[②](以下简称三星诉爱立信案)以及欧珀(OPPO)移动通信有限公司诉夏普株式会社案[③](以下简称欧珀诉夏普案)中签发了“禁诉令”,拓展了我国临时救济的适用范围。除此之外,2015 年 3 月 6 日,中国香港特别行政区高等法院作出了针对张某、盛兰控股集团(BVI)有限公司[Grand Lan Holdings Group (BVI) Limited]和俏江南发展有限公司资产冻结命令这一临时救济,为 CVC 欧洲私人股本集团在正式解决纠纷前提供重要保障。在实践中,原告寻求通过民事诉讼的方式以实现权利救济的努力很可能会因不诚实的被告将财产转移到法院地国之外而受挫,这是原告会惯常遭遇的经历。如果法律不能为此提供有效的应对策略,法律体系的实践目的将会落空。这一问题在国际层面上尤其突出。[④]简言之,临时救济解决的是一个认识论上的现实:人类机构作出裁决需要时间。[⑤]

作为一种“程序性”救济机制,临时救济的作用贯穿于国际民事诉讼的始终;从某种程度上来讲,其对当代国际民商事纠纷的解决起着关键性作用。如果我们借助欧陆学者如乌尔比安、韦伯等人对法律所作的“公法”和“私法”的划分及讨论,此处言及的国际民事诉讼的目标应定位于对私法关系主体利益的规整。但是,临时救济的适用绝非局限于对私法关系主体利益的关注,在涉及公法关系主体利益的层面上,包括在国家相互之间的纠纷处理中(如国际法院的实践),[⑥]亦存在临时救济的广泛适用空间。实际上,正如学者们很早就注意到的,临时救济属于一项特殊救济。在特定的情形下,迟延相当于对正义的否

① 湖北省武汉市中级人民法院民事裁定书,(2020)鄂01知民初169号之一。

② 湖北省武汉市中级人民法院民事裁定书,(2020)鄂01知民初743号。

③ 广东省深圳市中级人民法院民事裁定书,(2020)粤03民初689号之一。

④ Second Interim Report-Provisional and Protective Measures in International Litigation, the Committee on International Civil and Commercial Litigation of International Law Association, 1996.

⑤ See Donald Francis Donovan, *The Scope and Enforceability of Provisional Measures in International Commercial Arbitration: A Survey of Jurisdictions, the Work of UNCITRAL and Proposals for Moving Forward*, in Albert Jan Van Den Berg ed., International Commercial Abritation: Important Contemporary, Kluwer Law International, 2003, p. 82.

⑥ 对于国际法院及其前身常设国际法院适用临时救济的讨论,参见 Jerome B. Elkind, *Interim Protection: A Functional Approach*, Kluwer Academic Publishers, 1981;宋杰:《国际法院司法实践中的解释问题研究》,武汉大学出版社 2008 年版,第 91 ~116 页。

定,而且在获得最终判决之前不能寻求的救济根本不是救济;这一考虑使立法者普遍地引入诉讼中的临时救济措施。通常的规则是:当事人只有在完全证明了其请求且对方当事人的抗辩得到充分考虑后方可获得救济。①

尽管临时救济适用的范围极为广泛——包括但不限于国际民事诉讼、国际商事仲裁、国际法院以及其他国际性审判机构的实践,但在不同情境下,临时救济的作出具有不同的要求。比如,在国际商事仲裁中,仲裁员大都是基于当事人的同意而指定的,仲裁员所具有的中立裁断纠纷的能力是仲裁员应予执着地加以捍卫的,这就使仲裁员在作出临时救济时更倾向于避免对争议形成预断。又如,与国内法院不同,国际性的法院和仲裁庭作出的包括临时救济在内的裁决,通常都不可以被提起上诉,这使它们对案件过早地预断以作出临时救济抱有特别警惕的态度。② 不过,正如劳伦斯·柯林斯(Laurence Collins)教授所警示的,我们应避免在国际私法和国际公法相区分的层面上对临时救济予以严格划分,③但实践中,仍然存在较大空间以恰当的方式独立考究这两个层面的临时救济的必要性,本书以在私法领域民商事纠纷的解决中适用的临时救济作为着重考究对象。

临时救济对国际民事诉讼的介入远远早于国际民事诉讼程序的正式启动,并在国际民事诉讼的整个进程中发挥不可替代的作用。除此之外,临时救济在国际民事诉讼的整体架构、诉讼策略的实施等层面上,对纠纷解决方式的长远安排等有特别重要的功用。比如,在国际商事合同的订立中,对临时救济的考虑已经成为一个十分重要的方面。实践中存在诸多例子:一个主要由西欧的律师和教授们组成的“国际合同工作组”(Working Group on International Contracts)于1975年以来一直致力于系统研究国际商事合同条款。在其分析的形形色色的合同条款中,针对临时救济的有关约定的条款的勾勒日渐凸显其价值。无论是在普通法系还是大陆法系下,国际商事合同中的“保密条款”(confidentiality clause)有时候会明确地包含反对向特定人群披露信息的“禁制

---

① See Edward Dumbauld, *Interim Measures of Protection in International Controversies*, Martinus Nijhoff, 1932, p. 184.

② See Jarrod Wong, *The Issuance of Interim Measures in International Disputes: A Proposal Requiring a Reasonable Possibility of Success on the Underlying Merits*, Georgia Journal of International & Comparative Law, Vol. 33:3, p. 615 (2005).

③ See Laurence Collins, *Provisional and Protective Measures in International Litigation*, Recueil des Cours, Vol. 234, p. 20 (1993).

令"的约定;在就有关违反"保密条款"的惩罚措施中,尤为明显的一点便是可以向法院寻求"禁制令"。[①] 此外,"禁制令"可以成为阻止被申请人潜在的违约的重要手段。在英国法的实践中,可能会发生的违约通常可以成为法院作出"禁制令"以阻止潜在的违约的根据。尽管如此,国际商事合同中的有关义务约定的措辞会成为一个关键的因素。相比不明确的义务,明示约定的义务更可能成为法院作出"禁制令"的理由。[②]

本书意在探讨国际民事诉讼中代表性法域(包括我国)的临时救济类型、适用条件和主要特点,并进一步阐释该机制在涉外语境下适用时会遇到的管辖权、域外执行等问题。在此基础之上,本书分析国际民事诉讼中临时救济适用的主要困境、国际协作及完善我国国际民事诉讼临时救济的进路。此外,本书从多视角把握和分析国内、国际两个层面的临时救济体系,旨在揭示临时救济在国际民事诉讼以及在更广层面上的国际民商事纠纷解决中具有的重要意义,为临时救济在全球化的大环境下的国家间协调或统一提供重要的视角,并回应我国涉外法治建设中对包括临时救济在内的国际民事诉讼制度的倚重。

第二节 临时救济的界定

一、临时救济的定义

两大法系的代表性国家已有适用临时救济的广泛实践,代表性的国际(法律)文件亦有诸多有关临时救济的规定,这都凸显了临时救济在国际民事诉讼中占据的重要地位。然而,不同国家和国际性(法律)文件对临时救济的定位有着或多或少的差异,尽管它们对临时救济的功能理解在某些方面存在较大的一致性。由于并不存在国际社会统一界定的国际民事诉讼中的临时救济,因此我们不可能给予临时救济一个各国公认的定义;不仅各国对临时救济的理解存在或大或小的差别,即便是同一国家,其在不同时期亦会对临时救济有不同的界定和适用。[③] 正如海牙国际私法会议在《有关民商事管辖权与外国判决的临时

---

① See Marcel Fontaine & Filip De Ly, *Drafting International Contracts*, *An Analysis of Contract Clauses*, Transnational Publishers, Inc., 2005, p. 258 – 285.

② See Marcel Fontaine & Filip De Ly, *Drafting International Contracts*, *An Analysis of Contract Clauses*, Transnational Publishers, Inc., 2005, p. 529 – 530.

③ 这一方面表现为各国会随着实践发展的需要对临时救济的种类作出不同的设计;另一方面,各国对临时救济的适用条件也会因时而变。

草案公约》(以下简称《判决草案公约》)①起草过程中所明确指出的,如何定义“临时和保护措施”②这一概念是一个难以解决的问题;鉴于该类措施在各个法系中的多样性,很难找到一个定义。此外,探寻概念的价值亦不明显,事实上将使问题更加复杂而非简化,或许应当避免对“临时和保护措施”下定义。③《鹿特丹规则》并未对“临时救济或保护性措施”下定义,其仅仅载明,“本公约的规定概不影响对临时救济或者保全措施,包括对扣留的管辖权。除非符合下列条件,否则临时救济或者保全措施执行地所在国的法院不享有裁定案件实体的管辖权:(a)符合本章的要求;或者(b)一项国际公约在该国适用的,该国际公约作此规定。”④即便是在欧盟之内,各成员国之间在临时救济的种类、适用条件及形式要件等方面都存在较大的差别。⑤

以2012年欧盟《民商事管辖权与判决的承认和执行条例(修订)》⑥[以下简称《布鲁塞尔条例Ⅰ》(修订)]为例,该条例突破了任何以往有关国际民事诉讼的合作方式和深度,亦对临时救济作出了特别的规定,但是其仍未能实现对临时救济的统一界定。由于各国主要依凭其国内法来实现对国际民事诉讼中的临时救济的规范与适用,由此引发的问题是:各国在临时救济的名称、种类、适用条件、效力范围、申请主体等诸多方面存在不同程度的立法差异甚至冲突。正如有些学者所明确指出的,有关该措施的规则,尤其是获得该措施的条件,及

---

① See Preliminary Draft Convention on Jurisdiction and Foreign Judgments in Civil and Commercial Matters Adopted by the Special Commission, Prel. Doc. No 11, August 2000.

② 一般说来,“临时救济”包括“保护措施”,后者仅是前者的一部分。当然,在国际民事诉讼中,“临时救济”也主要指的是“保护措施”,但并非所有的“临时救济”都是保护措施。为了讨论的方便,后文统一用“临时救济”,除非另有特别说明。

③ See HCCH, Issues paper for the agenda of the Special Commission of June 1999, 17 (No. 14.4).

④ 在2008年《鹿特丹规则》(《联合国全程或者部分海上国际货物运输合同公约》)的制定过程中,有代表团建议增加对“临时救济或保护性措施”的概念性解释;虽然有与会者表示支持此建议,但也有代表团认为给“临时救济或保护性措施”下定义会引起很多问题,无助于使公约的条文更加清晰。参见司玉琢、韩立新主编:《〈鹿特丹规则〉研究》,大连海事大学出版社2009年版,第466页。

⑤ Towards greater efficiency in obtaining and enforcing judgments in the European Union, Commission Communication to the Council and the European Parliament, COM (97) 609 final, Brussels, 26. 11. 1997, paras. 23 – 24.

⑥ Regulation (EU) No 1215/2012 of the European Parliament and of the Council of 12 December 2012 on jurisdiction and the recognition and enforcement of judgments in civil and commercial matters (recast), OJ L 351, 20. 12. 2012, p. 1 – 32.

其内容和适用范围,在不同的国家之间差别很大。[①] 或者说,临时救济是一项从名称开始就存在差异的重要的民事诉讼机制;[②]于此,临时救济适用中的国别个性和国际共性是临时救济在国际民事诉讼中得以更好发展的起点。从目前来说,临时救济的多样性是国际民事诉讼中临时救济发展的重要基础,而在此基础之上的临时救济架构是临时救济协调或统一的起点。

值得注意的是,国际民事诉讼中临时救济的适用,因具有了"涉外因素"而变得比国内民事诉讼复杂许多。尽管两者在临时救济的适用中具有诸多共同的特征,共享不少相同的难题或困境,但是国际民事诉讼中临时救济的适用涉及多元的法律主体,或法律体系,或司法机构,因而需要处理在国内民事诉讼中临时救济适用时碰不到的问题。通常来说,临时救济具有"涉外因素"的情形主要包括以下四种:[③](1)A 国法院在审理案件实体的诉讼中作出临时救济,该临时救济会影响在其他国家 B 内的被告或第三人,但该临时救济无须在国家 B 执行;(2)A 国法院在审理案件实体的诉讼中作出临时救济,该临时救济需要在国家 B 执行;(3)A 国法院作出临时救济以支持国家 B 对案件实体的审理;(4)A 国被请求执行国家 B 作出的临时救济。上述四种情形均会影响现行各国法中的临时救济体系在当前国际民事诉讼中的适用。尤其是在后三种情形下,临时救济的适用及其效力的发挥须借助不同国家的力量。鉴于国家之间的临时救济体系尚存在诸多差别,司法协助和司法互信尚未建立,且国际社会尚不存在协调或统一的临时救济体系,国际民事诉讼中临时救济的适用不可避免地遇到困境。

从比较法的视野开阔,各国以及有关的国际(法律)文件中规定的临时救济的特点主要包括以下方面:(1)临时救济仅是终局判决前临时性的救济手段,不

---

① See X. E. Kramer, *Harmonisation of Provisional and Protective Measures in Europe*, in M. Storme ed., Procedural Laws in Europe: Towards Harmonisation, Maklu Publishers, 2003, p. 305.

② 参见我国部分学者对此问题的初步讨论,江必新主编:《〈中华人民共和国民事诉讼法〉修改条文解读与应用》,法律出版社 2012 年版,第 174 页;常怡主编:《比较民事诉讼法》,中国政法大学出版社 2002 年版,第 467 ~ 469 页。

③ 对于英国法院作出的临时救济所具有的涉外意义,参见 Andrew Dickinson, *English Private International Law Aspects of Provisional and Protective Measures*, in Mads Andenas, Burkhard Hess & Paul Oberhammer eds., Enforcement Agency Practice in Europe, The British Institute of International and Comparative Law, 2005, p. 287。

代表对案件的最终定断或预断;[①](2)运用临时救济的目的在于为最终的法院救济提供比目前情事的自然发展更为有利的保证;(3)临时救济的实施主要关涉的是案件中的有关财产和法律现状的维系,为此可以设计不同的具体手段;(4)临时救济是一项程序性的机制,其主要意在平衡当事人在纠纷解决中的地位。简言之,国际民事诉讼中的临时救济是各国法院在终局救济实现之前,通过对有关的财产予以保全或维系现状,为案件的最终救济提供比情事的自然发展更为有利的保证的一种临时性程序救济。

二、临时救济的功能

对于临时救济来说,并不存在一个普遍适用于各国的精确定义,亦不存在一个可被广泛接受的关于临时救济的概念;[②]甚至同一个国家的法院在其司法实践中对临时救济的称呼也不尽一致。[③] 然而,临时救济在大多数国家的国内法律体系中存在共同的或相近似的目标,[④]或者说各国法律中的临时救济共享某些价值体系和功能定位,这为探究临时救济的国别个性和共性,进而合理地协调、统一各国的临时救济体系奠定了基础。

欧共体委员会(现在的欧盟委员会)曾经明确指出,"对[欧盟各国的]国内立法的比较调查揭示出,事实上不存在对临时/保护措施的定义,且有关[适用该措施]的法律情形差异很大。唯一可被确认的交集在于该措施的功能,即为了确保对案件的实体作出的判决的随后执行(或预期的执行),临时地组织事实情形或当事人的权利,以及在纠纷解决前保护受影响的所有利益"[⑤]。正如劳

---

① 诚然,在作出临时救济时必须予以特别的注意,以防对终局判决形成预断;然而,临时救济的克制适用有时候会产生一种相反效果。See Julio Barboza, *Provisional Measures, or the Dangers of Being too Exceptional*, in Ndiaye & Wolfrum eds, Law of the Sea, Environmental Law and Settlement of Disputes, 2007, p. 143 – 157.

② See Ali Yesilirmak, *Provisional Measures in International Commercial Arbitration*, Kluwer Law International, 2005, p. 4.

③ See Arthur D. Wolf, *Preliminary Injunctions: The Varying Standards*, Western New England Law Review, Vol. 7:2, p. 173 – 238 (1984 – 1985).

④ Second Interim Report-Provisional and Protective Measures in International Litigation, the Committee on International Civil and Commercial Litigation of International Law Association, 1996.

⑤ Towards greater efficiency in obtaining and enforcing judgments in the European Union, Commission Communication to the Council and the European Parliament, COM (97) 609 final, Brussels, 26. 11. 1997, para. 23.

伦斯·柯林斯教授所概括的,“临时和保护措施”的主要目的在于保持终局判决的完整性。从历史根源上来看,临时救济亦与阻止暴力性的自助有关,如罗马法中的“禁令”(interdict),以及中世纪的“财产暂管”(sequestration)。这一思想仍然体现在现行《德国民事诉讼法》第940条中,如果“禁制令”(injunction)能够阻止“暴力”(force)的使用,或由于其他原因,[申请人]可以就与争议事项相关的紧急事项申请“禁制令”。① 我国也有学者指出,尽管各国在临时救济的内涵、种类、取得方式及适用范围等方面的规定不尽相同,但无论是国内诉讼还是国际民事诉讼中的临时救济,它们的目的都是一致的——“保证法院得以顺利地审理实质问题,确保未来判决得以顺利执行”。②

祖克曼(Zuckerman)教授指出了“维持现状”这一术语存在的“模糊性”和“难以确定性”;“维持现状”指的不应是某个物质实体,而是某种权利。在美国赛安美得公司诉艾迪康公司案③中,英国上议院认为无须审查案件的实体问题即可作出临时禁制令以“维持现状”,然而这会导致十分荒谬的推断。具体来说,“维持现状”可以是指维持争议中的物质实体,也可以是指维持有关该物体的权利。假如争议涉及的是原被告土地边界上的一棵成材的树,被告拟砍伐该树,声称是他的;原告寻求保护该树,也声称该树是其财产。如果维持现状被理解为物质实体,那么现状将意味着禁止砍伐该树。但是在该情境下,对现状的这种理解是不正确的;法律关注的并不是物质实体的存在,而是法律权利。在该例子中,寻求保护的唯一权利是合法的树木所有人享有的自由处理该树而不受干预的权利,而不管是砍伐还是保留争议中的树。因此,从法律的角度讲,维持现状只意味着:保护权利免受侵害。然而,在法律裁判作出之前,我们并不知道哪一方是正当的所有人。正如我们所看到的,要采取的任何途径都会冒着损害权利的风险,因此会破坏现状。如果法院不作出“禁制令”且被告砍伐了树,而原告后来被发现是真正的所有人,那么原告的权利将受到损害。相反,如果法院予以禁制,但是后来发现被告是真正的所有人,那么被告享有的在其选择的时间砍伐树的权利便受到了侵害。

---

① See Laurence Collins, *Provisional and Protective Measures in International Litigation*, Recueil des Cours, Vol. 234, p. 23 (1993).

② 参见宣增益:《国家间判决承认与执行问题研究》,中国政法大学出版社2009年版,第204~205页。

③ American Cyanamid Co. v. Ethicon, [1975] A. C. 396.

假如原告寻求执行一份限制被告在特定商业领域受雇的限制性协议,而被告主张该协议是无效的。显然,如果不施加临时禁制令,原告的权利可能会受到损害,正如被告的权利会因施加该限制受到损害一样。只要法院尚且缺乏约书亚(Joshua)命令"太阳静止于基遍城"上的权力,法院所采取的任何方式都可能会扰乱法律现状。① 对此,沃尔夫(Wolf)教授指出,这一假定存在两个方面的问题:一是法院不能清楚界定什么是"现状";二是请求临时救济的当事人未必想要保持现状,相反,其可能要法官作出命令强制对方当事人采取行动。近年来,法院已经认识到了将临时救济构架在"维持现状"所带来的内在难题。因此,法院将其关注点转移到了保存"诉讼标的物"上面,以使其在就实体问题作出裁决后可以给予有效的救济。②

二、临时救济的地位

在宏观上,临时救济可以被置于(国际)民事诉讼体系中,作为该体系的一个重要分支来看待;在微观上,我们可以初步考察代表性国家以及有关的国际性法律文件中一般性的临时救济的基本价值和目的、功能的基础等,以助于对临时救济的界定。③

从宏观上来说,临时救济是民事司法的一个基本组成部分。④ 为实现对临时救济的功能的恰当理解,我们应将其置入(国际)民事诉讼的全局中。在价值目标体系的构建方面,国际民事诉讼和国内民事诉讼的目标定位应当一致,即依据法律在正确认定事实的基础上裁断纠纷,或者说是作出能执行诉讼当事人实体权利的判决。⑤ 尽管各国都将民事诉讼的目标定位于实现正义,然而该目标却不能完全和完美地达到,因为在适用法律或确定事实的过程中错误难免会

---

① See A. A. S. Zuckerman, *Interlocutory Remedies in Quest of Procedural Fairness*, The Modern Law Review, Vol. 56:3, p. 327 – 328 (1993).

② See Arthur D. Wolf, *Preliminary Injunctions: The Varying Standards*, Western New England Law Review Vol. 7:2, p. 173 – 174 (1984 – 1985).

③ 对主要的代表性国家的临时救济的适用的具体讨论,包括对有关的临时救济的功能和价值的讨论,参见本书第一章和第二章。

④ See X. E. Kramer, *Harmonisation of Provisional and Protective Measures in Europe*, in M. Storme ed., Procedural Laws in Europe: Towards Harmonisation, Maklu Publishers, 2003, p. 306.

⑤ See Adrian A. S. Zuckerman, *Justice in Crisis: Comparative Dimensions of Civil Procedure*, in Zuckerman ed., Civil Justice in Crisis: Comparative Perspectives of Civil Procedure, Oxford University Press, 1999, p. 51.

出现,而且正义亦不能毫无迟延且无成本地给予。因此,正义是相对的:各国在实现裁决的正确,施与正义的时间以及成本方面存在不同。[①] 这就为在(国际)民事诉讼中引入额外的机制以推进最大化地实现诉讼的正义提供了合理性来源。临时救济便是这样的一种机制,其对(国际)民事诉讼的介入是基于保障并推进诉讼正义最大化实现,为诉讼中正义的实现提供一种矫正机制。只有把临时救济(财产保全)的考察放到整体诉讼制度的大范畴中,才有可能得出正确的结论。[②]

临时救济在代表性国家的法律或国际性(法律)文件中已占据重要地位,成为国际民事诉讼中的重要机制。德国民事诉讼中广泛地涉及临时救济的适用。[③] 一方当事人若有合法的根据认为时间的经过或介入事件的出现会阻碍将来判决的成功执行,其可以启动"判决前扣押"或者"其他临时救济"——"禁制令",为潜在的判决提供"保障"(security)或在最终判决作出之前临时性地调整当事人之间的法律关系。[④] 在法国民事诉讼中,债权人为保障其债权的实现,可以诉诸传统的"保全措施";晚近以来修订的《法国民事诉讼法》(Code de procédure civile)又引入了包括"紧急审理程序"[⑤](référé)和"单方裁定"[⑥]在内的其他重要临时性救济机制,持续扩大临时救济在诉讼中的地位。传统瑞士法对临时救济持极不情愿的态度,尤其是对"扣押"的适用有着极为严格的规定;[⑦]随着2011年1月1日《瑞士民事诉讼法典》的生效,原先并行存在的26个瑞士州的民事诉讼法被取代;新法典以专章的方式通过若干条款调整"法院禁

---

① See Adrian A. S. Zuckerman, *Justice in Crisis: Comparative Dimensions of Civil Procedure*, in Zuckerman ed., Civil Justice in Crisis: Comparative Perspectives of Civil Procedure, Oxford University Press, 1999, p. 31.

② 参见沈杨、朱业明:《财产保全的法律性质辨析》,载《法律适用(国家法官学院学报)》2001年第4期。

③ See Sections 82, 227(3), 542(2), 708, 882(5), and Sections 916 - 945.

④ See Peter Murray & Rolf Sturner, *German Civil Procedure*, Carolina Academic Press, 2004, p. 433.

⑤ See Articles 484, 492 - 1; Articles 808, 811; Articles 848, 850; Articles 872, 873 - 1; Articles 893, 896; and Articles 956, 957, Code de procédure civile.

⑥ See Articles 493, 498, Code de procédure civile.

⑦ See Tanja Domej, *Switzerland: Between Cosmopolitanism and Parochialism in Civil Litigation*, in X. E. Kramer & C. H. van Rhee eds., Civil Litigation in a Globalising World, T. M. C. Asser Press, 2012, p. 256.

制令”①和临时救济的适用。②

英国是普通法系国家中适用临时救济的历史最为悠久的国家。在英国法中,尽管其传统立场是原告无权在判决之前从被告处获得担保,然而这一立场逐步被认为是不足的,以致若干程序逐步在英国法中形成,以解决原告不能执行判决的风险。③ “临时禁制令”被认为是传统英国法上主要的临时救济,一方当事人可以在诉讼程序结束之前适用该措施以限制对手侵犯其权利。“临时禁制令”的作用在于使权利所遭受的损害最小化,而其目的通常被表述为“在法院裁判之前维持现状”。④ 在审判进行过程中,存在被告可以破坏原告权利的其他方式;被告可以在审判进行过程中耗尽其资源,使将来原告获得的判决不能执行。随后,在英国法中又出现了“临时支付”(interim payment)、“冻结令”(玛瑞瓦禁令)和“民事搜查令”(Anton Piller Order)等临时救济。在实践中,因被告的程序优势所导致的不公正会由侵权受害人最为深刻地感受到;受害人可能会眼睁睁地看着其在获得最终判决前寻求赔偿的机会消失。基于此,“人身损害诉讼委员会”在其“人身损害诉讼委员会报告”(The Report of the Committee on Personal Injuries Litigation)中引入了“临时支付”制度,以处理在被告对其责任毫无争议情形下的诉求。该报告引入“临时支付”制度的基本目的之一,便是降低利用程序不平衡的范围。美国临时救济的发展晚于英国,早期临时救济的发展主要借鉴英国的司法实践。此外,美国各州在发展临时救济的方式上也存在很大的差异。⑤ 长期以来,美国联邦法院遵循英国先例,将临时救济的目的定位于“现状的保存”,⑥以及通过对人或财产的扣押确保将来判决效力的实现。依据《美国联邦民事诉讼法》,美国法已经发展出多元化的临时救济体系,主要

---

① See Article 258, Swiss Code of Civil Procedure. 根据该条款的规定,不动产所有权人可以向法院请求禁止他人侵入其财产,并可请求对违反此禁制令的人处以不超过2000瑞士法郎的罚金;禁制令可以是临时性的,或无确定期限的。

② See Chapters 4 and 5, Title 5 Summary Proceedings, Swiss Code of Civil Procedure.

③ See A. A. S. Zuckerman, *Interlocutory Remedies in Quest of Procedural Fairness*, The Modern Law Review, Vol. 56:3, p. 327 (1993).

④ See A. A. S. Zuckerman, *Interlocutory Remedies in Quest of Procedural Fairness*, The Modern Law Review, Vol. 56:3, p. 327 (1993).

⑤ See John Leubsdorf, *The Standard for Preliminary Injunctions*, Harvard Law Review, Vol. 91:3, p. 538 (1978).

⑥ See Arthur D. Wolf, *Preliminary Injunctions: The Varying Standards*, Western New England Law Review, Vol. 7:2, p. 173 – 238 (1984 – 1985).

包括“拘禁”、“财产扣押”、“对案外债务人的扣押”、“返还原物”、“财产暂管”，以及“临时禁止令”、“临时禁制令”等。①

国际民事诉讼中的临时救济已经引起了全球性和区域性国际组织的广泛关注。1996 年 8 月 17 日，第 67 届“国际法协会”②（International Law Association）在讨论国际民事诉讼中广泛存在规避性和欺诈性被告这一现象时已经注意到诉诸临时救济的必要；“国际法协会”下设的“国际民事诉讼委员会”（Committee on International Civil and Commercial Litigation）③在其1996 年报告——“国际民事诉讼中的临时和保护措施原则”（Principles on Provisional and Protective Measures in International Litigation，以下简称《赫尔辛基原则》）中指出，“临时和保护措施”在各国广泛存在；“国际民事诉讼委员会”调查的所有国家的法律中均有关于临时救济的规定，并将临时救济的目的定位于两个方面：(1)为实现最终判决，提供保全财产的临时方式；(2)在庭审解决所有事项之前维持现状。④ 另外，联合国国际贸易法委员会仲裁工作组在其2000 年的工作报告中多次指出了1996 年《赫尔辛基原则》在仲裁领域规范统一临时救济的重要意义。⑤

---

① See US Federal Rules of Civil Procedure, Rules 64 and 65.

② 即 1996 年国际法协会赫尔辛基会议。

③ 该委员会存在时间为 1992 ~ 2002 年；此后，该委员会的职能被其他新设的委员会所取代。该委员会在其存续期间所作的报告中，亦多次提及临时救济问题，如 Committee on International Civil and Commercial Litigation of International Law Association London Conference, Third Interim Report: Declining & Referring Jurisdiction in International Litigation (2000)。

④ See Article 1, Principles on Provisional and Protective Measures in International Litigation.

⑤ See Report of the Working Group on Arbitration on the work of its thirty-second session (Vienna, 20 – 31 March 2000), United Nations Commission on International Trade Law, para. 86 (The ILA Principles on Provisional and Protective Measures in International Litigation as well as the preparatory work that lead to those Principles would be useful in considering the content of the proposed uniform rules); Possible uniform rules on certain issues concerning settlement of commercial disputes: conciliation, interim measures of protection, written form for arbitration agreement (Vienna, 20 – 31 March 2000), Working Group on Arbitration, United Nations Commission on International Trade Law, para. 106 (The Principles are limited to provisional and protective measures that may be issued by courts; however, a number of ideas underlying the Principles appear to be relevant, mutatis mutandis, also to interim measures ordered by arbitral tribunals). 国际民事诉讼领域的临时救济与国际商事仲裁中的临时救济存在密切关联，亦有诸多差异。对于两者之间的关联的研究，参见汪祖兴主编：《民事诉讼法 · 涉外仲裁篇》，厦门大学出版社 2007 年版，第 232 ~ 234 页；陈安主编：《国际投资争端仲裁》，复旦大学出版社 2001 年版，第 187 ~ 213 页；任明艳：《国际商事仲裁中临时性保全措施研究》，上海交通大学出版社 2010 年版，第 21 ~ 23 页。

在海牙国际私法会议主持通过的2005年《选择法院协议公约》的解释报告中，临时保护措施被认为包括主要的三种类型：以冻结令为代表的保护一方当事人有利的状况的临时救济，阻止被告实施被认为是侵犯原告权利的临时禁制令，为诉讼程序提供证据的法院命令。①

在不断推进法律统一的欧盟，临时救济吸引了密切的关注。欧洲法院的法务官②（Advocate-general）泰萨罗（Tesauro）在向欧洲法院提供法律意见时将“临时保护”（interim protection）的目的描述为“实现每一法律体系的根本目标——司法保护的效力”。“临时保护意在阻止因权利的确立和存在与救济的有效性和确立权利的目的之间的不同步性所带来的损害。”③欧盟委员会指出，从各成员国的国内立法的比较中可以看出，事实上并不存在对临时救济的统一定义；临时救济予以适用的法定情形亦差别较大。唯一可确认的共同之处在于这类措施的功能，即确保案件的实体判决获得执行，临时性地组织案件的事实情况或当事人的权利，以及在纠纷解决之前保护受影响的所有利益。④ 在《布鲁塞尔条例Ⅰ》（修订）⑤中，临时救济被置于特殊的地位，即用以协助在某一成员国进行的诉讼以及促进成员国判决在欧盟领域内效力的实现。⑥ 在由欧盟资助，伯克哈德·赫斯（Burkhard Hess）教授主持的《欧盟域内司法裁决更为有效执行

---

① Explanatory Report on the 2005 Hague Choice of Court Agreements Convention by Trevor Hartley & Masato Dogauchi, para. 161.

② （欧洲共同体法院）的法务官是法院成员，但不是法官，负责就提交法院裁决的事项向法官提供经其详尽论述的意见。

③ Laurence Collins, *Provisional and Protective Measures in International Litigation*, Recueil des Cours, Vol. 234, p. 19 (1993).

④ Towards greater efficiency in obtaining and enforcing Council Regulation (EC) No 44/2001of 22 December 2000 on jurisdiction and the recognition and enforcement of judgments in civil and commercial matters judgments in the European Union, Commission Communication to the Council and the European Parliament, COM (97) 609 final, para. 23.

⑤ Council Regulation (EC) No 44/2001 of 22 December 2000 on jurisdiction and the recognition and enforcement of judgments in civil and commercial matters, OJ L 12, 16. 1. 2001.

⑥ Articles 31 and 47, Council Regulation (EC) No 44/2001 of 22 December 2000 on jurisdiction and the recognition and enforcement of judgments in civil and commercial matters, which stipulates that "Application may be made to the courts of a Member State for such provisional, including protective, measures as may be available under the law of that State, even if, under this Regulation, the courts of another Member State have jurisdiction as to the substance of the matter."

的研究报告》[①]中，临时救济被分为三类：(1)保障未来执行的措施(临时扣押或冻结令)；(2)用以调整当事人之间的现状的临时救济；(3)保护将来特定履行的措施(尤其是临时支付)。[②]

第三节 临时救济的价值维度

在国际民商事纠纷解决过程中，协调或统一各国间的临时救济体系变得越来越重要且必要。在构建统一的临时救济体系，或对各国的临时救济体系予以协调或增进趋同的过程中，两个基本事实值得特别关注，一是各国的程序法体系(临时救济体系作为其中一个重要分支)根植于当地的政治、历史和文化传统之中，彼此之间存在重大差异，消除或协调不同法律体系之间差异的努力相当困难。这与协调各国之间的实体法，以及现实存在的诸多实体性的条约和公约形成明显的对比。[③] 二是尽管如此，各国程序法体系之间的协调或趋同仍然可行，这是基于现代各国程序法体系之间存在的"相似性"。其中，斯托姆(Storme)教授主持的报告《欧盟司法法的趋同》[④](以下简称"斯托姆报告")已经作出了卓有成效的探索并吸引了广泛的关注。此外，美国的《联邦程序规则》提供了一个在多法域国家协调及统一不同程序法的成功范例。现代各国程序法体系之间的相似性根源于"程序法体系必须回应若干内在的为各国普遍认可

---

① Burkhard Hess, Study No. JAI/A3/2002/02 General Report on making more efficient the enforcement of judicial decisions within the European Union: Transparency of a Debtor's Assets and Attachment of Bank Accounts, Version of 2/18/2004.

② Burkhard Hess, Study No. JAI/A3/2002/02 General Report on making more efficient the enforcement of judicial decisions within the European Union: Transparency of a Debtor's Assets and Attachment of Bank Accounts, Version of 2/18/2004.

③ See Geoffrey C. Hazard, Jr., Michele Taruffo, Rolf Sturner & Antonio Gidi, *Principles and Rules of Transnational Civil Procedure: Introduction to the Principles and Rules of Transnational Civil Procedure*, New York University Journal of International Law and Politics, Vol. 33:3, p. 770 (2000 - 2001).

④ See Marcel Storme ed., *Rapprochement du Droit Judiciaire de l'Union Européenne—Approximation of Judiciary Law in the European Union*, Kluwer Antwerpen/ Martinus Nijhoff Publishers Dordrecht, 1994.

的要求”的理念。①

一、正义与临时救济

一般来说，诉讼对“正义”价值目标的追求可以被凝练为若干基本原则，包括但不限于“真实原则”“效率原则”“公正原则”。这些正义的诸原则也可以被理解为正义的几个维度。祖克曼教授认为“正义”存在三种维度，即“真实维度”(the dimension of truth)、“时间维度”(the time dimension)和“成本维度”(the cost dimension)。这三个维度并非完全互补，它们有时候是朝着不同的方向扩张，且彼此之间需要妥协。② 从这一方面来讲，借助法律对(国际)民事诉讼中的正义原则或正义维度进行弥合尤为重要，而临时救济即为一种极其重要的弥合机制。

民事主体对民商事诉讼(包括国际民事诉讼在内)这一纠纷解决机制的“目的定位”持有不同的观点，即诉讼是为了和平、有效地解决纠纷，还是完全为了确定真实。此外，我们亦对程序规则的合理性基础存在不同的见解：其取决于是否有助于正确适用法律，还是无论如何，一些内在的程序规则都必须遵守。不管怎样，诉讼中存在一些被普遍接受的基本原则；其中最有代表性的是“公正原则”，其要求法院在解决某一纠纷时应持有开放的心态，不偏袒诉讼任一方，这是最基本的要求。③

一方面，“公正原则”要求法律机构公平地处理处于相互竞争状态下的利益，平等地关注处于对抗中的诉讼当事人；另一方面，公正性本身亦是诉讼程序整体架构的要件。因此，公正的概念既有对程序的架构的含义，也有对官员行为的含义。作为权利予以实施的手段，司法机关不应以牺牲一方当事人的利益而给予另一方当事人优势；当事人应具有平等的受尊重的权利，司法机关不能

---

① See Geoffrey C. Hazard, Jr., Michele Taruffo, Rolf Sturner & Antonio Gidi, *Principles and Rules of Transnational Civil Procedure*: *Introduction to the Principles and Rules of Transnational Civil Procedure*, New York University Journal of International Law and Politics, Vol. 33:3, p. 771 – 773 (2000 – 2001).

② See Adrian A. S. Zuckerman, *Justice in Crisis*: *Comparative Dimensions of Civil Procedure*, in Zuckerman ed., Civil Justice in Crisis: Comparative Perspectives of Civil Procedure, Oxford University Press, 1999, p. 3.

③ See A. A. S. Zuckerman, *Interlocutory Remedies in Quest of Procedural Fairness*, The Modern Law Review, Vol. 56:3, p. 325 (1993).

偏祖被告或者原告一方,正如其不可以偏袒国家而不顾私人的利益。法律宁愿以造成原告损失的代价而放走100个有责任的被告,却不愿冒着造成对一个无辜被告追究责任的风险。① 原告被要求依据“排除合理怀疑的标准”证明其诉求的规则便是不平等地对待诉讼当事人。

在很大程度上来说,诉讼中当事人的原告或被告身份的确定是偶然事件,这使偏袒一方的观点不应被接受。尽管诉讼当事人无权要求国家不顾成本地为其提供最好的和最精确的程序,但他们有权要求所提供的程序应当是“平等的且公平地对待当事人”,他们享有同样的程序保障。这意味着双方当事人有同等的权利去诉诸程序性手段以确立他们的诉求。正如原告有权在其诉求被处理之前使用一系列的民事程序(如普通法中的诉状、披露、证人陈述的交换等),被告亦有权利在其抗辩被处理之前诉诸相应的程序,有权在其穷尽这些机会和获得最终判决之前反对法院干预其权利。这便是“平等对待”。作为“平等对待”的一层重要含义,被告在最终判决前享有其权利不受干预的权利。这种公正性原则的要求值得称赞,但其是建立在法理和道德的双重标准之上的;教条地因循该原则会成为不公正的源泉,因为判决前的克制将会使被告可以自由地采取措施,这将导致当法院作出判决的时候,宣判的对象已经不复存在。法院由此而处于一种尴尬的处境之中:如果法院在原告确立其权利之前保持不偏不倚的消极,被告可能在此期间破坏原告应得的权利。而若法院在判决前介入,原告的请求后来又不被支持,则这种介入会损害被告的利益。这一困境很难回避。不去限制被告,如同对其予以限制一样,将会造成对一方当事人的偏袒。完全禁止判决前介入,抑或相反的情形——确立判决前介入的一般规则,都不能提供解决这一困境的有效方式,因为其要么是不公正的,要么是忽视了实体权利的,或者是两者都有的。鉴于不存在一个普遍的解决方式,答案似乎只能在个案的基础上去寻找。②

临时救济为恰当地解决前述难以回避的困境,提供了有效的程序性手段。其意在寻求一种令人满意的平衡:一方面,法律的应有设计需要降低在诉讼程序尚未结束之前对法律权利造成损害的危险;另一方面,“不偏倚原则”要求法

---

① See A. A. S. Zuckerman, *Interlocutory Remedies in Quest of Procedural Fairness*, The Modern Law Review, Vol. 56:3, p. 325 (1993).

② See A. A. S. Zuckerman, *Interlocutory Remedies in Quest of Procedural Fairness*, The Modern Law Review, Vol. 56:3, p. 325 (1993).

院在终局判决作出前不得干预。“临时救济”所追求的最佳平衡是,一种与权利的保护相协调的最低限度的判决前干预。这一微妙的平衡需要在“不确定的情况下”进行,因为在判决作出前,不可能从法律上知道谁是对的。因此,“临时救济”通过采用一些基本的“事实发现和法律确定措施”,将错误的风险最小化。不可避免的是,这些措施的实施只不过是因为需要通过粗略地评估纠纷中的事实和问题以获得一个及时解决那些“不可回避的和紧迫的”难题的临时性方式,尽管解决方式是如何的错误。① 同样地,临时救济在试图解决一种困境的同时又陷入了另一种困境。霍夫曼(Hoffman)法官在影视探索国际有限公司诉坎农影视销售有限公司案②中指出,法院在作出临时禁制令的过程中的主要困境是:法院给予了禁制令,而获得禁制令的一方当事人未能在审判中确立其权利;或法院没有给予临时禁制令,而申请临时禁制令的当事人在审判中胜诉。③

二、效率与临时救济

(一)“法经济学”视角下的临时救济

我们绝不应忽视一些学者从其他的角度,如“法经济学”的角度对临时救济给出的有力论点。申请人申请“临时禁制令”的目标并不仅限于避免“不可挽回的损失”,其还可能意在给对手施加财务上的压力;“临时禁制令”对纠纷的结果有实质性的影响。“禁制令”程序增加了当事人通过法院审理程序解决纠纷的法律成本,这一因素极大地影响当事人对“临时禁制令”的态度。“临时禁制令”的“经济”作用不可忽视。通过临时救济,原告可以在纠纷解决期间关闭被告大部分的营业,这可以持续几个月甚至数年,被告可能会经历运转资金的急剧下降。正如丹尼斯·沙利文(Dennis Sullivan)所说,“临时禁止措施是杀手”④。这些财务上的负担会因募集外部的资金以支持诉讼而加剧。由于法律限制以及信息上的不对称,被告可能不能够从外部资本市场筹集资金以支持诉讼,进而被迫就纠纷进行和解,而不管案件的实体如何。这种情境下的和解显

---

① See A. A. S. Zuckerman, *Interlocutory Remedies in Quest of Procedural Fairness*, The Modern Law Review, Vol. 56:3, p. 325 (1993).

② Film Rover Interna-Tional Ltd v. Cannon Film Sales Ltd, [1987] 1 W. L. R. 670, 680.

③ See also Laurence Collins, *Provisional and Protective Measures in International Litigation*, Recueil des Cours, Vol. 234, p. 24 – 25 (1993).

④ See Jean O. Lanjouw & Josh Lerner, *Tilting the Table? The Use of Preliminary Injunctions*, Journal of Law and Economics, Vol. 44:2, p. 574 (2001).

然是不公平的。

“禁制令”申请使“申请人”(原告)不仅可以避免“不可弥补的损失”,而且能够通过提升纠纷解决的成本获利。这一救济机制使实力强大的公司获益,而对那些受资本限制的公司的损害则尤为严重。在决定是否利用“禁制令”时,财务状态显得非常重要。这一救济不利于实力弱的公司,而是有利于更小地受财务限制的对手。① 值得特别注意的是,已有学者提出在临时救济适用的过程中,不可挽回的“损失”(harm)以及不可挽回的“受益”(gains)都是相关的,都会在分配机制或刺激方面对当事人产生重要的影响,应是临时救济适用中须考虑的方面。②

依靠传统的解释,法院在面对不确定的法定权利时,通常仅在“不具备充分的赔偿救济”的情况下方会考虑作出临时裁决。这种“赔偿性”观念的问题在于其对法律上的不确定性不能以在先的“行为后果”予以回应。当权利处于不确定的状态时,当事人会高估其行为的最大收益,依凭其可能有的法定权利而作出某种行为,但会低估该行为对其他人造成的损害。因此,“有效作为”的个体激励被这种不确定的法定权利扭曲。有些被告可能因为考虑到不一定需要承担赔偿责任而低估损害赔偿,对这些被告予以软硬兼施的方式(手持“棍棒”和拿出“胡萝卜”),即“临时禁制令”会矫正这种扭曲。强大的“棍棒”便是威胁性的损害赔偿,即如果法院签发了“禁制令”且被告违反了该禁制令,被告则需要承担损害赔偿。“胡萝卜”便是被告在其胜诉时对其遵循“禁制令”的成本的追偿。只有当原告决定寻求该“禁制令”时,这些奖惩才会发挥作用,也就是说,“临时禁制令”将行为的决定权从偏见的被告手里拎走而置于原告手中。③ 尽管临时救济的架构一般有着“棍棒”和“胡萝卜”两个方面的支撑,然而对债务人或被告予以特殊的保护是有关临时救济程序价值的题中之义。通过“胡萝卜”赋予债务人的保护不仅表现为对债务人予以损害赔偿救济的“赔偿性”效

---

① See Jean O. Lanjouw & Josh Lerner, *Tilting the Table? The Use of Preliminary Injunctions*, Journal of Law and Economics, Vol. 44:2, p. 573 - 603 (2001).

② See Douglas Lichtman, *Irreparable Benefits*, The Yale Law Journal, Vol. 116:6, p. 1284 (2007).

③ See Richard R. W. Brooks & Warren F. Schwartz, *Legal Certainty, Economic Efficiency, and the Preliminary Injunction Doctrine*, Stanford Law Review, Vol. 58:2, p. 382 (2005 - 2006).

力,还表现为在当事人之间维持公正的、程序性的平衡。① 然而,通过"胡萝卜"给予债务人的保护在各国,如英国、德国,仍然存在诸多严峻的问题。②

(二)"救济迟延"下的临时救济构架

无可争议的是,当事人在"金钱损害赔偿请求"案件中寻求临时救济是临时救济适用的最重要方面。在该类请求中,减少或避免"损害"应是适用临时救济的基本目的之一。我们对"损害"的广义理解会有助于认识适用临时救济的这一基本目的。

从广义上来说,损害可以分为"首要损害"、"次位损害"以及"第三位损害"。具体来说,"首要损害",是指原告因被告在诉讼提起之前的行为所遭受的所有的有最密切联系的损害,即便原告在诉讼提起时便即刻获得最终的救济,该损害仍然存在;"次位损害"是在提起诉讼与获得判决之间,因延迟获得"首要损害"的救济而导致的损害;"第三位损害"则是在判决作出后,胜诉的原告因在一段时间内或永久地不能实现判决的内容所遭受的损害。③ 这一划分方法能够很好地剖析民商事损害赔偿请求的各部分。尽管不能影响"首要损害",但临时救济在"次位损害"与"第三位损害"的预防中起着极为重要的作用。

三、单方与双方临时救济中的特殊价值考量

在临时救济的程序设计上,对"莫听一面之词"(audi alteram partem)这一传统的基本原则应予以适当的限制,以确保临时救济程序中的"出人意料"的效果和该救济程序的"效率"。在特殊的情形下,如知识产权侵权、盗版等情形,"单方的"临时救济有着极大的必要性;因而,不对被告进行通知而适用临时保护措施已经成为权利执行中被国际社会广泛接受的原则。④ 法院作为中立的裁

---

① See Jens Grunert, *Interlocutory Remedies in England and Germany: A Comparative Perspective*, Civil Justice Quarterly, Vol. 15, p. 30 – 31 (1996).

② See Jens Grunert, *Interlocutory Remedies in England and Germany: A Comparative Perspective*, Civil Justice Quarterly, Vol. 15, p. 31 et seq (1996).

③ See Rhonda Wasserman, *Equity Renewed: Preliminary Injunctions to Secure Potential Money Judgments*, Washington Law Review, Vol. 67:2, p. 259 – 268 (1992); Rhonda Wasserman, *Equity Transformed: Preliminary Injunctions to Require the Payment of Money*, Boston University Law Review, Vol. 70:4, p. 627 – 633 (1990).

④ See Andreas Wehlau & Bjorn Kalbfus, *The Conflict between Ex Parte Injunctions and the Right to Be Heard: Protective Letters at European Level as a Possible Solution*, European Intellectual Property Review, Vol. 34:6, p. 410 (2012).

判者,其在临时救济程序中发挥着极为重要的作用,法律应赋予其自由裁量权以决定临时救济程序的实施是“单方的”还是“双方的”。不同法系、不同国家在适用临时救济中均可能会采取“单方的”而非“对席的”程序,这是对“莫听一面之词”的超越。作为对惯常的“对席”程序的偏离,“单方”程序在英美法系下受到的挑战似乎更为严峻:因为大陆法系的法官在民事诉讼中有着更为广泛的权力,其可以更好地平衡所涉及的当事人之间的利益,而这些是英美法系欠缺的。① 从这一逻辑思维出发,如果“单方的”程序所追求的“出人意料的”效果并不是相关的临时救济有效的必要要件,“对席的”程序应当被作为一种强制性程序;即便法院采取了“单方的”程序,仍应在该程序之后迅速地启动“对席的”程序,或者推迟“单方的”程序下作出的临时救济发挥作用的时间到“对席的”程序。② 此外,明确申请人在“单方的”程序中的“披露义务”,亦是对“莫听一面之词”这一传统的基本原则应予以适当限制的合理性因素。

值得注意的是,在德国民事诉讼的司法实践和学理中,存在一个特别的给予“单方”程序下的被告以特殊保护的机制——“保护书”(protective letter)。根据该机制,若对方当事人怀疑其他当事人将会提起针对他的“禁制令”或其他临时救济或执行措施,该当事人可以指出潜在的申请人并对主要的事实予以描述。这一机制不仅可以诱使法院采取“对席的”程序,而且该当事人可以提出反对作出“禁制令”的论点,或者说服法院在作出裁决前举行口头的听审。德国法院会在所有的不会因为该机制而受挫的临时救济案件中考虑适用该机制,该机制在竞争法领域的适用是相当普遍的。③ 这一特殊的救济机制被后来的《瑞士民事诉讼法典》所借鉴,“任何人,在有理由相信‘单方的临时救济’,依据《联邦债务执行和破产法》(Federal Act on Debt Enforcement and Bankruptcy)可适用的‘扣押’,或任何其他不需要在先地对其听审即可作出的措施将会被提起的情形下,可以通过提前[向法院]提出一份‘保护书’以阐述其立场。该‘保护书’将

---

① See Jens Grunert, *Interlocutory Remedies in England and Germany: A Comparative Perspective*, Civil Justice Quarterly, Vol. 15, p. 23 (1996).

② See Jens Grunert, *Interlocutory Remedies in England and Germany: A Comparative Perspective*, Civil Justice Quarterly, Vol. 15, p. 37 (1996).

③ See Jens Grunert, *Interlocutory Remedies in England and Germany: A Comparative Perspective*, Civil Justice Quarterly, Vol. 15, p. 38 (1996); Peter Gottwald, *Principles and Current Problems of Uniform Procedural Law in Europe Under the Brussels Convention*, Saint Louis-Warsaw Transatlantic Law Journal, Vol. 1997, p. 139.

会在对方当事人启动相关的诉讼程序时被送达”①。《瑞士民事诉讼法典》中“保护书”机制的设置可以避免“单方的”临时救济可能对债务人的合法利益的侵害，弥补了“单方的”临时救济机制的程序性缺陷。此外，该机制也在德国的司法实践中有着有益的尝试。②

① Article 270, Swiss Code of Civil Procedure.

② See Andreas Wehlau & Bjorn Kalbfus, *The Conflict Between Ex Parte Injunctions and The Right to Be Heard: Protective Letters at European Level as A Possible Solution*, European Intellectual Property Review, Vol. 34:6, p. 410 – 415 (2012).

第一章　大陆法系代表性临时救济

由于国际社会并不存在审理国际民事案件的“国际法院”，有关的国际民事诉讼均由各国的“国内法院”主导；同时，由于不存在统一地适用于各国的“国际民事诉讼法”，国际民事诉讼的进行也主要是以各国自有的“国内法”为依托。与此相应，各国便主要依凭其国内法以实现对国际民事诉讼中的临时救济的规范与适用。①

---

①　然而，在当今国际社会中存在一些为各国或主要国家所公认的法律原则，而这些法律原则具有国际法的普遍效力，因而其将适用于国际社会的整体。比如，《国际法院规约》第 38 条明确了国际法院审理案件应予适用的国际法，其中包括“c. 诸文明国家所承认的一般法律原则”；除此之外，其在第 41 条又明确指出，“1. 若情势所需，国际法院将有权指示为实现对任一方当事人相关权利的保护而应诉诸的任何临时救济；2. 在终局判决前，应将此项指示的临时救济立即通知各当事国及安全理事会。”（Article 41 1. The Court shall have the power to indicate, if it considers that circumstances so require, any provisional measures which ought to be taken to preserve the respective rights of either party. 2. Pending the final decision, notice of the measures suggested shall forthwith be given to the parties and to the Security Council.）我们应关心的问题是，该规约第 41 条所载明的“临时救济”是否被囊括在“诸文明国家所承认的一般法律原则”之内；学者对此有广泛的讨论，国际法院的实践似乎暗示应对此问题予以肯定性的回答。See Jerome B. Elkind, *Interim Protection: A Functional Approach*, Kluwer Academic Publishers, 1981, p. 23 – 25. 更有学者明确指出，对权利的“临时保护”无疑为所有的发达法律体系所认可的一般法律原则。See Nicolò Trocker, *Provisional Remedies in Transnational Litigation: A Comparative Outline of Forms of Judicial Cooperation*, in Rolf Stürner & Masanori Kawano eds., Comparative Studies on Enforcement and Provisional Measures, Mohr Siebeck GmbH KG, 2011, p. 271.

尽管国际社会的整体或区域在国际民事诉讼领域积极地寻求合作,但是对临时救济这一国际民事诉讼中的关键机制,给予的关注仍然有限,该机制的适用在很大程度上是由各国自主决定的事项。

国际民事诉讼当事人在寻求临时救济的过程中面临的首要任务是要弄清何种临时救济可得适用,临时救济在何国可以申请以及相关临时救济的适用条件、效力、救济等事项。从目前来看,国际社会在一些全球性或区域性国际组织的引领下就国际民事诉讼中临时救济的适用达成了若干(法律)文件,认同临时救济在国际民事诉讼中的重大意义,且"临时保护"是各国公认的法律原则,但各国在对临时救济的架构和规范诸方面各有千秋。临时救济的适用仍然主要是各国国内法规范的事项,且各国在临时救济的适用条件及效力等方面的规定存在或大或小的差异。这些差异不仅表现在国与国之间,而且显著地体现在法系之间。当然,同一法系下的国家在临时救济的架构方面有更多的共同之处。临时救济的体系架构是我们考察临时救济适用的重要基础,也是完善国际民商事纠纷解决和国际民事诉讼中临时救济适用的最根本性问题。当事人在国际民事诉讼中寻求的临时救济仍然是各国国内法上的临时救济,需要因循各国国内有关国际民事诉讼中临时救济的适用规则。此外,各国通常并不区分内国民事诉讼和国际民事诉讼中的临时救济的适用,而是将内国诉讼中的临时救济比照适用于国际民事诉讼中。

第一节　德国法中的临时救济

一、引论

《德国民事诉讼法》是德国临时救济体系的主要法律渊源。该法于 1877 年 1 月 30 日颁布,并于 1879 年 10 月 1 日施行。在 140 多年的时间里,《德国民事诉讼法》经历了 100 多次修订,尽管该法在形式上仍然保持了原貌,其基本结构和条文数量在 1898 年之后也基本上没有变化,但是很多条文的内容已经改变,甚至整编整章都进行了修改,所以该法现在的精神和内容与其制定之初已经相去甚远。现行《德国民事诉讼法》共有 11 编,内容相当广泛。① 该法中有关临时救济的条文规定在第八编"强制执行"下的第五章。尽管临时救济的适用被

① 参见李大雪:《〈德国民事诉讼法〉的百年嬗变》,黑龙江教育出版社 2009 年版,第 1 页。

规定于“强制执行”编中,但其与一般意义上的强制执行措施有很大的不同,因为该法规定的临时救济的适用并不是在正常的诉讼程序结束之后,而往往是在正常的诉讼程序开始之前。① 这一体系安排不尽合理。具体来说,《德国民事诉讼法》第 916 ~945 条是德国民商事诉讼中可予适用的临时救济的基础性法律规范;由于内国诉讼中适用的有关临时救济的管辖权规则会扩展适用于国际民事诉讼的情形,因此,这些规范将同等地适用于在德国进行的国内和国际民事诉讼。②

在德国法中,临时救济被分为两类,③即“判决前扣押”和“其他临时救济或禁制令”。④ 这两种临时救济的最基本区别在于前者适用于债权人为追索“金钱款项”提起的金钱请求,而后者则适用于债权人提起的非金钱请求。具体的临时救济则是针对财产的“扣押措施”和针对行为的“禁制令”,以及在家庭案件中的“特别临时救济”。“禁制令”包括但不限于“扣押争议中确定的财产”、“禁止债务人处理指定的财产或使这些财产负担债务”或“禁止债务人从事有害的或被认为是非常营业或个人事务的行为”。⑤ 不过,德国民事诉讼中临时救济的“二分法”并不严谨。《德国民事诉讼法》使用的措辞并未将“金钱请求”排除在临时“禁制令”的适用范围之外;此外,《德国民事诉讼法》亦规定有关“扣押”的措施及作出该措施的程序性规定也适用于“临时禁制令”。即便是主流的理论也不支持对“金钱请求”和“非金钱请求”予以严格的区分。有时候,

---

① 参见沈达明编著:《比较民事诉讼法初论》,中国法制出版社 2002 年版,第 188 页。

② See Catherine Kessedjian, *Note on Provisional and Protective Measures in Private International Law and Comparative Law*, Prel. Doc. No 10, para. 79; W. A. Kennett, *Enforcement of Judgments in Europe*, Oxford University Press, 2000, p. 135.

③ See Guy Robin, *Conservatory and Provisional Measures in International Arbitration: The Role of State Courts*, 3 International business law journal 319, 330 (2008); Catherine Kessedjian, *Note on Provisional and Protective Measures in Private International Law and Comparative Law*, Prel. Doc. No 10, para. 71.

④ 参见《德国民事诉讼法》第 916 ~934 条和第 935 ~945 条。在国内著述中,“判决前扣押”被称为“假扣押”,“禁制令”被称为“假处分”。对于“假扣押”与“假处分”的使用,参见沈达明编著:《比较民事诉讼法初论》,中国法制出版社 2002 年版,第 188 页;张卫平:《〈中华人民共和国民事诉讼法〉修改之我见》,载《法商研究》2006 年第 6 期。

⑤ 参见沈达明编著:《比较民事诉讼法初论》,中国法制出版社 2002 年版,第 188 页;张卫平:《〈中华人民共和国民事诉讼法〉修改之我见》,载《法商研究》2006 年第 6 期。

基于“正义”的考虑要求法院作出“临时支付”①或其他类型的“临时履行”措施；然而，这并不能通过“扣押”来实现。因此，一般认为，“临时支付”或其他类型的“临时履行”可以通过“临时禁制令”的方式实现。② 德国法中有关证据的临时救济，则规定在《德国民事诉讼法》的“证据篇”。③

德国法中临时救济的目的被定位于确保案件实体审理后判决的执行是可能和有效的。④ 临时救济的适用一般只能依当事人的申请而启动；⑤对于提起“扣押”申请的主体来说，德国法并不要求当事人一方是德国人或在德国居住。⑥ 从时间上来说，当事人可以在诉讼开始前，或者在诉讼审理过程中，抑或在上诉过程中寻求临时救济。⑦ 也就是说，当事人在纠纷解决的全部过程中均可向法院寻求有效的临时救济保障。对于“临时禁制令”的申请和适用程序而言，其准用“扣押”程序，除非法律对“禁制令”程序作出了其他不同的规定。⑧ 德国法中的临时救济体系具有广泛的影响力，已被日本等国家或地区在架构它们的（国际）民商事诉讼临时救济中广泛遵循。

二、判决前扣押

“扣押”是德国民商事诉讼中最重要的临时救济，该措施旨在为强制执行金钱请求以及可能会演变成金钱请求的诉求提供针对[被申请人的]动产或不动

---

① 德国法中并不存在“临时支付”这一临时救济；不过，一些替代性的、加速的诉讼程序可以提供相似的保护；比如，在抚养案件中的债权人可以在急需偿还债务的情况下申请临时禁制令。See Burkhard Hess, *Minimum Procedural Standards for Enforcement of Provisional and Protective Measures at European Level*, in Mads Andenas, Burkhard Hess & Paul Oberhammer eds., Enforcement Agency Practice in Europe, The British Institute of International and Comparative Law, 2005, p. 269 – 270.

② See Peter Schlosser, *Jurisdiction and International Judicial and Administrative Co-operation*, 284 Recueil des Cours 9, 159 (2000).

③ 参见《德国民事诉讼法》第二编第一部分第 12 章——“独立的证据程序”。

④ See Peter Gottwald, *Civil Justice Reform: Access, Cost, and Expedition: The German Perspective*, in Zuckerman ed., Civil Justice in Crisis: Comparative Perspectives of Civil Procedure, Oxford University Press, 1999, p. 209.

⑤ 参见常怡主编：《比较民事诉讼法》，中国政法大学出版社 2002 年版，第 469 页。

⑥ See Peter Schlosser, *Jurisdiction and International Judicial and Administrative Co-operation*, 284 Recueil des Cours 9, 162 (2000).

⑦ See Peter Murray & Rolf Sturner, *German Civil Procedure*, Carolina Academic Press, 2004, p. 434; 沈达明编著：《比较民事诉讼法初论》，中国法制出版社 2002 年版，第 190 ~ 191 页。

⑧ 参见《德国民事诉讼法》第 936 条。

产的担保。[①] 对于"可能会演变成金钱请求的诉求"来说,债权人"交付一批货物"的请求可能会演变成债务人不履行该义务的金钱性损害赔偿请求。"扣押"协助债权人为实现其金钱性请求而提供财产保护,其针对的是债务人的可以满足债权人请求的所有财产。德国法院在司法实践中确认扣押的对象包括被申请人的动产和不动产,而无论该财产是否位于德国境内。[②] 此外,被扣押的财产无须与申请人的请求权存在任何的联系,第三人占有的被申请人的财产亦可成为被扣押的对象。[③]

(一)扣押的标准

"仅仅提出金钱支付请求"的当事人若有合理的根据担心判决的执行会因时间的经过或其他对于当事人来说不能控制的事件而受挫败,便可启动针对被告的"扣押"程序,扣押"足够的特定财产"以满足其"诉求和诉讼费用"。在向法院申请"扣押"时,申请人应满足两个方面的要件:第一,存在可予"扣押"的请求权;第二,提出可予"扣押"的法定理由。

具体来说,"扣押"请求必须详细地载明"主要诉求",并提出"可信的其将会在案件实体中获胜的证据";请求也必须指出"可信的用以证明法院的判决前介入是合理的证据"。[④] 也就是说,申请人应当借助"初步的"(prima facie)证据证明其"权利主张"(claim),即"实体标准"。[⑤] 不过,该"实体标准"低于"主诉"中的证明标准:申请人无须提供完整的或充分的证据以证明"主要诉求"的存在,亦不需证明存在接近确定性的可能性;其需要提供的仅是表示权利会存在以及潜在的权利侵犯可能性的证据。[⑥] 此外,"扣押"是否可被法院裁定作出本身不会因为有关的诉求受到条件的限制,或该诉求存在一个确定的成立期限的事实而被排除,除非在考虑到条件发生的较小可能性的情况下,法院认定受

---

① 参见《德国民事诉讼法》第 916 条。

② See Catherine Kessedjian, *Note on Provisional and Protective Measures in Private International Law and Comparative Law*, Prel. Doc. No 10, para. 81.

③ 参见沈达明编著:《比较民事诉讼法初论》,中国法制出版社 2002 年版,第 188 页。

④ See Peter Murray & Rolf Sturner, *German Civil Procedure*, Carolina Academic Press, 2004, p. 434 – 435.

⑤ See Jens Grunert, *Interlocutory Remedies in England and Germany: A Comparative Perspective*, Civil Justice Quarterly, Vol. 15, p. 33 (1996).

⑥ See Jens Grunert, *Interlocutory Remedies in England and Germany: A Comparative Perspective*, Civil Justice Quarterly, Vol. 15, p. 22 (1996).

到条件限制的诉求不具有任何的财产价值。①

当事人申请“扣押”的法定理由包括两个方面。第一,存在一种关切,即若无判决前“扣押”的作出,判决的执行将会受挫或明显更为困难;第二,如果债权人将获得的判决须在国外执行且[有关执行的]互惠尚不存在。② 需要指出的是,由于《布鲁塞尔条例Ⅰ》(修订)的存在,第二项根据不适用于欧盟境内,但在该条例适用之外的国家依旧适用。③ 存在一种特别的情形,即在申请人提出“扣押”申请时,如果被告在德国境内有财产,且将来判决的执行需要在欧盟成员国④或《民商事管辖权与判决承认和执行公约》⑤(以下简称《卢加诺公约》)的成员国之外的国家进行,债权人可以请求法院对该财产予以“扣押”。在实践中,依据该种情形实施的“扣押”引起了较大的争议。较为明确的一点是,若债务人在德国境内有足够的财产支付申请人在胜诉时的判决,且这些财产没有被转移出境的风险,债权人便不得据此获得“扣押”。此外,公民的国籍本身不是实施“扣押”的根据。⑥

其他可予“扣押”的具体情形包括:债务人通过不利的商业行为明显浪费性地不当使用财产,债务人财产被出卖或负担义务的可能性,债务人“居住地”的频繁变更,以及类似的会影响债权人诉求实现前景的情形。⑦ 然而,债权人对“其他债权人的竞争性诉求的担心”不能成为法院给予“优先扣押”的根据;“判决前扣押”的主要目的并不是改善债权人对债务人的财产具有的地位或情势,而仅仅是防止其地位的恶化。⑧ 根据同样的法理逻辑,如同其他大多数欧盟国

---

① 参见《德国民事诉讼法》第916条。

② 参见《德国民事诉讼法》第917条。

③ See Catherine Kessedjian, *Note on Provisional and Protective Measures in Private International Law and Comparative Law*, Prel. Doc. No 10, para. 76.

④ 欧盟成员国的判决在其相互之间的承认和执行,依据的是《布鲁塞尔条例Ⅰ》(修订)。

⑤ Convention on Jurisdiction and the Recognition and Enforcement of Judgments in Civil and Commercial Matters, 21.12.2007, OJ L 339/3.

⑥ 参见沈达明编著:《比较民事诉讼法初论》,中国法制出版社2002年版,第189页。

⑦ See Peter Murray & Rolf Sturner, *German Civil Procedure*, Carolina Academic Press, 2004, p.435.

⑧ See Peter Murray & Rolf Sturner, *German Civil Procedure*, Carolina Academic Press, 2004, p.435.

家,被告破产的风险本身也不能构成实施“扣押”的有效根据。① 此外,其他债权人申请强制执行债务人财产的风险亦不能构成“扣押”的正当理由。② 一个有益的讨论是,构成“扣押”的理由是否仅限于债务人的行为?第三人的行为是否包括在内?如债务人妻子的潜逃?对此,学者多有争论,但多数意见认为应包括第三人的行为。③

在适用扣押的法定条件上,德国法并未教条地因循前述两个要件。如果诉求或作出扣押令的根据尚未得到法院的完全认可,或法院认为申请人没有充分合理地证明其诉求的法律根据或证明给予临时救济合理的情形,法院可以要求申请人在为承受损失风险的被申请人提供“担保”④的情况下作出“扣押”。⑤ 由此一来,作出“扣押”措施的“初步证据”标准可以被“担保的提供”所代替。⑥ 不过,在担保的提供上,即便法院认为申请人的诉求和作出扣押令的理由充分,仍可要求申请人为“扣押令”提供担保。⑦ 至于担保方式,一般为银行或保险公司签订的担保合同。⑧ 无论如何,是否要求申请人作出担保,以及担保额的确定,都属于法院自由裁量的范围,并不依赖于债务人或被告的申请。⑨ 然而,在

---

① See Burkhard Hess, *Minimum Procedural Standards for Enforcement of Provisional and Protective Measures at European Level*, in Mads Andenas, Burkhard Hess & Paul Oberhammer eds., Enforcement Agency Practice in Europe, The British Institute of International and Comparative Law, 2005, p. 270 – 271.

② 参见沈达明编著:《比较民事诉讼法初论》,中国法制出版社 2002 年版,第 189 页。

③ 参见沈达明编著:《比较民事诉讼法初论》,中国法制出版社 2002 年版,第 189 页。

④ 通常来说,原告无须为确保其可以偿付案件中被告的诉讼费用而为被告提供担保。只有外国人(欧盟之外的)有义务提供担保,除非存在豁免的情形。See Peter Gottwald, *Civil Justice Reform: Access, Cost, and Expedition: The German Perspective*, in Zuckerman ed., Civil Justice in Crisis: Comparative Perspectives of Civil Procedure, Oxford University Press, 1999, p. 209; W. A. Kennett, *Enforcement of Judgments in Europe*, Oxford University Press, 2000, p. 152.

⑤ See Burkhard Hess, *Minimum Procedural Standards for Enforcement of Provisional and Protective Measures at European Level*, in Mads Andenas, Burkhard Hess & Paul Oberhammer eds., Enforcement Agency Practice in Europe, The British Institute of International and Comparative Law, 2005, p. 270; Peter Murray & Rolf Sturner, *German Civil Procedure*, Carolina Academic Press, 2004, p. 436.

⑥ See Jens Grunert, *Interlocutory Remedies in England and Germany: A Comparative Perspective*, Civil Justice Quarterly, Vol. 15, p. 33 (1996).

⑦ 参见《德国民事诉讼法》第 921 条。

⑧ 参见沈达明编著:《比较民事诉讼法初论》,中国法制出版社 2002 年版,第 190 页。

⑨ See Jens Grunert, *Interlocutory Remedies in England and Germany: A Comparative Perspective*, Civil Justice Quarterly, Vol. 15, p. 33 (1996).

德国的司法实践中,法院较少适用“担保”条款,原因可能是提供担保会部分地构成对临时救济的拒绝。[①]

(二)裁决的程序

对于当事人提起的“扣押”申请,法院可以根据具体案件的性质,通知债务人并设定其须作出书面回应的时间,安排“口头听审”,或在特殊的案件中,依“单方申请”作出裁决;“单方裁决”的方式在司法实践中更为普遍。[②] 甚至是“扣押”的执行,法院亦无须通知被申请人。[③] 也就是说,法院有自由裁量权,以决定在“扣押”作出之前是否需要对债务人进行听审。[④] 在其申请中,申请人可以表达其希望法院不采取“对席”听审程序,但不可以要求法院采取该程序;是否采取“单方的”程序完全属于法院自由裁量的事项。[⑤] 扣押审理程序上的设计似乎与德国宪法中当事人获得听审的权利这一项基本的宪法原则相左;不过,在临时救济程序中对该宪法原则予以合理的限制仅仅是对该原则施加了严格限制之下的例外。[⑥]

在证明标准上,德国法律没有为扣押的适用引入严格的规则,扣押的适用对证据的证明力要求并不高。只要申请人能够“释明”相关的请求权和扣押理由即足够。证据一般适用当事人宣誓或书证的方式。[⑦] 作为德国民事诉讼中的一项基本法律原则,当事人只需要向法院提交证据证明其自己权利主张即可;不过,对于包括“扣押”在内的临时救济来说,申请人的证明义务是否仅适用该原则,学界存在争论,尤其是对依单方申请获得的扣押而言。现行德国法没有明确申请人是否负有“披露义务”,即披露与案件相关的所有案情,而非仅限于

---

① See Jens Grunert, *Interlocutory Remedies in England and Germany: A Comparative Perspective*, Civil Justice Quarterly, Vol. 15, p. 34 (1996).

② See Catherine Kessedjian, *Note on Provisional and Protective Measures in Private International Law and Comparative Law*, Prel. Doc. No 10, para. 78.

③ See Peter Schlosser, *Jurisdiction and International Judicial and Administrative Co-operation*, Recueil des Cours, Vol. 284, p. 162 (2000).

④ See Burkhard Hess and Marcus Mack, *Germany*, in Mads Andenas, Burkhard Hess & Paul Oberhammer eds., Enforcement Agency Practice in Europe, The British Institute of International and Comparative Law, 2005, p. 187.

⑤ See Jens Grunert, *Interlocutory Remedies in England and Germany: A Comparative Perspective*, Civil Justice Quarterly, Vol. 15, p. 26 (1996).

⑥ See Jens Grunert, *Interlocutory Remedies in England and Germany: A Comparative Perspective*, Civil Justice Quarterly, Vol. 15, p. 28 (1996).

⑦ 参见沈达明编著:《比较民事诉讼法初论》,中国法制出版社2002年版,第189页。

证明其权利主张的事实和法律根据,这一点对于依据“单方的”程序作出的临时救济来说意义重大。①

如果“扣押”是在“听审”后作出的,法院将会以“判决”的形式;如果“扣押”的作出未经“听审”,法院将以法庭“命令”——“简易裁定”的形式。若法院作出的“扣押”裁决需要在国外执行,该裁决亦应当载明裁判理由。② 实际上,德国法院在诉讼中有较大的自由裁量权决定临时救济的确切形式和内容。③ 尽管法律将自由裁量权留给了法院以决定是否组织听审,公正司法听审的原则要求听审仅在有充足事由的案件中被排除。④ 为维持程序上的正义,已经获得法院扣押命令的当事人应请求法院向对方当事人送达该命令;⑤然而,法院作出的驳回扣押申请或宣告必须提供担保的法庭命令不应通知被告。⑥

(三)扣押的效力

在德国法中,“扣押”产生“对物”效力;不过在实践中,为保证“扣押”的作出,法院可以在极为特别的情况下采取针对债务人人身的强制措施——“拘押”。只有在对债务人财产的执行处于危险时,“拘押”方可适用;⑦作为辅助性措施,“拘押”产生“对人”效力,其在实践中很少适用。⑧ 法院作出的“扣押”仅具有一般性的效力,该效力的发生不以“确定所涉资产”为前提。法院作出的“扣押”裁决仅载明,“法院据此裁定扣押债务人的财产”⑨。不过,“扣押”不具

① See Jens Grunert, *Interlocutory Remedies in England and Germany: A Comparative Perspective*, Civil Justice Quarterly, Vol. 15, p. 26 – 28 (1996).

② 参见《德国民事诉讼法》第 922 条(1)款。

③ See Peter Murray & Rolf Sturner, *German Civil Procedure*, Carolina Academic Press, 2004, p. 437 – 441.

④ See Peter Murray & Rolf Sturner, *German Civil Procedure*, Carolina Academic Press, 2004, p. 435 – 436.

⑤ 这是德国法上少数的规定由当事人请求,而非由法院依职权送达诉讼文书的情形。See Peter Murray & Rolf Sturner, *German Civil Procedure*, Carolina Academic Press, 2004, p. 436.

⑥ 参见《德国民事诉讼法》第 922 条(2)、(3)款。

⑦ 参见《德国民事诉讼法》第 918 条。

⑧ See Burkhard Hess & Marcus Mack, *Germany*, in Mads Andenas, Burkhard Hess & Paul Oberhammer eds., Enforcement Agency Practice in Europe, The British Institute of International and Comparative Law, 2005, p. 187; 沈达明编著:《比较民事诉讼法初论》,中国法制出版社 2002 年版,第 189 页。

⑨ Peter Schlosser, *Jurisdiction and International Judicial and Administrative Co-operation*, Recueil des Cours, Vol. 284, p. 160 (2000).

有任何实在的和具体的价值,除非债权人能够找到其可以被执行的特定财产,即"扣押"效力的特定化需要借助具体的"执行措施";对于"扣押"本身来说,第三人亦没有义务去遵守,尽管"扣押"裁定也可能会影响第三人对债务人所负担的义务。扣押措施具有混合特性,其本身并非对物性的措施;特定的执行措施才具有对物效力。① 对动产实施的"扣押措施",会产生德国民事诉讼法上的担保效力。此外,不同于其他国家,如法国和英国,德国法下具体的"扣押措施"具有赋予申请人优先权的效力。②

债权人不会因法院作出的"扣押"而获得即刻保护;"扣押"仅是须被执行的权利。③ 在根据"扣押令"进一步作出针对特定财产的"扣押措施"或其他的辅助性措施之前,"扣押"不会对第三人产生任何效力。④ 然而,一旦法院依据"扣押"作出"扣押措施"或其他辅助性措施,将会产生特殊的效力:债权人取得了对所扣押的财产的"担保权",一种从扣押时起而具有的"优先"性权利;该优先权利与传统担保具有的优先权利一致。这种"优先权"赋予了申请人优先于其他相互竞争的债权人的权利。⑤ 此外,"在先的"扣押措施创立的优先权要优先于"在后的"扣押措施创立的优先权。⑥ 针对不动产所实施的扣押,或针对适用不动产规则的权利而实施的扣押,法院将通过对收益登记债务担保抵押的方式实现;依法确立的担保金钱数额将被指定为对该不动产或不动产权利所设定的最高责任限额。⑦

---

① See Catherine Kessedjian, *Note on Provisional and Protective Measures in Private International Law and Comparative Law*, Prel. Doc. No 10, para. 72.

② Second Interim Report-Provisional and Protective Measures in International Litigation, the Committee on International Civil and Commercial Litigation of International Law Association, 1996.

③ See Jens Grunert, *Interlocutory Remedies in England and Germany: A Comparative Perspective*, Civil Justice Quarterly, Vol. 15, p. 20 (1996).

④ Second Interim Report-Provisional and Protective Measures in International Litigation, the Committee on International Civil and Commercial Litigation of International Law Association, 1996.

⑤ Second Interim Report-Provisional and Protective Measures in International Litigation, the Committee on International Civil and Commercial Litigation of International Law Association, 1996; See also Burkhard Hess, *Minimum Procedural Standards for Enforcement of Provisional and Protective Measures at European Level*, in Mads Andenas, Burkhard Hess & Paul Oberhammer eds., Enforcement Agency Practice in Europe, The British Institute of International and Comparative Law, 2005, p. 273.

⑥ See Catherine Kessedjian, *Note on Provisional and Protective Measures in Private International Law and Comparative Law*, Prel. Doc. No 10, para. 75;《德国民事诉讼法》第 804 条。

⑦ 参见《德国民事诉讼法》第 931 条。

“扣押”的执行与一般判决的执行相同，即可通过“扣押财产”，“命令第三人不得付款或交付货物”等。对于获得“扣押”的申请人来说，其可借助的执行程序或执行措施仅限于此，其不得就被“扣押”的财物获得清偿，因为其获得的仅是对债务人的财产施加的限制。不容否认，可能涉入“扣押”执行中的“第三人”甚至“第四人”（主张被扣押的财产属于他而非债务人的人）都会因“扣押”的作出而受到影响。依据德国法律，第三人不得因“扣押”或“扣押”的执行申请相应的救济措施；不过，第四人可以提起“异议之诉”。① 此外，“扣押”的效力与“主诉”之间的关系是一个值得特别考虑的问题。一般来说，“扣押”的实施不得损及主诉，或对主诉形成预断。②

三、临时禁制令

鉴于现状的改变可能会使当事人为实现其应享有的权利受挫，或使该权利的实现明显更加困难，当事人因此有必要向法院提出针对有关“诉讼标的物”（object）或“权利主张”的临时“禁制令”。在德国法中，临时“禁制令”是除上述“扣押”之外的另一项重要临时救济；《德国民事诉讼法》以十分宽泛的条款对此作出了规定，“鉴于现状的改变会使得当事人所享有的权利的实现受挫，或使得该权利的实现明显更为困难，针对有关诉讼标的物而实施的‘禁制令’便是一项可资利用的救济”③。在司法实践中，临时“禁制令”的适用范围甚为广泛，可用于涉及竞争、雇佣等类型的案件中，并可用于保护隐私、非法侵犯财产案件中的交出财产、传媒法中的“反陈述”（counter-statement）、披露的作出、声明的撤回、必要货物的交付、紧急情形下抚养费的支付或为避免某人生活在维持生计线以下而支付部分工资等。④ 此外，在跨越边界的房屋建造，避免知识产权的侵犯，或确保有关特定履行的权利主张中等，临时“禁制令”也有广泛的适用。⑤

---

① 参见沈达明编著：《比较民事诉讼法初论》，中国法制出版社2002年版，第189～190页。

② See Jens Grunert, *Interlocutory Remedies in England and Germany: A Comparative Perspective*, Civil Justice Quarterly, Vol. 15, p. 21 (1996).

③ 参见《德国民事诉讼法》第935条。

④ See Peter Gottwald, *Civil Justice Reform: Access, Cost, and Expedition: The German Perspective*, in Zuckerman ed., Civil Justice in Crisis: Comparative Perspectives of Civil Procedure, Oxford University Press, 1999, p. 209.

⑤ See Jens Grunert, *Interlocutory Remedies in England and Germany: A Comparative Perspective*, Civil Justice Quarterly, Vol. 15, p. 21 (1996).

此外,法院可以借助临时“禁制令”作出强制令,如“临时支付”;[①]临时“禁制令”亦可适用于暂时调整诉讼当事人之间的法律关系,确立他们在诉讼期间的一种“法律和平”(legal peace)。在当事人之间长期的法律关系破裂,一方当事人的利益受到威胁的情形下,法院可以介入其中以临时性地重新确立这种关系或确立一种新的关系而避免对一方造成潜在的损害或不利。比如,供货方拒绝向长期的合作经销商供货,法院可以要求供货方在诉讼结束前继续供货,以避免因供货方的单方行为而对经销商造成潜在的严重损害。如果一方当事人主张另一方正在侵犯其商标权或专利权,或从事不正当竞争,法院可以通过临时“禁制令”限制该类行为,直到作出终局判决。[②]

(一)临时禁制令的标准

从本质上来讲,作为德国法中的另一类基本的临时救济,临时“禁制令”与判决前“扣押”一样,都致力于确保终局判决效力的实现。[③] 当事人若要申请针对“争议事项”(subject matter)的临时“禁制令”,应满足《德国民事诉讼法》规定的原则性标准,即“现状的改变”会使当事人应享有权利的实现受挫,或“现状的改变”会使该权利的实现明显更为困难。[④] 在具体标准上,临时“禁制令”的适用遵循“扣押”适用的标准,即存在“可信的其将会在案件实体获胜的证据”以及作出该临时救济的必要性。[⑤]

若当事人申请临时“禁制令”意在确立诉讼期间的一种“法律和平”,法院在作出该禁制令时应遵循如下标准,即临时“禁制令”的作出是为了避免严重的不利,避免迫近的暴力,或基于其他理由,而被认为是必要的,尤其是针对具有长期性质的法律关系的情形。[⑥] 简言之,寻求该类救济的当事人必须证明该类临时救济的必要性;迟延向法院寻求救济可被看作对该类救济并非很迫切的

---

① 参见《德国民事诉讼法》第 938 条。

② See Peter Murray & Rolf Sturner, *German Civil Procedure*, Carolina Academic Press, 2004, p. 438 – 439;《德国民事诉讼法》第 940 条。

③ See Peter Murray & Rolf Sturner, *German Civil Procedure*, Carolina Academic Press, 2004, p. 438.

④ 参见《德国民事诉讼法》第 935 条; Burkhard Hess & Marcus Mack, *Germany*, in Mads Andenas, Burkhard Hess & Paul Oberhammer eds., Enforcement Agency Practice in Europe, The British Institute of International and Comparative Law, 2005, p. 187。

⑤ 参见《德国民事诉讼法》第 935 条; Jens Grunert, *Interlocutory Remedies in England and Germany: A Comparative Perspective*, Civil Justice Quarterly, Vol. 15, p. 21 (1996)。

⑥ 参见《德国民事诉讼法》第 940 条。

证据。① 法院亦可作出以“居住房屋的腾空”为内容的“禁制令”，其在作出该“禁制令”时应当确保被申请人系非法干涉他人的所有权，或存在某一特定的对人身的危险。②

（二）裁决的程序

一般来说，“禁制令”的作出应经过言词辩论程序，即“对席”程序；在紧急情况下，法院可在不经过当事人口头辩论的情况下作出裁决。不过，若法院裁定对“禁制令”的申请予以驳回，则其无须组织口头辩论。③申请人可以向法院表达不适用“对席”口头辩论程序的愿望，但其无权要求法院采取“单方的”程序；简言之，法院有完全的自由裁量权决定是否采取“单方”程序。④

为达到申请人所追求的目的，法院将充分地依凭其自由裁量作出相应的临时“禁制令”。⑤ 法院作出禁制令的具体方式包括“对财产的临时剥夺或财产暂管”，以及“要求对方当事人（opponent）实施或不得实施一定的行为”，尤其是禁止该当事人对不动产、注册船舶或建造中的船舶“实施销售”、“负担债务”或“设定担保”的行为等。⑥

（三）临时禁制令的效力

“禁制令”要求被申请人做或不得做某事，且被申请人因此可能会受到“蔑视法庭”的拘束。⑦ 在德国法中，一项法律行为，尤其是处置财产的行为，若其违背了法庭令且第三人未善意地行事，该法律行为是无效的；换句话说，“禁制令”在此意义上具有“对物”的性质。⑧ 如同“扣押”，“禁制令”的实施不得损及

---

① See Peter Murray & Rolf Sturner, *German Civil Procedure*, Carolina Academic Press, 2004, p. 439.

② 参见《德国民事诉讼法》第 940a 条；沈达明编著：《比较民事诉讼法初论》，中国法制出版社 2002 年版，第 191 ~ 192 页。

③ 参见《德国民事诉讼法》第 937 条。

④ See Jens Grunert, *Interlocutory Remedies in England and Germany: A Comparative Perspective*, Civil Justice Quarterly, Vol. 15, p. 26 (1996).

⑤ 参见《德国民事诉讼法》第 938 条(1)款。

⑥ 参见《德国民事诉讼法》第 938 条（2）款；Peter Murray & Rolf Sturner, *German Civil Procedure*, Carolina Academic Press, 2004, p. 438。

⑦ See Peter Schlosser, *Jurisdiction and International Judicial and Administrative Co-operation*, Recueil des Cours, Vol. 284, p. 163 (2000).

⑧ See Peter Schlosser, *Jurisdiction and International Judicial and Administrative Co-operation*, Recueil des Cours, Vol. 284, p. 164 (2000).

主诉,或对主诉形成预断。[①] 也就是说,"禁制令"涉及的事项不得影响法院的实体审理。

在实践中,"禁制令"的实施可能会产生特殊的效力,即申请人的实体请求可能会因"禁制令"的实施得到全部满足。不过,如果申请人在实体诉讼中败诉,其应退还款项并支付损害赔偿。[②] 在司法实践中,"禁制令"程序通常作为一种简易程序被运用。尤其是在竞争法案件中,实践中允许当事人达成协议——通过"结案书"(closing letter),接受临时"禁制令"具有最终的效力。凭借"结案书",被告放弃了所有可能的抗辩或上诉,受到"禁制令"的拘束,无限、无条件地声明有义务克制被起诉的行为,这可能伴随有"合同性惩罚约定"做担保(contractual penalty)。[③]

四、临时支付

在特别紧急的案件中,法院可以在依正常程序解决当事人的法律纠纷之前裁定被申请人履行或偿付。[④] 在这些案件中,当事人可能无法等到诉讼程序的最终结束,迫切地需要立即满足其诉求,否则将遭受不成比例的巨大的,且从实践上来说是不可弥补的损失。在德国法中,临时救济可被用来给予这类急需实现诉求的当事人在特别的情况下寻求的救济;该类临时救济被纳入"其他临时救济或临时禁制令"的涵盖范围之内。伯克哈德·赫斯教授将该类措施概括为"临时支付"[⑤],其类似于非金钱事项中的临时性救济。[⑥]

---

① See Jens Grunert, *Interlocutory Remedies in England and Germany: A Comparative Perspective*, Civil Justice Quarterly, Vol. 15, p. 21 (1996).

② 参见沈达明编著:《比较民事诉讼法初论》,中国法制出版社2002年版,第191页。

③ See Peter Gottwald, *Civil Justice Reform: Access, Cost, and Expedition: The German Perspective*, in Zuckerman ed., Civil Justice in Crisis: Comparative Perspectives of Civil Procedure, Oxford University Press, 1999, p. 209.

④ See Peter Gottwald, *Civil Justice Reform: Access, Cost, and Expedition: The German Perspective*, in Zuckerman ed., Civil Justice in Crisis: Comparative Perspectives of Civil Procedure, Oxford University Press, 1999, p. 209.

⑤ 将"临时支付"作为一种简易程序,这引起了广泛的争议。See W. A. Kennett, *Enforcement of Judgments in Europe*, Oxford University Press, 2000, p. 132.

⑥ See Burkhard Hess, *Minimum Procedural Standards for Enforcement of Provisional and Protective Measures at European Level*, in Mads Andenas, Burkhard Hess & Paul Oberhammer eds., Enforcement Agency Practice in Europe, The British Institute of International and Comparative Law, 2005, p. 268.

在这类特殊的案件中，被告为原告诉求的最终实现提供的担保本身并不充分，原告不能获得完全的正义。比如，在配偶或孩子寻求定期支付抚养费的案件中，他们不能够等到获得最终胜诉判决后才获得救济；以及在事故中受伤的当事人可能无经济能力支付医疗账单。德国的相关判例法支持法院在终局判决来得太迟的案件中，给予这类特别的临时救济。除了抚养案件和（交通）事故案件，给予该类临时救济的情况是各种各样的。然而，无论如何，寻求该类救济的当事人须"有可信的证据表明其会在实体案件中获胜"，并表明需要在正常程序确定其法律权利前予以救济的"紧急性"。① 要申请该类临时救济，当事人通常需要向审理案件实体的法院，或实体诉讼将要被提起的法院提出，只有在极为紧急的情形下才可向争议中的物之所在地法院提出。此外，只有在听审程序结束后法院方可给予该类救济，这点不同于简单的"扣押"，②也不同于一般的临时"禁制令"作出程序。

尽管该类裁决通常是临时性的，并受制于法院在案件的实体审理中作出的终局判决，但是在很多案件中，当事人获得临时救济这一事实，会使法院的"临时支付"裁定在实践中具有"终局效力"。被申请人可能届时无法向贫困的申请人追偿先行支付的抚养费或医疗费用，即便是法院在后来的实体审理中确定申请人无权获得支付或赔偿。诚然，法院可以要求申请人就将来可能出现的费用的返还提供担保；但是，这会导致一种尴尬或矛盾，即该类案件中的申请人通常无能力为此提供担保，而且无能力提供担保是其申请临时救济的重要原因。在实践中，原告通常无须为被告提供担保，或确保其可以偿付案件中被告的诉讼费用。只有外国（欧盟之外的）申请人方有义务提供担保，除非存在豁免的情形。③ 法律保障申请人的合理诉求，但法律亦应平衡双方当事人的利害关系。

---

① See Peter Murray & Rolf Sturner, *German Civil Procedure*, Carolina Academic Press, 2004, p. 439.

② See Peter Murray & Rolf Sturner, *German Civil Procedure*, Carolina Academic Press, 2004, p. 440.

③ See Peter Gottwald, *Civil Justice Reform: Access, Cost, and Expedition: The German Perspective*, in Zuckerman ed., Civil Justice in Crisis: Comparative Perspectives of Civil Procedure, Oxford University Press, 1999, p. 209.

因此,在大多数案件中,“临时支付”[①]将只会持续有限的时间。有不少德国判决指定6个月作为“临时支付”的时间上限;而且大多数的诉讼当事人亦会在这段时间内获得一审实体审理的判决。[②]

五、针对临时救济的救济措施

应当事人的请求,“扣押”裁定必须毫无迟延地送达另一方当事人。如果主诉尚未开始,扣押法院必须依据债务人的请求,指明诉讼程序必须被启动的时间期限。如果获得“扣押”的当事人没有在指定的时间内提起主诉,应债务人的申请,该“扣押”将会解除。[③] 对于债务人来说,其可以向法院提供担保,据此担保,其可以请求撤销已经作出的“扣押”;“扣押”意在确定一定数额的金钱,如果该数额的金钱被寄存保管,其将中止“扣押”的执行,且债务人有权提出申请就已执行的“扣押”予以撤销。[④]

被申请人可以就法院作出的扣押令提起异议。[⑤] 对被申请人的异议,法院以“终局判决”的形式裁定扣押是否合法。具体来说,法院可以全部或部分地确认扣押,可以修改或废除扣押,亦可以根据所提供的担保对扣押予以确认、修改或废除。[⑥] 在其异议中,被申请人应当证明其提出的撤销法院扣押令的主张能被支持的根据;对于被申请人的异议,法院应依职权组织听审,以口头辩论的方式进行。在作出扣押的法院是地方法院时,异议应当以书面方式提起,或者其应当被记录在案并援引撤销该扣押的依据。[⑦] 然而,异议的提出本身不会中止扣押的执行;[⑧]其不具有中止的效力,但是法官可以在审查结束之前中止临时救

---

① 德国法并不存在类似于普通法“简易判决”的规范体系,《德国民事诉讼法》亦不存在“临时支付”的法律条款。然而,在涉及离婚或父子关系确认的诉讼程序中,“临时支付”可以适用。See Peter Schlosser, *Jurisdiction and International Judicial and Administrative Co-operation*, Recueil des Cours, Vol. 284, p. 165 (2000).

② See Peter Murray & Rolf Sturner, *German Civil Procedure*, Carolina Academic Press, 2004, p. 440.

③ 参见《德国民事诉讼法》第926条; Peter Murray & Rolf Sturner, *German Civil Procedure*, Carolina Academic Press, 2004, p. 436.

④ 参见《德国民事诉讼法》第923条。

⑤ 参见《德国民事诉讼法》第924(1)条。

⑥ 参见《德国民事诉讼法》第925条。

⑦ 参见《德国民事诉讼法》第924(2)条。

⑧ 参见《德国民事诉讼法》第924(3)条。

济的执行。①

法院可以通过法庭“命令”撤销已经执行的扣押。② 若扣押令中确立的金钱数额被提存保管,对该扣押已经实施的执行应由执行法院予以撤销;如果扣押的执行导致成本的产生,且申请扣押执行的当事人不能预付所要求提交的款项,执行法院亦可以撤销该扣押。在诉讼时效期间内,当事人可以提起撤销扣押执行的诉讼。“情势变更”是扣押被撤销的重要事由之一。③ 在扣押被确定后,撤销扣押的申请可以根据“情势变更”的事由被提出,尤其是在因为作出扣押的事由已经被完全处理,或由于被申请人提供担保时。对基于“情势变更”而撤销扣押而言,法院将以“终局判决”的形式作出;作出扣押令的法院,以及在主诉悬而未决的情形下,主诉法院有权撤销扣押。对于“禁制令”来说,在提供担保的情形下,其亦可被解除,但这仅限于在特殊的情形下方可被许可。④

申请人应对错误临时救济的实施所造成的损害予以赔偿。如果扣押令或禁制令被证明是从一开始即无依据,或者其根据有关法律推定被撤销,获得该临时救济的当事人有责任赔偿对方当事人因该措施的实施,或为避免该措施的执行提供担保,或为寻求撤销该措施而遭受的损失。⑤ 从原则上来讲,因临时救济的实施,或为避免该措施的执行提供担保,或为寻求撤销该措施而遭受损失的损害赔偿请求无须建立在申请人的过失之上;在证明标准上,被告只需要证明在损害和造成损害的行为之间存在“偶然的”(casual)的联系即可,不过这种证明标准对于信用和名誉的损失来说是很难证明的。⑥ 债务人的损害赔偿属于广义上的侵权或不法行为意义上的损害赔偿。在实践中,债务人通常遇到的难题是对损失的评估;如果债务人不能确定其损失额,其便不能获得赔偿。所遭

---

① See Catherine Kessedjian, *Note on Provisional and Protective Measures in Private International Law and Comparative Law*, Prel. Doc. No 10, para. 78; W. A. Kennett, *Enforcement of Judgments in Europe*, Oxford University Press, 2000, p. 170.

② 参见《德国民事诉讼法》第 934 条。

③ 参见《德国民事诉讼法》第 927 条。

④ 参见《德国民事诉讼法》第 939 条; W. A. Kennett, *Enforcement of Judgments in Europe*, Oxford University Press, 2000, p. 170.

⑤ 参见《德国民事诉讼法》第 945 条; Axel Metzger, *Germany*, in Toshiyuki Kono ed., Intellectual Property and Private International Law: Comparative Perspectives, Hart Publishing, 2012, p. 616.

⑥ See Jens Grunert, *Interlocutory Remedies in England and Germany: A Comparative Perspective*, Civil Justice Quarterly, Vol. 15, p. 34 - 35 (1996).

受的损失是债务人遵守临时救济而受到的损失；[①]然而，对于名誉的侵害等是很难以金钱的方式评估的。对信用的损害不属于直接可得赔偿的范围，信用损害的赔偿需要借助一般的侵权法原则，这就需要证明申请人存在过失。不过，这种证明通常是很困难的。[②]

六、小结

总体来说，临时救济的适用应在"宏观原则"的指引下从微观视角出发进行三个维度的构架。这一宏观的基本原则可被表述为：临时救济意在为利害关系人或当事人之间在先的"失衡状态"引入一种"制衡机制"，以确立利害关系人或当事人之间在诉讼或纠纷解决程序中新的"平衡状态"。具体来说，临时救济的适用着眼于为最终判决效力的实现提供担保，或在诉讼程序结束之前用以维持现状。"三维架构"所涉及的主体是申请人、被申请人和法院。德国民事诉讼中临时救济的适用就是在宏观的基本原则的指引下寻求合理、平衡的"三维架构"。

如前所述，"扣押"和"禁制令"是德国（国际）民事诉讼中可予适用的两种基本临时救济，其分别适用于当事人之间的"金钱"（性）和"非金钱"（性）请求；这为当事人在纠纷的解决过程中提供了针对"财产"和"行为"的保护措施。这两类临时救济在目的设置、申请的提出程序、适用条件以及救济等方面有着诸多共同之处，如它们在基本目的设置上是一致的；同时，它们之间在效力、执行程序等方面又有诸多明显的不同，这主要归因于两者在具体功能定位上的差异。德国法在临时救济的架构中厘定了三方主体，即申请人、被申请人和法院之间的地位，意在依托临时救济的适用缔造一种新的"平衡状态"，以实现对当事人之间在先的"不平衡状态"的制衡。

作为临时救济适用中"主动性的"利害关系人，申请人因临时救济而在原则上获得了相较于被申请人而言明显的优势地位，但法律亦对此施加了必要的限制。若存在可予证明的请求权和法定事由，申请人即可启动临时救济程序；不过，其有义务证明存在给予临时救济的前提条件，并应承担因临时救济的不当适用所造成的损害。依据德国法，申请人在适用临时救济中对有关案件实体负

---

① 参见《德国民事诉讼法》第945条。

② See Jens Grunert, *Interlocutory Remedies in England and Germany: A Comparative Perspective*, Civil Justice Quarterly, Vol. 15, p. 34 – 35 (1996).

担的证明标准要低于其在主诉中应承担的证明标准；当然，申请人亦应证明存在适用临时救济的法定事由。临时救济的适用会极大地提升申请人在权利救济上的地位，这主要是由于临时救济在德国法下具有的强大效力，无论是“扣押”的对物和优先效力，还是“禁制令”具有的“蔑视法庭”的有力保障。总体而言，德国法并没有对临时救济的适用施以严格的条件；相反，有关法律更倾向于给予申请人更为有利、有效的临时救济，甚至申请人可以请求对未到期债权的临时保护等。①

作为临时救济适用中“受动性的”利害关系人，被申请人是该程序设计中的“劣势方”；不过，法律亦引入矫正机制以最大地保障其权利。被申请人或债务人享有法定参与临时救济适用程序的权利，临时救济程序在原则上被设计成“对席的”听审程序而非“单方的”救济程序。然而，作为在例外情况下适用的“单方的”程序却成为实践中的惯用程序；被申请人在法院裁定适用临时救济的情况下有主动获得进一步救济的权利：可就此提出异议并进而获得有关的听审权利，可以提供担保的方式申请撤销已作出的临时救济等；在临时救济的适用被证明是不合法的情况下，被申请人有权获得赔偿。值得注意的是，在德国的司法实践中，被申请人在合理预期到申请人会提起单方的临时救济申请时，提前向法院提交“保护书”，形成对单方临时救济程序的有效制约，确保临时救济程序的合理适用。②

作为利害关系人双方的“居中裁判者”，法院维持着临时救济适用中当事人间的衡平状态：从临时救济适用前的“失衡”到临时救济介入后的“平衡”，以及临时救济适用后的“制衡”。德国法院有着广泛的自由裁量权决定是否适用临时救济以及所适用的临时救济的种类，决定临时救济程序是“对席的”还是“单方的”程序；自由裁量权行使中的必要性和恰当性考量是法院发挥“衡平”作用的基本砝码。在临时救济的管辖权划分上，德国法将主诉法院设定为首要的临时救济管辖法院，其他法院只有在例外的法定情形下方可成为适用临时救济的管辖法院，这保障了临时救济的有效性和恰当性。此外，无论是在申请的启动上，还是在异议、救济申请等程序中，法院在临时救济适用中担当“被动的”角

① 参见《德国民事诉讼法》第916(2)条。

② See Andreas Wehlau & Bjorn Kalbfus, *The Conflict between Ex Parte Injunctions and the Right to Be Heard: Protective Letters at European Level as a Possible Solution*, European Intellectual Property Review, Vol. 34:6, p. 410 - 415 (2012).

色,且贯穿于该程序的始终。一般来说,法院的权限仅限于是否作出临时救济的决定权,临时救济的执行则是由其他机构或利害关系人实施或推进。为了更进一步地缔造当事人间的“衡平状态”,临时救济的适用不得使法院形成对将来可能提起的主诉的“预断”,这对双方当事人都有极为重要的意义。

第二节　法国法中的临时救济

一、引论

尽管早期法国法中临时救济制度很不成体系,但是临时救济在法国民事诉讼中的适用有着久远的历史。在法国大革命前,法国法中已经存在一些有特定适用范围的临时程序。比如,波蒂埃(Pothier)在其《遗作》(Oeuvres Posthumes)中对此作了详细的阐述。该著作第三卷描述了当时存在的各类扣押及执行方式:“执行扣押”(saisie-execution)允许债权人扣押被告的动产,以变卖该动产并就其收入赔付债权人;作为一种保护金钱请求的临时救济,“支付扣押”①(saisie arret)是用来阻止财产的转移,以及让债权人能够迫使对债务人负债的第三人转而向其支付的制度;“简单扣押”(simple arrêt)是一份通知,冻结债务人或对债务人负债的第三人的财产。此外,波蒂埃的著作提到了《奥尔良法令》,该法中存在“判决前扣押”(pre-judgment attachment)的规定。又如,查尔斯·杜穆林(Charles Doumulin)在其1635年更新后的著作中提及了奥尔良居民可以对那些被指称负有合同或承诺义务的外国人和旅行者申请“单方的”(ex parte)“外国人财产扣押令”或“异地扣押”(foreign attachment)。②

法国民事诉讼法的编纂开始于1806年拿破仑《民事诉讼法典》(Code de Procédure Civile)。该法典在很大程度上因循了法国大革命前的法律,其并没有对被告可能会在原告获得判决及启动执行程序前处置财产的风险作出一般的防范性的规定。从这方面来说,该法典存在严重的缺漏。③ 不过,在1955年之前,若干不同的“扣押”(saisies)已经出现于法国的民事诉讼法中,这些扣押措施包括

---

① 即“扣押由第三人占有的债务人的财产”,是传统法国民事诉讼法中用以保护金钱诉求的方式;其既可以作为债权人寻求执行判决的救济机制,又可以作为判决前或诉讼提起前寻求临时救济的方式,现已被“保全扣押”所取代。See Peter Schlosser, *Jurisdiction and International Judicial and Administrative Co-operation*, Recueil des Cours, Vol. 284, p. 167 (2000).

② See Steven Gee, *Commercial Injunctions*, Sweet & Maxwell, 2005, p. 831.

③ See Steven Gee, *Commercial Injunctions*, Sweet & Maxwell, 2005, p. 831.

可以“单方地”申请获得的“扣押”。尽管当时法国法中已经存在特定类型的“保全扣押”(saisie-conservatoire),但尚不存在判决前保存债务人财产的一般制度。[①] 在1955年对法国民事诉讼法修订的过程中,三种类型的“保全措施”(mesures conservatoires)被引入,即“一般保全扣押”(saisie-conservatoires of general application)、“在债务人商业财产上设定的抵押登记”(L'inscription de nantissement sur le fonds de commerce du debiteur),以及“在债务人不动产上设定的抵押登记”(L'inscription d'hypotheque judiciaire sur les immeubles du debiteur)。[②]

在现行法国民事诉讼的国内法体系中,临时救济已经被明文规定且占据了重要的位置;涉及临时救济的法律主要有《法国民事诉讼法》、《民事执行程序法》[③](Code des procédures civiles d'exécution)以及《知识产权法》等。此外,在遗嘱和继承、家庭利益、离婚案件以及婚姻家庭制度等领域,亦存在临时救济的广泛适用。[④] 具体来说,《民事执行程序法》引入了法国民事诉讼中可予适用的一项重要临时救济——“保全扣押”,该措施代替了传统法国法中的“支付扣押”;“保全扣押”几乎总是根据法院的命令作出,但其并未与传统的“支付扣押”存在较大的不同;[⑤]这两种措施均意在扣押由第三人占有的债务人的财产以担保债权人权利主张的实现。除“保全扣押”以及被之取代的更早的“支付扣押”以外,《法国民事诉讼法》引入了适用临时救济的机制——“紧急审理程序”(référé)[⑥],且任何法院[法国最高法院(Cour de Cassation)除外]均可适用

① See Steven Gee, *Commercial Injunctions*, Sweet & Maxwell, 2005, p. 831.

② See Steven Gee, *Commercial Injunctions*, Sweet & Maxwell, 2005, p. 832.

③ Code des procédures civiles d'exécution, Loi n 91 – 650 du 9 juillet 1991 portant réforme des procédures civiles d'exécution, version consolidée au 2 février 2013.《民事执行程序法》于2012年6月1日生效,汇编、统一了1991年第91 – 650号有关民事执行程序改革的法律以及1992年有关实施1991年第91 – 650号法律的命令。See Paul de Dree, *France*, in Lawrence W. Newman ed., Attachment of Assets, Juris Publishing, Inc., 2014, p. FRA – 3.

④ See Catherine Kessedjian, *Note on Provisional and Protective Measures in Private International Law and Comparative Law*, Prel. Doc. No 10 of October 1998, para. 90.

⑤ See Peter Schlosser, *Jurisdiction and International Judicial and Administrative Co-operation*, Recueil des Cours, Vol. 284, p. 167 (2000).

⑥ 值得特别注意的是,“référé”在法国法中有两种含义,一是代表一种“在紧急情形下实施的迅捷和简化的临时调整争议的程序”(Procédure rapide et simplifiée pour régler provisoirement une contestation, en cas d'urgence);二是指称“依据第一种意义上的 référé 程序而获得的裁决”(Décision rendue selon cette procédure)。对于“référé”的理解,参见吕晓莉:《国际民事诉讼中的临时和保护措施研究》,武汉大学2007年博士学位论文,第110~112页。

"紧急审理程序"。[①] 依据该程序,法院的院长(president)或其指定的法官有自由裁量权作出临时性的"保护措施"(mesures conservatoires),这些临时保护措施包括任何可资适用的临时救济,且法官的权力并不限于对非金钱诉求的保护。[②]

综上,现行法国法中的临时救济主要包括"保全扣押"和依据"紧急审理程序"作出的"保护措施"。除此之外,在特定的民商事纠纷中,当事人可以申请特定类型的临时救济,如在知识产权纠纷中,当事人可以根据《知识产权法》的规定申请"伪造扣押"(counterfeit attachment)。尽管现行《法国民事诉讼法》及其他相关法律对法国民商事诉讼中可予适用的临时救济作出了若干规定,但法国法本身并未就临时救济给予一般性的定义。[③] 有法国学者尝试对临时救济下定义,主张临时救济是一项在预期到终局裁决的情形下作出的措施,该措施相当于确立一个临时的保护性状态。[④] 下文即对法国民事诉讼中主要的临时救济进行阐释。

二、保全措施

依据法国现行法,债权人对其未获实现的债权可以向法院寻求两类基本措施:"执行措施"(mesures d'execution)和"保全措施";这两种措施之间的根本区别在于债权人是否已经获得了"执行名义"(titre executoire),即是否获得了法院的终局裁判。在债权人获得"执行名义"的情况下,其可以借助"执行扣押"以执行债务人的财产;在1991年《法国民事诉讼法》的修订中,八种具体的"执行扣押"方式被确立。[⑤] 然而,对于没有获得"执行名义"的债权人来说,其不可诉诸"执行扣押"措施,但可以申请临时性的"保全措施";"保全措施"是现行法国法中债权人为担保其债权的实现可利用的一项重要的临时救济。"保全

---

① See Loic Cadiet, *Civil Justice Reform: Access, Cost, and Delay. The French Perspective*, in Zuckerman ed., Civil Justice in Crisis: Comparative Perspectives of Civil Procedure, Oxford University Press, 1999, p.301.

② See Peter Schlosser, *Jurisdiction and International Judicial and Administrative Co-operation*, Recueil des Cours, Vol.284, p.167 (2000).

③ See Marie-Elodie Ancel, *France*, in Toshiyuki Kono ed., Intellectual Property and Private International Law: Comparative Perspectives, Hart Publishing, 2012, p.538.

④ See Pascal de Vareilles-Sommières, «La compétence internationale des tribunaux français en matière de mesures provisoires», *Rev. crit. Dip*, 1996, p.397.

⑤ See Steven Gee, *Commercial Injunctions*, Sweet & Maxwell, 2005, p.832–833.

措施”是本书所探讨的临时救济的范畴。

在法国法中，“保全措施”包括“保全扣押”和“司法担保”（surete judiciaire）。[①] “保全扣押”，是指法院为保证将来判决得到执行，依债权人的申请，对债务人的财产予以扣押并禁止债务人处分扣押财产的制度；“司法担保”，是指在债权人认为回收自己的债权处于危险状态时，通过在作为保全对象的不动产、商业和贸易中的货物、股份等财产上设置担保权，以请求法官准许公告该项财产已被担保。[②] 这两类临时性的“保全措施”在诸多方面，如标准的设定、措施的作出、执行以及解除等方面存在共同之处；然而，在措施的实施对象、效力等方面存在些许不同。

按照《民事执行程序法》的相关规定，债权人在对其债权有“原则上的根据”的情况下，可以向法官请求作出针对其债务人财产的“保全措施”，该请求的提出无须以“在先的法院裁定”（commendement préalable）为前提。然而，要获得“保全措施”，债权人应当提供“存在妨害债权实现之虞”的正当事由。[③] 不过，作为一种例外，若债权人获得了“执行名义”，或者获得了法官作出的尚未具有执行力的裁定，这种临时救济实施中的“在先许可”即可免除。[④]

“保全措施”的许可是由执行法官（le juge de l'exécution）作出的，执行法官是“大审法院”（Tribunal de Grande Instance）民事法官中被指定为有权签发保护令的法官，一般是该法院的院长或其指定的人。然而，作为一种例外，当“保全措施”申请涉及商事管辖范围内的债权保护时，商事法院的院长亦可在所有的诉讼程序开始之前作出该类许可。[⑤] 一般来说，法官根据债权人的单方申请作出针对财产的“保全措施”的司法裁定；然后，债权人通过执达官（bailiff）将该

---

① L 511 - 1, Code des procédures civiles d'exécution, Loi n° 91 - 650 du 9 juillet 1991 portant réforme des procédures civiles d'exécution, version consolidée au 2 février 2013.

② 参见吕晓莉：《国际民事诉讼中的临时和保护措施研究》，武汉大学2007年博士学位论文，第107页。

③ L 511 - 1, Code des procédures civiles d'exécution, Loi n° 91 - 650 du 9 juillet 1991 portant réforme des procédures civiles d'exécution, version consolidée au 2 février 2013.

④ L 511 - 2, Code des procédures civiles d'exécution, Loi n° 91 - 650 du 9 juillet 1991 portant réforme des procédures civiles d'exécution, version consolidée au 2 février 2013.

⑤ L 511 - 3, Code des procédures civiles d'exécution, Loi n° 91 - 650 du 9 juillet 1991 portant réforme des procédures civiles d'exécution, version consolidée au 2 février 2013.

裁定送达债务人或第三人。①

在“保全措施”的适用条件从表面上看不能被满足的情形下，法官也可以解除“保全措施”。应债务人的请求，法官可以基于保护当事人利益作出其他措施以替代原先作出的“保护措施”。此外，与扣押措施的内容一致而确立的不可撤销的银行担保可以形成撤销“保全措施”的理由，不过，这要受到《民事执行程序法》第511－4条的限制。该法引入“执行法官”，其协助“执达官”对法院裁定以及保护措施的执行。同时，其负责对所采取的不相关的，或滥用的临时救济的解除；并可就因债权人滥用扣押措施所造成的损害作出要求其赔偿的裁定。② 因“保全措施”的适用而产生的开支应由债务人承担，除非法官另有裁定。若法官裁定撤销“保全措施”，法官可以要求债权人赔偿因“保全措施”的实施所造成的损失。③

（一）保全扣押

“保全扣押”的实施对象包括债务人拥有的任何动产，无论是有形还是无形动产；前者如电视设备，后者如专利、银行存款以及债务人对第三人的请求权。④ 该临时救济的直接效果是使这些财产不再处于债务人的处置范围之内。比较特别的一点是，债务人的一份财产可以成为多项“保全扣押”的实施对象。⑤ 对于“保全扣押”来说，法国法并不要求申请人提供有关债务人账户或其他权利主张存在的证据；因此，申请人可以同时申请获得关涉债务人在所有的信用机构下的账户的扣押令。⑥

“保全扣押”的执行需要经过“法院的裁定”和“执达官”的执行两个步骤。不同于德国法中“扣押令”的执行，“保全扣押”的两个步骤之间在临时救济的“确定性程度”上并无不同，执达官按照法院令的内容予以执行即可。这种体系

---

① See Paul de Dree, *France*, in Lawrence W. Newman ed., Attachment of Assets, Juris Publishing, Inc., 2014, p. FRA－4.

② L 121－2, Code des procédures civiles d'exécution, version consolidée au 2 février 2013.

③ L 512－2, Code des procédures civiles d'exécution, Loi n 91－650 du 9 juillet 1991 portant réforme des procédures civiles d'exécution, version consolidée au 2 février 2013.

④ See Paul de Dree, *France*, in Lawrence W. Newman ed., Attachment of Assets, Juris Publishing, Inc., 2014, p. FRA－3.

⑤ L 521－1, Code des procédures civiles d'exécution, Loi n 91－650 du 9 juillet 1991 portant réforme des procédures civiles d'exécution, version consolidée au 2 février 2013.

⑥ See Peter Schlosser, *Jurisdiction and International Judicial and Administrative Co-operation*, Recueil des Cours, Vol. 284, p. 168 (2000).

显得比德国法中的体系更为有效。对债务人某一银行账户进行的“扣押”将会产生扣押债务人在该银行分支机构的所有账户的效力。① 从审理程序上来说，法院在作出“保全扣押”之前无须对被告进行送达，其通常是根据申请人的申请“单方地”作出。②

在保全扣押中，债权人可否依法国法请求法院裁定债务人披露其财产？从传统上来看，以法国为代表的罗马法系国家素来就不存在强制债务人披露其财产的传统，因此，在“保全扣押”中，债权人不可向法院寻求“补充性的披露财产令”。不过，在晚近的法国立法中，有关规定已经充分注意到了向债权人提供债务人财产的存在和位置的重要性，其要求被送达“保全扣押”的银行必须披露债务人在其银行的所有分支下持有的账户；③然而，法国有关执行程序的法律并没有确定银行在被送达“保全扣押”之前对债务人财产予以披露的义务。④ 此外，在判决的执行中，执达官可以向检察官提出申请，对债务人的银行账户信息予以查询。然而，该申请的提出必须以存在“执行令状”为前提，并且存在经认证的书面声明指出为执行之目的已为之调查已经被证明是徒劳的。检察官可以就那些以债务人的名字、债务人的地址及其雇主的地址所开立的账号予以调查。⑤ 不过，通过该种渠道所获之信息只能用于其所寻求的权利。在任何情形下都不得向第三人透露，或在个人信息档案中予以存档。⑥

若“保全扣押”涉及的是一笔有关金钱的债权，扣押措施的实施将会使该笔

---

① See Peter Schlosser, *Jurisdiction and International Judicial and Administrative Co-operation*, Recueil des Cours, Vol. 284, p. 168 (2000).

② See Peter Schlosser, *Jurisdiction and International Judicial and Administrative Co-operation*, Recueil des Cours, Vol. 284, p. 169 (2000); Burkhard Hess, *Minimum Procedural Standards for Enforcement of Provisional and Protective Measures at European Level*, in Mads Andenas, Burkhard Hess & Paul Oberhammer eds., Enforcement Agency Practice in Europe, The British Institute of International and Comparative Law, 2005, p. 271.

③ See Peter Schlosser, *Jurisdiction and International Judicial and Administrative Co-operation*, Recueil des Cours, Vol. 284, p. 168 (2000).

④ See Peter Schlosser, *Jurisdiction and International Judicial and Administrative Co-operation*, Recueil des Cours, Vol. 284, p. 168 – 169 (2000); Nicolò Trocker, *Provisional Remedies in Transnational Litigation: A Comparative Outline of Forms of Judicial Cooperation*, in Rolf Stürner & Masanori Kawano eds., Comparative Studies on Enforcement and Provisional Measures, Mohr Siebeck GmbH KG, 2011, p. 288 – 289.

⑤ L 152 – 1, 2, Code des procédures civiles d'exécution, version consolidée au 2 février 2013.

⑥ L 152 – 3, Code des procédures civiles d'exécution, version consolidée au 2 février 2013.

金钱在法官所许可的范围内不得被处分,或者在不需要该许可的情况下,在扣押所涉及的金额的范围之内不得被处分。“保全扣押”会产生诸多其他效力,如阻止请求权行使中的时效经过的效力。① 在“保全扣押”涉及“被扣押的债权”的情况下,债权人可以在出示“执行名义”的情况下,请求支付。该请求将会使所扣押的债权在债务额以及第三人认可的范围内之内发生即刻的转移。②

(二)司法担保

在法国法中,“司法担保”这一临时救济针对的是债务人的“不动产”(les immeubles)、“商业和贸易中的货物”(les fonds de commerce)、“股票”(les actions)、“股份”(parts sociales)以及“证券”(valeurs mobilières)等债务人的特殊财产。③ 较为特别的是,受“司法担保”约束的财产仍然是可以流通的。价金的支付以及管理应按照“国务委员会”④(Conseil d'Etat)的政令确立的条件进行。然而,在对由被授权的中间人保存且管理的证券进行销售的情况下,销售得到的价金使债权人获得代位性权利。⑤

在完成由“国务委员会”的政令规定的公告手续后,“司法担保”始得对第三人发生执行力。⑥ 然而,如果在国务委员会确定的期间内,临时性的公告未被终局性的公告确认,该临时性公告将不再具有效力。⑦

(三)保全措施的效力

“保全扣押”具有总括性的效力,即该临时救济的效力会及于债务人所有的而非特定的财产,如法院作出的“扣押保全”会及于债务人在某一银行所有分支机构下的财产。与其他大陆法系国家的情况大抵相同,该效力是一种“对物”效

---

① L 141 -2, Code des procédures civiles d'exécution, version consolidée au 2 février 2013.

② L 523 -2, Code des procédures civiles d'exécution, version consolidée au 2 février 2013.

③ L 531 -1, Code des procédures civiles d'exécution, version consolidée au 2 février 2013.

④ 国务委员会是法国政府中的最高行政咨询和司法监督机构,由文官中的精英组成,是法国最早的政府机构之一,可溯及1302年。拿破仑于1790年按原枢密院模式组建,但始终不同于部长会议。主要就共和国总统、内阁和议会提交立法的国家事务方案和措施提供意见或作出决定。该机构还有对滥用职权、侵犯公民权利的行政官员进行司法监督、予以纠正的职责,在这一方面具有行政法院性质。

⑤ L 531 -2, Code des procédures civiles d'exécution, Loi n 91 -650 du 9 juillet 1991 portant réforme des procédures civiles d'exécution, version consolidée au 2 février 2013.

⑥ L 532 -1, Code des procédures civiles d'exécution, Loi n 91 -650 du 9 juillet 1991 portant réforme des procédures civiles d'exécution, version consolidée au 2 février 2013.

⑦ L 532 -2, Code des procédures civiles d'exécution, Loi n 91 -650 du 9 juillet 1991 portant réforme des procédures civiles d'exécution, version consolidée au 2 février 2013.

力；值得注意的是，法国法中的临时救济，亦会因法院可能在作出该措施的过程中同时作出“罚金”（astreinte）而伴随有“对人”效力。[①]

不过，“保全扣押”的实施并不能为申请人创造任何的相对于其他存在竞争关系的债权人的优先权利。[②] 对此，学者之间存在一定的争论。[③] 由此可见，法国法中“保全扣押”对第三人的效力与德国法规定的“扣押”对第三人的效力相同。[④] 诚然，第三人并不必然会出现在“保全扣押”程序中。但是，如果法律在该程序中对其有要求，第三人必须给予协助。在存在“保全扣押”的情况下，被扣押的第三人也可被命令向申请人支付债务，其可从债务人处获得偿还。如果第三人无正当理由逃避其义务，其可被命令履行其义务；如果必要，其可能被判“罚金”或赔偿金。[⑤]

对于“司法担保”来说，债权人申请公告担保权获得法官准许后，会在3年的有效期间内对担保物取得“顺位受偿保全”的权利；在其他债权人对担保物申请执行时，必须保留已申请担保的债权人（司法担保权人）的分配份额，法院在司法担保权人取得“执行名义”以后，会将该份保留额分配给司法担保权人。如果司法担保权人在执行程序开始前已取得“执行名义”，即可以申请法院对该项担保权作“终局性公告”（publicité définitive），并可以行使该项担保权。需要指出，对已经设定担保权的财产，债务人不丧失对该项财产的处分权；因为该项财

---

① See Burkhard Hess, *Minimum Procedural Standards for Enforcement of Provisional and Protective Measures at European Level*, in Mads Andenas, Burkhard Hess & Paul Oberhammer eds., Enforcement Agency Practice in Europe, The British Institute of International and Comparative Law, 2005, p. 267; Burkhard Hess, Study No. JAI/A3/2002/02 General Report on making more efficient the enforcement of judicial decisions within the European Union: Transparency of a Debtor's Assets and Attachment of Bank Accounts, Version of 2/18/2004, p. 121.

② Second Interim Report-Provisional and Protective Measures in International Litigation, the Committee on International Civil and Commercial Litigation of International Law Association, 1996.

③ 参见吕晓莉：《国际民事诉讼中的临时和保护措施研究》，武汉大学2007年博士学位论文，第109～110页。

④ See Peter Schlosser, *Jurisdiction and International Judicial and Administrative Co-operation*, Recueil des Cours, Vol. 284, p. 168 (2000).

⑤ L123－1, Code des procédures civiles d'exécution, Loi n 91－650 du 9 juillet 1991 portant réforme des procédures civiles d'exécution, version consolidée au 2 février 2013；参见吕晓莉：《国际民事诉讼中的临时和保护措施研究》，武汉大学2007年博士学位论文，第107页。

产已经被担保,司法担保权人可以按照顺位受偿保全效力获得债权的回收。[①]

三、紧急审理裁定

除了"保全措施",法院的院长或其授权的法官可以通过"紧急审理程序"裁定作出法国民事诉讼中另一类重要的临时救济——"紧急审理裁定",这是法国民事诉讼中可予适用的两种紧急程序之一。[②] "紧急审理裁定"或"禁制令"是未受理主诉的法官依据一方当事人的请求,在另一方当事人出席或被通知的情况下,无迟延作出必要的法院命令。[③] "紧急审理程序"表现为一项加速了的诉讼审理程序,该审理程序相较于正常的案件审理程序而言明显缩短;[④]法院在该程序中作出的"禁制令"表现为一系列的保护性措施,如"临时禁止"(provisional prohibition,如禁止侵犯著作权或包含诋毁内容的书销售)或"临时中止"(provisional suspension,如禁止违反贸易协定约束的商店开业),但"禁制令"不影响法院最终判决的作出。现行《法国民事诉讼法》将这一传统的"紧急审理程序"保留下来,并作为一般类型。除此之外,新的以及特殊的"紧急审理程序"逐渐出现;这些新类型未必有传统"紧急审理程序"的特征,尤其是关于紧急情况和对案件实质"没有严肃的抗辩"的要件。[⑤]

作为法国法中独有的一种专门用于迅速、简便地审理特定类型的案件的诉讼程序。"紧急审理程序"具有以下特点:一是迅速性,大多数案件经一次口头辩论的对席审理即告审结。二是适用独任制进行裁判。三是裁决效力具有假定性,通过紧急审理程序发布的裁决令在判决前只有假定性的效力,其内容对判决的结果没有约束力;另外,紧急裁决令具有临时执行力即假执行的效力。四是紧急审理程序具有对审保全诉讼的性质,紧急审理程序适用对审原则,必须经过双方的公开辩论才能作出裁判,它还具有保全诉讼的性质。[⑥]

---

① 参见吕晓莉:《国际民事诉讼中的临时和保护措施研究》,武汉大学 2007 年博士学位论文,第 107 页。

② 另外一种紧急程序便是下文将要述及的单方裁定或依申请的裁定。

③ 参见《法国民事诉讼法》第 484 条。

④ 参见周翠:《中外民事临时救济制度比较研究》,清华大学出版社 2014 年版,第 147 页。

⑤ See Loic Cadiet, *Civil Justice Reform: Access, Cost, and Delay. The French Perspective*, in Zuckerman ed., Civil Justice in Crisis: Comparative Perspectives of Civil Procedure, Oxford University Press, 1999, p. 301.

⑥ 参见齐树洁:《民事司法改革研究》,厦门大学出版社 2000 年版,第 383 页;吕晓莉:《国际民事诉讼中的临时和保护措施研究》,武汉大学 2007 年博士学位论文,第 111 ~ 112 页。

与“紧急审理程序”的上述特点相对应，法官在“紧急审理程序”中作出的裁定具有三个明显的特征，即“当然具有执行力”、“临时性质”以及“对本诉讼没有既判力”。“紧急审理裁定”享有“先予执行”的效力，即该裁定自送达之日起，便可付诸执行，而且在某些绝对必要的情况下，“紧急审理裁定”可以在事先没有经过“执达官”送达的情况下予以执行。① 紧急审理裁定是一种临时性的决定；按照1992年的一份法院裁判，紧急审理法官可以对其命令采取的临时救济予以时间上的限制，即紧急审理裁定具有一定的“时间性”。鉴于紧急审理裁定的“临时性”，其不具有对本诉实体问题的“既判力”；也就是说，其具有的仅是“临时性”的执行力。然而，法官可以将紧急审理裁定的临时执行建立在《法国民事诉讼法》要求的担保提供上。若有需要，法官可仅凭“紧急审理裁定”的原件诉诸执行程序。② 不过，紧急审理程序的法官有义务维持其作出的裁定，且只有在发生新的事实情况下方可撤销该裁定，因而其也可以被认为有一定的“既判力”。③ 正如有学者指出的，虽无法律上的明文规定，但司法实践中的“紧急审理裁定”会对案件的实体争点产生具有终局性和确定性决定的倾向。④

在实践中，“紧急审理程序”主要适用于涉及鉴定的证据调查案件、债务先予履行案件、退出建筑物案件、债务暂缓履行案件等。⑤ 该临时救济除具有证据保全和诉讼保全的作用之外，还可以保障案件简便迅速地进行。在法国民事诉讼实务中，一起案件若经过了“紧急审理程序”，当事人基本上不再提起该案诉讼。因此，“紧急审理程序”在法国民事诉讼中的使用频率非常高，适用“紧急审理程序”处理的案件在全部民事诉讼案件中占有相当大的比率。⑥

（一）紧急审理程序

“紧急审理程序”应一方当事人的请求而提起；对此申请，法院通过“传唤令状”的方式通知对方当事人，在通常的时日以“紧急审理程序”举行听审。然

---

① 参见《法国民事诉讼法》第489(2)条。

② 参见《法国民事诉讼法》第489条。

③ 参见[法]让·文森、塞尔日·金沙尔：《法国民事诉讼法要义》，罗结珍译，中国法制出版社2001年版，第760～762页。

④ 参见[英]阿德里安A.S.朱克曼主编：《危机中的民事司法——民事诉讼程序的比较视角》，傅郁林等译，中国政法大学出版社2005年版，第292～293页。

⑤ 参见吕晓莉：《国际民事诉讼中的临时和保护措施研究》，武汉大学2007年博士学位论文，第116页。

⑥ 参见齐树洁：《民事司法改革研究》，厦门大学出版社2000年版，第383页。

而,如果案件要求速度,主持“紧急审理程序”的法官可允许在某一特定的时间传唤被申请人,即便是在节假日或非工作日。① 由于《欧洲人权公约》第6条第1款的规定,新闻案件中,当申请人对新闻记者提出的诽谤指控申请适用“紧急审理程序”时,法官应当确保记者能够对其报道的事实的真实性提出证据。② 此外,尤为重要的一点是,法官应确保在送达传唤令和法院听审之间有充分的时间,以使被传唤方可以对案件做准备。③ 此外,“依笔录提起紧急审理程序”也是一项可资适用的启动方式。“依笔录提起紧急审理程序”存在一个前提条件,即公务助理人员或司法助理人员在执行交由其执行的文书过程中遇到了很大困难,他们便可以让当事人按照“依申请提起紧急审理程序”的规则提出紧急审理请求,或者在其交给当事人的笔录中加入有关争议的“说明”并将此争议提交法官,由法官随后作出审理决定。④

“紧急审理程序”是对有关争议的实体没有管辖权或未受理主诉的法官适用的特别程序,有权适用“紧急审理程序”的法院的院长负责该程序的具体适用。不同于一般的“保全措施”涉及的是“非争议事项”的处理,“紧急审理程序”涉及的是存在“争议事项”时的临时救济。依据现行《法国民事诉讼法》,有权适用“紧急审理程序”的法院包括“大审法院”、“治安法院”(tribunal d'instance)、“商事法院”(tribunal de commerce)、“农场租约法院”(tribunal paritaire)以及“上诉法院”(Cours de l'instance d'appel);这些法院可在其各自的管辖范围内适用“紧急审理程序”审理满足该程序规定要件的案件。这与1806年《法国民事诉讼法》中仅可由民事法院(大审法院的前身)的审判长适用“紧

---

① 参见《法国民事诉讼法》第485条。

② 参见[法]让·文森、塞尔日·金沙尔:《法国民事诉讼法要义》,罗结珍译,中国法制出版社2001年版,第757页。Article 6(1) of the European Convention on Human Rights states that, "In the determination of his civil rights and obligations or of any criminal charge against him, everyone is entitled to a fair and public hearing within a reasonable time by an independent and impartial tribunal established by law. Judgment shall be pronounced publicly but the press and public may be excluded from all or part of the trial in the interests of morals, public order or national security in a democratic society, where the interests of juveniles or the protection of the private life of the parties so require, or to the extent strictly necessary in the opinion of the court in special circumstances where publicity would prejudice the interests of justice."

③ 参见《法国民事诉讼法》第486条。

④ 参见[法]让·文森、塞尔日·金沙尔:《法国民事诉讼法要义》,罗结珍译,中国法制出版社2001年版,第756~757页。

急审理程序”的规定形成鲜明的对比。①

通常而言,适用“紧急审理程序”的案件原则上采用“独任制”,即由法院院长或其指定的主审法官依独任审理的方式裁判。② 不过,适用“紧急审理程序”的法官有权将正在适用“紧急审理程序”处理的事项交由法院的全体法官在其指定的日期予以审理,③但全席审理程序仍然是紧急审理。④ “紧急审理程序”的进行建立在另一方当事人出席或被通知的前提之下。⑤ 在通常的情况下,该程序是原告在被告受到“传唤令状”传唤的情形下而提起的程序。

在具体的审理方式上,“紧急审理程序”通常采用本人诉讼,即由当事人亲自进行,法官在当事人辩论之后当庭宣布紧急裁决令,该裁决令可以作为先予执行的法律依据。⑥ 比如,在“大审法院”,由各方当事人本人出庭,或者由他人代理出庭,但并不强制由律师代理诉讼。但是,若当事人希望得到助理或代理,其应借助律师的帮助。不过,在“执达官”履行职责过程中遇到执行困难的情形下,法律有例外规定:“执达官”作为公共权力机关的代理人,有资格使法院的裁决以及执行文书或执行凭据得到执行,因此,其在依凭其笔录主动提起的紧急审理程序中,其本人应到场,但无选任律师的义务。⑦ 其他专门法院有着各自的诉讼代理规则。⑧ 在“紧急审理程序”中,所有形式的证据均可被接受,包括“证人”(witness)证据和“交叉询问”(cross-examination)证据;证人的“陈述”也可以递送给法官。⑨

值得注意的是,适用“紧急审理程序”的法官的权力受到两个方面的重大限制,即其不得审理争议的实体,以及其可以采取的措施只能具有临时性质。基

---

① 参见[英]阿德里安 A. S. 朱克曼主编:《危机中的民事司法——民事诉讼程序的比较视角》,傅郁林等译,中国政法大学出版社 2005 年版,第 290 页。

② 参见吕晓莉:《国际民事诉讼中的临时和保护措施研究》,武汉大学 2007 年博士学位论文,第 111 页。

③ 参见《法国民事诉讼法》第 487 条。

④ 参见[法]让·文森、塞尔日·金沙尔:《法国民事诉讼法要义》,罗结珍译,中国法制出版社 2001 年版,第 758 页。

⑤ 参见《法国民事诉讼法》第 484 条。

⑥ 参见齐树洁:《民事司法改革研究》,厦门大学出版社 2000 年版,第 383 页。

⑦ 参见[法]让·文森、塞尔日·金沙尔:《法国民事诉讼法要义》,罗结珍译,中国法制出版社 2001 年版,第 758 页。

⑧ 参见[法]让·文森、塞尔日·金沙尔:《法国民事诉讼法要义》,罗结珍译,中国法制出版社 2001 年版,第 758 页。

⑨ See Nicholas Rose, *Pre-emptive remedies in Europe*, London: Longman, 1992, p. 108.

于此,纵然"紧急审理程序"法官可以裁定当事人预先支付款项,却不能以损害赔偿的名义判决当事人履行先行支付义务。正如有的学者所描述的,"紧急审理裁定"的管辖权是一种"浮薄"的管辖权,即不得对当事人之间已经成立的或将要成立的讼争作实质性的判决。

适用"紧急审理程序"的法官可以在临时性基础上要求债务人支付持续性的"罚金",并可临时性地确定该罚金的数额。① 尤为特别的是,该罚金属于《布鲁塞尔条例Ⅰ》(修订)第49条涵盖的可以被执行的外国判决的范围。② 该措施具有维持当事人之间的现状或确保将来履行义务的作用,属于一般禁制令的范围。③ 对于该罚金,适用紧急审理程序的法官可以先行对此清结,同时亦可对诉讼费用作出裁决。法官对逾期罚款的结清仅仅是临时结清。"紧急审理程序"法官对其本人宣告的逾期罚款可以最终结清,这样做存在一个前提条件,即"紧急审理程序"法官保留有此项权力,或者其对案件仍然有管辖权;相反,其不得先行结清由基层法官宣告的逾期罚款,即使该罚款存在先予执行的条件。④

(二)紧急审理裁定的标准

依据《法国民事诉讼法》,法院院长在适用"紧急审理程序"作出"紧急审理裁定"时,可以援引三种独立的标准;任一情形的存在均使法院院长有权作出"紧急审理裁定":"紧急性与明确性"、"迫在眉睫的损害或明显非法的妨害"或"无严重的争议"。

1."紧急性"与"明确性"

依据"紧急审理程序"作出的裁定通常需要考虑两个方面的因素:"紧急

① 参见《法国民事诉讼法》第491条。

② Article 49 of Brussels I Regulation provides that, "A foreign judgment which orders a periodic payment by way of a penalty shall be enforceable in the Member State in which enforcement is sought only if the amount of the payment has been finally determined by the courts of the Member State of origin."

③ See Burkhard Hess, *Minimum Procedural Standards for Enforcement of Provisional and Protective Measures at European Level*, in Mads Andenas, Burkhard Hess & Paul Oberhammer eds., Enforcement Agency Practice in Europe, The British Institute of International and Comparative Law, 2005, p. 268.

④ 参见[法]让·文森、塞尔日·金沙尔:《法国民事诉讼法要义》,罗结珍译,中国法制出版社2001年版,第759页。

性”和“明确性”。在所有紧急的案件中，“大审法院”[1]、“治安法院”[2]、“商事法院”[3]、“农场租约法院”[4]以及上诉法院[5]的（第一）院长在其管辖范围内可以通过“紧急审理程序”作出任何不会招致“严重的反对”的临时救济。此处言及的临时救济可被称为“紧急性临时救济”，对该临时救济的作出必须建立在“紧急性”的要件之上。“紧急性”要件要求其在裁定作出时具有“明显性”，但申请人无须在向法院提出请求时便证明存在明显的“紧急性”。[6] 对该问题，只有适用“紧急审理程序”的法官有权对此作出决定，法国最高法院对此无权介入。

此外，“紧急性”的判定必须是从案件的性质中得出的，而非来自当事人的奇想或行动。比如，“紧急性”不可从合同中的“解约条款”允许提起“紧急审理程序”推导出来。相反，当一方当事人所遭受的损失在无法院的裁定予以救济而将会变得无法弥补的情形下，“紧急性”便被认为存在。法院不应为了寻求所采取之措施的合理性证明而就案件的实体进行裁判。如果法院在作了初步的事实审查之后尚不能给予当事人所申请的临时救济，该法院须保持克制，不应作出裁定，否则，这将意味着法院超越了其处理争议程序申请的职责范围。[7]

2. 迫在眉睫的损害或明显非法的妨害

受理“紧急审理程序”申请的法院院长，包括“大审法院”[8]、“治安法院”[9]、“商事法院”[10]以及“农场租约法院”[11]，即便存在“严重的争议”，仍可以在其管辖范围之内通过“紧急审理程序”作出保护性措施或将当事人恢复到以前的状态，以避免某一迫在眉睫的损害或减轻某一明显非法的妨害。此处言及的临时

---

① 参见《法国民事诉讼法》第 808 条。

② 参见《法国民事诉讼法》第 848 条。

③ 参见《法国民事诉讼法》第 872 条。

④ 参见《法国民事诉讼法》第 893 条。

⑤ 参见《法国民事诉讼法》第 956 条。

⑥ See Catherine Kessedjian, *Note on Provisional and Protective Measures in Private International Law and Comparative Law*, Prel. Doc. No 10, para. 84. 参见吕晓莉：《国际民事诉讼中的临时和保护措施研究》，武汉大学 2007 年博士学位论文，第 121 页；沈达明编著：《比较民事诉讼法初论》，中国法制出版社 2002 年版，第 567 页。

⑦ See Catherine Kessedjian, *Note on Provisional and Protective Measures in Private International Law and Comparative Law*, Prel. Doc. No 10, para. 84.

⑧ 参见《法国民事诉讼法》第 809(1)条。

⑨ 参见《法国民事诉讼法》第 849(1)条。

⑩ 参见《法国民事诉讼法》第 873(1)条。

⑪ 参见《法国民事诉讼法》第 894(1)条。

救济可以被称为“严重争议下的临时救济”；若要作出该类临时救济，法院必须查明损害在事实上是将要发生的，且有必要对其予以阻止。“严重争议下的临时救济”是法国民事诉讼中依据“紧急审理程序”作出的第二类临时救济的独立根据。

诚然，“迫在眉睫的损害”本身能够满足前述“紧急性临时救济”下的“紧急性”要求。但是此处涉及的临时救济的作出无须当事人向法院提出“紧急性”证据，这一点显著不同于“紧急性临时救济”的作出。“迫在眉睫的损害”包括许多情形：不正当竞争、证券交易案件、电影或电视播放的禁止，以及罢工权等；所有这些均是在“紧急审理程序”中申请该临时救济的例子。① 对于“明显非法的妨害”，其适用于劳动法案件、隐私权案件、经济法案件（如广告、店铺的开业或歇业、商事活动或广告的组织等）、医务事项以及诽谤案件中，尤其是通过媒体或出版形式的诽谤。由此可见，“严重争议下的临时救济”的适用情形极为多样化。②

3. 无严重的争议

若当事人对他们之间的义务没有严重的争议，相关法院的院长，这些法院主要包括“大审法院”③、“治安法院”④、“商事法院”⑤以及“农场租约法院”⑥，可以应债权人的请求作出“临时支付”裁定，或裁定强制履行义务，即便关涉的是实施某一行为的义务。换言之，在涉及“紧急审理程序”的案件中，若当事人对义务的存在没有“严重的反对”，受理法院可以向债权人作出“临时支付”这一临时救济，或命令对该义务的执行，即便该义务是一项关涉履行的义务。⑦ 该类临时救济可被称为“临时支付”（référé-provision）或“无严重争议下的临时救济”；其类似于非金钱事项中的临时救济“禁制令”，该临时救济主要是为了调

---

① See Catherine Kessedjian, *Note on Provisional and Protective Measures in Private International Law and Comparative Law*, Prel. Doc. No 10, para. 85.

② See Catherine Kessedjian, *Note on Provisional and Protective Measures in Private International Law and Comparative Law*, Prel. Doc. No 10, para. 85.

③ 参见《法国民事诉讼法》第 809(2) 条。

④ 参见《法国民事诉讼法》第 849(2) 条。

⑤ 参见《法国民事诉讼法》第 873(2) 条。

⑥ 参见《法国民事诉讼法》第 894(2) 条。

⑦ 参见《法国民事诉讼法》第 809(2) 条。

整当事人之间的现状或要求临时履行。①

在适用"无严重争议下的临时救济"的案件中,申请人无须证明"紧急性"的存在。② 法院向债权人作出的"临时支付"必须建立在"不存在针对义务的严重反对"的基础之上。法院无权依凭"紧急审理程序"就"严重反对的义务"予以裁决,即其无权就案件的实体予以处理。这就是为什么法院对案件进行的调查在本质上来讲是极为有限的。不可否认,对于法院能够去做以及不能够去做的界限是极难确定的。申请该临时救济的当事人须确立其所援引的义务的存在,被告应证明该义务可被严重地反对。"临时支付"可适用于合同和侵权案件中;其亦可用来针对那些在原则上来讲是不可弥补的费用,如诉讼费用。③ "临时支付"下的数额仅受到当事人主张的无"严重反对的义务"数额的限制;法院有权依据其自由裁量在该限制范围内给予申请人的数额。

"临时支付"属于依据"紧急审理程序"作出的另外一类重要临时救济;在"临时支付"的适用标准方面,法国民事诉讼法并不要求存在"紧急性"要件,所需要的条件仅仅是"没有严重的争议"。因此,"没有严重的争议"成为法国法院依据"紧急审理程序"作出临时救济的一项独立标准。然而,法国法中的该类临时救济在实践中引致了不少争议,尤其是在跨国的语境下。学者的主流观点认为该措施并非《布鲁塞尔条例Ⅰ》(修订)中言及的临时救济,且法国法院也在其司法实践中指出主诉法院更适于作出类似的临时救济。④

(三)紧急审理程序的救济

对于"紧急审理裁定",当事人可以利用的救济途径主要包括"提出异议",

---

① See Burkhard Hess, *Minimum Procedural Standards for Enforcement of Provisional and Protective Measures at European Level*, in Mads Andenas, Burkhard Hess & Paul Oberhammer eds., Enforcement Agency Practice in Europe, The British Institute of International and Comparative Law, 2005, p. 268.

② See Burkhard Hess, *Minimum Procedural Standards for Enforcement of Provisional and Protective Measures at European Level*, in Mads Andenas, Burkhard Hess & Paul Oberhammer eds., Enforcement Agency Practice in Europe, The British Institute of International and Comparative Law, 2005, p. 269, 271.

③ See Catherine Kessedjian, *Note on Provisional and Protective Measures in Private International Law and Comparative Law*, Prel. Doc. No 10, para. 86.

④ George A. Bermann, *Transnational Provisional Relief in the Courts*, in Jack L. Goldsmith ed., International Dispute Resolution: The Regulation of Forum Slection, Transnational Publishers, 1997, p. 144 – 145.

以及“上诉”。按照以往的法国法,有观点认为对“紧急审理裁定”亦存在其他的救济途径,如向最高司法法院提出上诉、第三人取消裁判的异议等。①

当事人可以通过上诉的方式对“紧急审理裁定”提出异议,除非该裁定是由上诉法院的第一院长作出,或者根据诉求的价值以及诉讼标的,该裁定被宣布为终审裁定。上诉期限是15天。② 对于当事人提起的上诉,存在诸多不同的情形,如当事人的权利尚不处于危险局面的上诉,当事人的权利面临危险情况下的上诉,强制实行“短期程序”而获致紧急审理裁定下的上诉以及有关审前准备措施的上诉等。③ 此外,当事人可以对缺席情况下作出的终审的“紧急审理裁定”提起撤销该裁定的请求,提出该请求的期间也是15天。④

上诉法院在审理针对“紧急审理裁定”提起的上诉时,并不享有比基层法院更大的权力。在管辖权方面,上诉法院应在一审法院的管辖权限范围内进行审理裁判,不得行使其“全权裁判管辖权”。对上诉法院的裁决,如同对“紧急审理裁定”本身一样,可以向最高司法法院提出上诉,两者的裁判范围相同。⑤

当意外出现有重大影响的情形时,法官在“紧急审理程序”下作出的“紧急审理裁定”可以通过“紧急审理程序”修改或撤回。⑥ 此外,“紧急审理裁定”的当事人可以请求撤销或变更临时救济(包括前述“保全措施”),可依赖的事由主要包括:(1)实体请求上的败诉;(2)申请人未遵守规范作出临时救济的形式规则;(3)被申请人为满足申请人的实体诉求提供了充分的担保;(4)有关的临时救济是不相关的或者是滥用的。此外,若扣押的财产价值大于用于满足申请人诉求的数额,临时救济令可以被变更至限定于特定的财产范围之内。⑦

---

① 参见[法]让·文森、塞尔日·金沙尔:《法国民事诉讼法要义》,罗结珍译,中国法制出版社2001年版,第764页。

② 参见《法国民事诉讼法》第490(1)条。

③ 参见[法]让·文森、塞尔日·金沙尔:《法国民事诉讼法要义》,罗结珍译,中国法制出版社2001年版,第762~764页。

④ 参见《法国民事诉讼法》第490(2)条。

⑤ 参见[法]让·文森、塞尔日·金沙尔:《法国民事诉讼法要义》,罗结珍译,中国法制出版社2001年版,第764页。

⑥ 参见《法国民事诉讼法》第488(2)条。

⑦ See W. A. Kennett, *Enforcement of Judgments in Europe*, Oxford University Press, 2000, p.169 –170.

四、单方裁定

“单方裁定”(Les ordonnances sur requête),又称为依申请的裁定,是依一方当事人的申请未经对席审理程序而作出的法院裁定,申请的提出及裁定的作出涉及的仅仅是申请人与法院。申请人提交的申请应一式两份,其须指明所依赖的根据以及所依赖的文件。若申请是在诉讼进行之中提出的,其须指明诉讼事项被提交到的法院。在紧急的案件中,申请可以被提交至法官的住所。① 依据现行《法国民事诉讼法》,有权作出“单方裁定”的法院包括“大审法院”②、“治安法院”③、“商事法院”④、“农场租约法院”⑤以及“上诉法院”⑥;这些法院的(第一)院长或其他法官有权在其管辖范围内作出“单方裁定”。

《法国民事诉讼法》对“单方裁定”的裁判主体作了特别规定。具体来说,“单方裁定”原则上是由大审法院院长或与“紧急审理程序”法官相同的法官作出。大审法院院长、治安法院法官、商事法院院长和农场租约法院院长在法律有专门规定的情况下可以依申请受理“单方裁定”;由于案情要求,在不经对席审理而采取紧急措施时,大审法院院长、治安法院法官、商事法院院长和上诉法院的第一院长在其权限内可以依申请命令采取一切紧急措施。在大审法院,如果申请与已经提起的诉讼有关,应当向审理案件的法庭的庭长提出,或者向已经受理案件的法官提出。⑦ “单方裁定”必须载明其被作出的依据。⑧ 在法院作出“单方裁定”后,该裁定将被送达被执行人。此外,“单方裁定”一经作出便具有执行力,其在有原件的情况下即可付诸执行。⑨

“单方裁定”是法院在不审理案件实体的情况下作出的紧急性临时救济,适用于申请人“有正当理由不传唤对方当事人”而提起的临时救济请求案件中。⑩ “单方裁定”既不是对抗性的,也不是终局的。在可适用“紧急审理程序”的案

---

① 参见《法国民事诉讼法》第494条。
② 参见《法国民事诉讼法》第812条。
③ 参见《法国民事诉讼法》第851条。
④ 参见《法国民事诉讼法》第875条。
⑤ 参见《法国民事诉讼法》第897条。
⑥ 参见《法国民事诉讼法》第958条。
⑦ 参见《法国民事诉讼法》第812(3)条。
⑧ 参见《法国民事诉讼法》第495(1)条。
⑨ 参见《法国民事诉讼法》第495(2)、(3)条。
⑩ 参见《法国民事诉讼法》第493条。

件中,若“紧急性”要求案件应以“单方的”方式听审,该类案件可以采取“单方裁定”的审理方式。[①] 在法国司法实践中,“单方裁定”虽被经常适用,但其适用频率却远远低于前述“紧急审理程序”。[②] “单方裁定”也可适用于一些特殊的临时“禁制令”的作出。比如,当事人可以借助该程序向“初审法院”及“商事法院”申请“支付一笔金钱的禁制令”。[③]

若“单方裁定”的申请不被支持,申请人可以提起上诉,除非该裁定是由上诉法院的第一院长作出。上诉期限是15天。该上诉将按照“非争议事项”处理的方式提起、管理和处理。若“单方裁定”的申请获得了支持,任何利益相关的当事人可以向作出该裁定的法院寻求救济。法院对当事人提出的撤销“单方裁定”的申请,将适用“紧急审理程序”进行裁判。对于“单方裁定”,法律并不要求必须发生新的情况才能修改或撤回,所以其既判力不如紧急审理裁定。[④] 作出“单方裁定”的法官有权修改或撤回其裁定,即便有关争议已被提交至审理实体争议的法官。[⑤] 此外,获得“单方裁定”的申请人必须在该裁定作出后的数月内提起实体诉讼,如果迟延提起实体诉讼,“单方裁定”将自行失效。

五、其他临时救济

(一)禁制令

在当事人对义务的存在没有“严重的反对”的情况下,法国法允许依据“紧急审理程序”作出特定的“禁制令”,如法院会强制软件销售商将软件的访问密码告知购买者,否则软件是毫无用处的。不过,有关于此的案例在实践中甚少。正如有学者指出的,这方面的“禁制令”可以成为法国法中的临时救济向普通法

---

① See Catherine Kessedjian, *Note on Provisional and Protective Measures in Private International Law and Comparative Law*, Prel. Doc. No 10, para. 88.

② 参见吕晓莉:《国际民事诉讼中的临时和保护措施研究》,武汉大学2007年博士学位论文,第120页。

③ See Loic Cadiet, *Civil Justice Reform: Access, Cost, and Delay. The French Perspective*, in Zuckerman ed., Civil Justice in Crisis: Comparative Perspectives of Civil Procedure, Oxford University Press, 1999, p. 303.

④ 参见吕晓莉:《国际民事诉讼中的临时和保护措施研究》,武汉大学2007年博士学位论文,第120页。

⑤ 参见《法国民事诉讼法》第497条。

中的临时救济方向发展的突破口之一。[①]

在知识产权案中,存在“伪造扣押”这一临时救济。当事人可以向法院申请临时性地禁止版权侵权,以中止所有正在进行的侵权产品的生产。《知识产权法》亦授权对“非法复印”所得予以扣押;同样地,法院可以就音像、视频予以扣押。也存在其他相关联的措施,如对违法的企业予以临时性的关闭。为了实施这些依单方当事人的申请获得的临时救济,“执达官”可以在警察的协助下前往侵权者的房屋;[②]从这方面来看,该措施与英国法中的“搜查令”的差别不是很大;正如有的学者明确指出的,激发“冻结令”(玛瑞瓦禁令)的先例可以在英格兰法、法国法和其他地方的法律中找到根据。判决前保护财产的需要使法国于1955年引入了“保全扣押”;在20年后,其引致了“冻结令”(玛瑞瓦禁令)的出现。[③]

(二)保存证据措施

在法国,诉前取证以及证据保全是临时救济的一种。[④] 依据《法国民事诉讼法》,法院可在诉讼程序开始之前采取保护或确立“证据”的临时救济:如果存在合法的理由以保护或确立争议的解决所依凭的事实证据,法院可以应任一方利害当事人的请求,依“申请”或依据“紧急审理程序”作出法律许可的证据调查措施。[⑤] 此外,即使不存在“紧急性”,证据保全措施也可以适用。[⑥]

(三)财产暂管令

法国法中存在一个特殊的临时救济,即在特定情形下,如所有权人不在场,或在民商事公司或组织陷入决定的僵局的情形下,因处置财产的需要而“指定管理人”。

另外,负责对经济和金融活动实施监管的主要组织(如证券交易委员会或竞争理事会),有权作出诸如“财产暂管令”,临时性地禁止经营活动或“资金保

---

① See Catherine Kessedjian, *Note on Provisional and Protective Measures in Private International Law and Comparative Law*, Prel. Doc. No 10, para. 87.

② 参见吕晓莉:《国际民事诉讼中的临时和保护措施研究》,武汉大学2007年博士学位论文,第121页。

③ See Steven Gee, *Commercial Injunctions*, Sweet & Maxwell, 2005, p. 833.

④ 参见周翠:《中外民事临时救济制度比较研究》,清华大学出版社2014年版,第145页。

⑤ 参见《法国民事诉讼法》第145条。对比李双元、谢石松:《国际民事诉讼法概论》,武汉大学出版社2001年版,第391页。

⑥ See Catherine Kessedjian, *Note on Provisional and Protective Measures in Private International Law and Comparative Law*, Prel. Doc. No 10, para. 83.

管”等决定。①

六、小结

作为大陆法系国家的另一典型代表,法国法中涉及临时救济适用的规定比较分散;总的来说,法国民事诉讼中可适用的临时救济主要包括“保全措施”和“紧急审理裁定”。这两类基本的临时救济在诸多方面存在明显的差别,如适用的条件、审理的程序、裁定的效力等方面。但它们的目的是一致的,即为当事人所寻求的最终救济提供保障。归纳起来,在法国法上,存在四种可予作出临时保护措施的情形:(1)紧急状态;(2)诉讼持续期间对财产以及程序性权利的担保;(3)证据;(4)出庭。②

法国法以独特的方式架构了临时救济适用中的三方主体关系。第一,申请人作为临时救济适用中“主动性的”利害关系人,应依据所请求的临时救济的具体类型向有管辖权的法院提起相应的申请。申请人负有义务证明存在适用临时救济的条件;其负担的举证义务因申请的临时救济的类型不同而有差别,但法国法并没有对这种举证义务设置很高的标准。从实质上来说,临时救济的实施为申请人提供了有效担保。法国法中临时救济的构架为申请人提供了若干重要的便利机制,如被申请人相关财产信息的收集、罚金的适用等。值得特别注意的一点是,在法国,作出临时救济通常不需要提供担保,这一点显然不同于德国以及英国。③ 第二,作为“受动性的”利害关系人,被申请人参与临时救济程序的权利并没有引起法国法的重视:“保全措施”程序是以单方申请为主导的程序,“紧急审理程序”原则上是“对席的”程序,不过其也通常被用来作为“单方的”程序。此外,法国法没有对被申请人在临时救济措施被适用的情况下的救济作出有利于被申请人的规定。第三,作为利害关系人双方的“居中裁判者”,法院有广泛的自由裁量权决定是否作出临时救济以及所适用的临时救济的具体种类,法院亦有权决定临时救济程序是“对席的”还是“单方的”程序;在

---

① See Catherine Kessedjian, *Note on Provisional and Protective Measures in Private International Law and Comparative Law*, Prel. Doc. No 10, para. 91.

② See Marie-Elodie Ancel, *France*, in Toshiyuki Kono ed., Intellectual Property and Private International Law: Comparative Perspectives, Hart Publishing, 2012, p. 538.

③ 英国法律要求在给予任何临时保护措施之前都必须提供损害赔偿的担保;而德国的法院在此方面则有很大的自由裁量权。See W. A. Kennett, *Enforcement of Judgments in Europe*, Oxford University Press, 2000, p. 152.

临时救济的管辖权限划分上，大审法院原则上专享“保全措施”的管辖权，而在“紧急审理程序”方面，除了法国最高法院之外的其他法院均有权适用该程序，且法国法并没有对适用“紧急审理程序”的法院与“主诉”法院之间存在的一定关系作出限制。法院原则上充任的“被动”角色贯穿于临时救济适用程序的始终，无论是在申请的启动上，还是在异议、救济申请等程序中。

第三节　我国法中的临时救济

在我国现行法律体系中，临时救济被称为“保全措施”。从语义上来说，我国法律中的临时救济意在为涉诉当事人提供一种保全手段，防止损害发生，而临时救济的功能主要定位于“维持现状”。从临时救济的内容来看，我国民事诉讼中的“保全措施”可以划分为“财产保全”、“行为保全”和“证据保全”。对于将“财产保全”和“行为保全”纳入我国民事诉讼中的“保全”范围之内，我国学者之间并没有分歧；然而，对于是否将“证据保全”视为我国民事诉讼中的“保全措施”，似有争执。有学者认为，“证据保全”不属于我国民事诉讼中的“保全措施”。① 从民事诉讼（包括国际民事诉讼）的全局来讲，“证据保全”与“财产保全”、“行为保全”都意在临时性地介入当事人或利害关系人之间的法律关系，且这三种机制在临时性提供救济这一价值取向上越来越趋近。在《民事案件案由规定》中，“证据保全”被列为保全案件的一类。② 此外，在国际范围内，“证据保全”被越来越多地接受为一种临时救济。③ 我国法律中包括“证据保全”在内

---

① 参见李仕春：《民事保全程序基本问题研究》，载《中外法学》2005 年第 1 期。

② 参见《民事案件案由规定》第十部分“非讼程序案件案由”。

③ 在海牙国际私法会议的 2005 年《选择法院协议公约》的解释报告中，有关证据的调取措施被明确列为一种临时救济。See Explanatory Report on the 2005 Hague Choice of Court Agreements Convention by Trevor Hartley & Masato Dogauchi, para. 160. 此外，关于证据保全在《布鲁塞尔条例Ⅰ》（修订）中的适用，参见 Marta Pertegás Sender, *Article* 31 *of Brussels I Regulation*, in Ulrich Magnus & Peter Mankowski, Brussels I Regulation, 2nd edition, Sellier European Law Publishers, 2012, p. 618；法国法中对证据保全作为一种临时保护措施的适用，参见 Catherine Kessedjian, *Note on Provisional and Protective Measures in Private International Law and Comparative Law*, Prel. Doc. No 10, para. 83。

的“保全措施”可以被纳入民商事诉讼中的临时救济体系之下。① 因此，本书将“证据保全”一并考虑在我国民商事诉讼中的“保全措施”或临时救济之内。《中华人民共和国民事诉讼法》[2023 年修正，以下简称《民事诉讼法》(2023 年修正)]一方面，将“证据保全”的范围扩大到起诉前；另一方面，其第九章由先前的“财产保全和先予执行”修改为“保全和先予执行”，涵盖行为保全。我国法律中的“先予执行”制度也是广义上的临时救济，其在我国《民事诉讼法》(2023 年修正)及其他法律中占有重要地位，②但该制度和一般意义上的临时救济在适用条件及适用情形等方面存在若干差异，且该制度能否被纳入严格意义上的临时救济在各国间存在较大分歧，本书对此不予探讨。

在我国现行国内法律体系下，有关民事临时救济适用的法律规范分散规定在涉及民事诉讼的一般法律、特别法律及司法解释等法律渊源中。其中，《民事诉讼法》(2023 年修正)是国际民事诉讼中有关临时救济适用的最重要法律渊源。除此之外，包括相关各部门法以及最高人民法院的相关司法解释均为临时救济适用的重要法律渊源。具体来说，除了《民事诉讼法》(2023 年修正)，涉及临时救济的我国法律主要包括《中华人民共和国海事诉讼特别程序法》[1999 年，以下简称《海事诉讼特别程序法》(1999 年)]③、《最高人民法院关于民事诉讼证据的若干规定》(2019 年修正)，以及《中华人民共和国商标法》[2019 年修正，以下简称《商标法》(2019 年修正)]④、《中华人民共和国专利法》[2020 年修正，以下简称《专利法》(2020 年修正)]⑤和《中华人民共和国著作权法》[2020 年修正，以下简称《著作权法》(2020 年修正)]⑥。此外，《最高人民法院关于适用〈中华人民共和国民事诉讼法〉的解释》[2022 年修正，以下简称《民事

---

① 有些国内学者、法官已明确地将证据保全划分我国法律中的临时救济之一，参见曹建明主编：《最高人民法院民事案件案由规定理解与适用》，人民法院出版社 2008 年版，第 216 页；且有学者呼吁将证据保全适用于特定领域的权利保护中，如布图设计权，参见吴汉东主编：《中国知识产权制度评价与立法建议》，知识产权出版社 2008 年版，第 194 页。

② 比如，已废止的《最高人民法院关于在经济审判工作中严格执行〈中华人民共和国民事诉讼法〉的若干规定》(1994 年 12 月 22 日 法发〔1994〕29 号)。

③ 参见《海事诉讼特别程序法》(1999 年)第三章“海事请求保全”和第五章“海事证据保全”。

④ 参见《商标法》(2019 年修正)第 65 条。关于侵犯注册商标专用权的临时救济和证据保全，参见宁立志主编：《知识产权法》，武汉大学出版社 2006 年版，第 382～384 页。

⑤ 参见《专利法》(2020 年修订)第 73 条。关于专利侵犯诉前临时保护措施，参见孙应征主编：《知识产权法律原理与实证解析》，人民法院出版社 2004 年版，第 184～193 页。

⑥ 参见《著作权法》(2020 年修订)第 56～57 条。

诉讼法司法解释》(2022 年修正)]亦对临时救济的适用作了诸多规定。[1]

不过,我国现行有关临时救济的民事诉讼法律,并未对国际民事诉讼中临时救济的适用采用独立的法律制度。1991 年颁行的《民事诉讼法》与 2007 年修改后的《民事诉讼法》曾在"涉外民事诉讼程序的特别规定"中确立了我国涉外民事诉讼中的临时救济——"财产保全",并通过专章的方式作出了特别规定;[2]2012 年《民事诉讼法》修改之后,我国涉外民事诉讼中的财产保全规定被完全删除,2021 年和 2023 年修正后的《民事诉讼法》亦无涉外民事诉讼保全的特定规定。这样一来,《民事诉讼法》(2023 年修正)中便没有任何关于涉外民事诉讼中临时救济的特别规定。[3] 根据《民事诉讼法》(2023 年修正)的规定,"在中华人民共和国领域内进行涉外民事诉讼,适用本编规定。本编没有规定的,适用本法其他有关规定"[4]。因此,在《民事诉讼法》(2023 年修正)并没有专门规定国际民事诉讼中的临时救济的情况下,非涉外诉讼中的临时救济法规范体系同样适用于我国法院受理的国际民事诉讼案件。2021 年,最高人民法院通过了《全国法院涉外商事海事审判工作座谈会会议纪要》,明确指出外国判决承认与执行中的财产保全应参照适用非涉外财产保全的规定:"当事人向人民法院申请承认和执行外国法院判决、裁定,人民法院受理申请后,当事人申请财产保全的,人民法院可以参照民事诉讼法及相关司法解释的规定执行。申请人应当提供担保,不提供担保的,裁定驳回申请。"[5]

在外国判决的承认与执行领域,我国已加入 2005 年《选择法院协议公约》。尽管该公约排除了一国临时救济可被纳入承认与执行外国判决的范围,[6]但是其规定,"本公约既不要求也不排除缔约国一方法院准予、拒绝或终止临时保护措施,也不影响一方当事人是否可以请求或法院是否应当准予、拒绝和终止此类措施"[7]。这样一来,在当事人向我国法院申请承认与执行外国判决的过程

---

① 参见《民事诉讼法司法解释》(2022 年修正)第 152~173 条。

② 参见 1991 年《民事诉讼法》第二十七章,以及 2007 年《民事诉讼法》第二十六章。

③ 值得注意的是,1991 年《民事诉讼法》与 2007 年《民事诉讼法》均对国际民事诉讼中的"财产保全"措施的启动主体作了限制:仅有诉前保全中的利害关系人或当事人有权启动保全程序,法院无权主动采取。这一点显然不同于 2012 年《民事诉讼法》。

④ 《民事诉讼法》第 270 条。

⑤ 《全国法院涉外商事海事审判工作座谈会会议纪要》第 39 条。该纪要是"司法解释性文件",并非临时救济适用的法律渊源。

⑥ 参见《选择法院协议公约》第 4 条第 1 款。

⑦ 《选择法院协议公约》第 7 条。

中，临时救济的适用可依我国国际民事诉讼中的临时救济规定作出。我国尚未批准该公约，即便将来该公约适用于我国，外国临时救济也无法根据2005年《选择法院协议公约》在我国获得承认与执行。

一、财产保全

依据我国现行《民事诉讼法》(2023年修正)，保全措施的最基本类型是"财产保全"和"行为保全"。其中，财产保全是司法实践中最为常见的临时救济方式，也是1991年《民事诉讼法》颁行以来即被确立的基本临时救济。"财产保全"是指由人民法院作出裁定，对一方当事人的财产采取查封、扣押、冻结等保全措施，防止该当事人转移、处分被保全的财产，以保证将来生效判决的执行。依据"财产保全"作出的时间，"财产保全"在我国民事诉讼法中分为"诉前财产保全"与"诉中财产保全"。

(一)诉前财产保全

"诉前财产保全"是指在起诉前，对于因情况紧急若不立即申请财产保全，利害关系人将会遭受难以弥补的损失的情况，依利害关系人的申请而采取的保全措施。《民事诉讼法》(2023年修正)在诉前财产保全的"管辖法院"、"法院采取保全的方式"以及"保全裁定作出后利害关系人起诉的时间"等方面作出了规定。

首先，该保全程序的启动主体仅限于"利害关系人"。在诉前保全中，由于诉讼程序尚未启动，法院无法了解具体的案情，不宜赋予法院依职权予以保全的权力。[①] 当然，在这一阶段，法院很可能对利害关系人一无所知，更不可能了解案情，因而只能由利害关系人启动诉前财产保全程序。

其次，民事诉讼法要求申请人在"诉前财产保全"中必须提供担保。对于申请人不提供担保，包括不能提供担保的情形，法院会裁定驳回申请。[②] 立法者采取该立场所基于的考虑是，因案件尚未起诉到法院，法院不了解案件的事实、证据材料以及申请人和被申请人的基本信息，利害关系人是否起诉，起诉后是否

---

① 参见全国人大常委会法制工作委员会民法室编著：《中华人民共和国民事诉讼法解读》，中国法制出版社2012年版，第266～267页。

② 仲裁中的保全申请亦由法院作出最终的裁定，而裁定采取保全措施，当事人亦应提供担保。参见《民事诉讼法意见》(1992年)第317条，"依照民事诉讼法第二百五十八条的规定，我国涉外仲裁机构将当事人的财产保全申请提交人民法院裁定的，人民法院可以进行审查，决定是否进行保全。裁定采取保全的，应当责令申请人提供担保，申请人不提供担保的，裁定驳回申请"。

胜诉尚属未知，且保全措施的实施可能会给被申请人造成经济损失；出于平等保护双方当事人的考虑，故须提供担保。① 但对于担保的数额，民事诉讼法未明确规定，其可由法院根据具体情形予以确定。不过，在已被废止的《最高人民法院关于适用〈中华人民共和国民事诉讼法〉若干问题的意见》[1992 年，以下简称《民事诉讼法意见》(1992 年)]中指出，提供担保的数额应相当于请求保全的数额。② 然而，依据《民事诉讼法司法解释》(2022 年修正)，在特殊情况下，法院可以酌情处理诉前财产保全中申请人应提供的担保数额，③这更有利于平衡申请人和被申请人在临时救济中的诉讼地位，有利于临时救济的合理行使。

最后，对于法院“诉前财产保全”裁定的作出和解除，《民事诉讼法》(2023 年修正)亦作出了专门规定。对申请人的“诉前财产保全”申请，法院应当在 48 小时之内作出裁定；若裁定采取保全措施，法院应立即对裁定予以执行。申请人获得了“诉前财产保全”之后，有义务在 30 日内依法提起诉讼，否则有关的保全裁定应被法院解除。④ 一般认为，保全裁定的效力应维持到生效法律文书的执行；因为“诉前财产保全”的特殊性，立法者对其效力施加了一定的限制，这一点不同于“诉中财产保全”。

(二)诉中财产保全

“诉中财产保全”是财产保全的基本形式之一，其在“启动的方式”、“担保的提供”以及“裁定的作出和执行”等方面与“诉前财产保全”的规定存在些许不同。根据当事人的申请或人民法院依职权，法院可以启动“诉中财产保全”程序。⑤ 对于“诉中财产保全”的启动方式，存在不同的意见：有的人认为申请保全是当事人的权利，是否提请保全应由当事人自己决定，法院不可越俎代庖，而且实践中亦几乎没有法院主动启动“诉中财产保全”的案例；也有的人认为，不同当事人的保全意识由于诸多方面的原因存在很大的差别，法院依职权启动“诉中财产保全”可以形成对当事人申请保全的有益补充。立法机关最终采纳了一种折中的观点，即“诉中财产保全”程序原则上由当事人提请启动，仅在特殊的情况下，法院知悉债务人正在实施或准备实施转移、隐匿财产行为时，可依

---

① 参见全国人大常委会法制工作委员会民法室编著：《中华人民共和国民事诉讼法解读》，中国法制出版社 2012 年版，第 267 页。

② 参见《民事诉讼法意见》(1992 年)第 98 条。

③ 参见《民事诉讼法司法解释》(2022 年修正)第 152 条第 2 款。

④ 参见《民事诉讼法》(2023 年修正)第 104 条第 3 款。

⑤ 参见《民事诉讼法》(2023 年修正)第 103 条第 1 款。

职权启动“诉中财产保全”程序。[①]

法院裁定“诉中财产保全”,可以要求申请人提供担保。[②] 担保的提供是出于对可能出现的“错误地裁定保全”情形下赔偿被申请人损失的需要。通过设定担保这一条件,申请人对担保的提请也会持有一种谨慎的而非轻率的心理。民事诉讼法使用“可以”这一措辞,赋予了法院必要的自由裁量权,这就意味着申请人并非需要在所有的“诉中财产保全”案件中提供担保。依据全国人大常委会法制工作委员会民法室的解释,申请人财力雄厚,完全有能力承担因错误申请给对方造成的损失的,可以不要求提供担保;若申请人胜诉可能性较大且不会给对方造成过大的损失的,亦可不要求担保。[③] 对于担保的金额,民事诉讼法没有给予统一的规定,实践中的做法亦千差万别。不过,已废止的《民事诉讼法意见》(1992 年)曾指出,提供担保的数额应相当于请求保全的数额。[④] 然而,从审判实践来看,要求申请人提供与担保数额相当的财产,对很多处于弱势地位的申请人而言很不公平。因此,担保数额的确定应当以被申请人可能遭受的损失为基础,综合考虑申请人的经济状况、胜诉可能性、证据充分与否等情形,而不应一概要求申请人提供与担保数额相当的财产。[⑤]《民事诉讼法司法解释》(2022 年修正)指出,在诉讼中,人民法院依申请或者依职权采取保全措施的,应当根据案件的具体情况,决定当事人是否应当提供担保以及担保的数额。[⑥] 除此之外,对于担保的方式,我国的司法实践亦有较大的分歧,有些法院只接受现金担保而不接受其他方式的担保。鉴于担保可分为“人的担保”和“物的担保”,当事人可以选择其认为合适的担保方式,只要能够起到担保的功用,法院就不应拒绝。[⑦]

对于“诉中财产保全”裁定的作出时间,民事诉讼法仅规定在“情况紧急”

---

① 参见全国人大常委会法制工作委员会民法室编著:《中华人民共和国民事诉讼法解读》,中国法制出版社 2012 年版,第 260 页。

② 参见《民事诉讼法》(2023 年修正)第 103 条第 2 款。

③ 参见全国人大常委会法制工作委员会民法室编著:《中华人民共和国民事诉讼法解读》,中国法制出版社 2012 年版,第 262 页。

④ 参见《民事诉讼法意见》(1992 年)第 98 条。

⑤ 参见全国人大常委会法制工作委员会民法室编著:《中华人民共和国民事诉讼法解读》,中国法制出版社 2012 年版,第 262~263 页。

⑥ 参见《民事诉讼法司法解释》(2022 年修正)第 152 条第 3 款。

⑦ 全国人大常委会法制工作委员会民法室编著:《中华人民共和国民事诉讼法解读》,中国法制出版社 2012 年版,第 263 页。

时,法院应在48小时之内作出。[①] 但是对于何为“情况紧急”,该法并没有给予统一规定,而交由法院在具体的案件中进行判断。其实,除非存在申请人滥用保全的情形,任何财产保全的提出均应被视为一种紧急的情形,法院应当迅速地处理相关申请,亦应遵守民事诉讼法规定的“48小时”的时限。比较明确的一点是,若法院作出了财产保全的裁定,该裁定应当立即执行,不应拖延。

二、行为保全

(一)概述

行为保全是我国《民事诉讼法》确立的基本临时救济之一。对于在2012年《民事诉讼法》的修改中首次引入的“行为保全”而言,[②]其指的是由人民法院作出裁定,责令一方当事人作出一定的行为,或者禁止其作出一定的行为,防止该当事人正在实施或将要实施的行为给申请人造成不可弥补的损害。[③] 在规范“行为保全”方面,2021年和2023年修改的《民事诉讼法》因循2012年修改后的《民事诉讼法》中有关行为保全的规定。

尽管“财产保全”和“行为保全”在申请的时间、担保的提供以及启动的方式等方面存在一致性,但是它们在适用的案件类型、申请的目的以及执行内容方面存在一定的差别。[④]

(二)行为保全的适用

2012年修正后的《民事诉讼法》在第100条及第101条首次采用了“行为保全”制度,这弥补了我国民事诉讼法中没有其他国家法律中存在的一般性“禁制令救济”的缺陷。[⑤] 值得注意的是,该法将“行为保全”完全架构在“财产保全”之上;与此相应,“行为保全”也有“诉前行为保全”和“诉中行为保全”之分。不

---

① 参见《民事诉讼法》(2023年修正)第103条第3款。

② 应当指出的是,“行为保全”这一术语在提法上并不甚贴切;所谓的“行为保全”,其对象应是被申请人“为或不为一定的行为”,而非“行为”。不同于我们通常提及的“财产保全”,其对象即“财产”本身。不过,我国学者和立法机关均使用“行为保全”这一术语;为了论证的一致,本部分亦使用这一概念。

③ 参见全国人大常委会法制工作委员会民法室编著:《中华人民共和国民事诉讼法解读》,中国法制出版社2012年版,第255页。

④ 参见全国人大常委会法制工作委员会民法室编著:《中华人民共和国民事诉讼法解读》,中国法制出版社2012年版,第259~261页。

⑤ See Michael J. Moser, *People's Republic of China*, in Michael Pryles ed., Dispute Resolution in Asia, Kluwer Law International, 2006, p.90.

过,2012 年修正后的《民事诉讼法》并没有明确使用“行为保全”这一概念。

根据全国人大常委会法制工作委员会民法室的解释,“行为保全”,是指人民法院以裁定的方式责令一方当事人“作出一定的行为,或者禁止其作出一定的行为”,防止该当事人正在实施或将要实施的行为给申请人造成不可弥补的损害。[①] 较为特别的一点是,《民事诉讼法》中的“行为保全”被全国人大常委会法制工作委员会民法室赋予了两种含义:一是要求被申请人作出或禁止被申请人作出某种行为;二是暂时确定申请人与被申请人之间的权利和义务关系,如要求被申请人支付工资、赔偿金、抚养费、赡养费、医疗费用等。[②] 其实,此处提及的“行为保全”的第二种含义可划归为我国法律中的“先予执行”制度或其他国家法律中的“临时支付”制度,这与一般意义上的“行为保全”差别较大。值得特别注意的是,我国司法实践中已有依据“行为保全”裁定适用“禁诉令”的实践[如“华为技术有限公司等与康文森无线许可有限公司确认不侵害专利权及标准必要专利许可纠纷案”[③](以下简称华为诉康文森案)],并在国际社会引起了广泛关注。通过行为保全禁止当事人在其他国家提起诉讼、继续诉讼或执行判决,我国法院开拓性地适用禁诉令,避免对案涉当事人造成不可弥补的损害。虽然我国法院在禁诉令的法律依据上援引的是行为保全的法律规定,但是我国法院的考量因素已经超过了传统行为保全的相关规定,在禁诉令的签发条件中考虑到了外国诉讼见之于我国诉讼程序的影响、国际礼让以及公共利益等因素,这是我国行为保全的规定并未触及的要素。从整体上来看,我国法院适用禁诉令的条件在诸多方面与我国现行行为保全的规定存在重大差异。由于“禁诉令”关涉国家间司法管辖权的行使和协调,不宜简单以行为保全的规定作出。

“行为保全”是 2012 年《民事诉讼法》修改时对“保全制度”作出的最大修改,也是《民事诉讼法》有关“保全制度”的最大进展。实际上,在 2012 年《民事诉讼法》引入“行为保全”机制之前,其他一些部门法和司法解释已经对特定领域诉讼的进行规定了“行为保全”制度,这些先行的立法为在一般意义上的民事

---

① 参见全国人大常委会法制工作委员会民法室编著:《中华人民共和国民事诉讼法解读》,中国法制出版社 2012 年版,第 255 页。

② 参见全国人大常委会法制工作委员会民法室编著:《中华人民共和国民事诉讼法解读》,中国法制出版社 2012 年版,第 255 页。

③ 华为技术有限公司等与康文森无线许可有限公司确认不侵害专利权及标准必要专利许可纠纷案,载《最高人民法院公报》2022 年第 1 期。

诉讼中设计一个普遍适用的“行为保全”机制提供了宝贵的经验。这些部门法和司法解释主要包括:《海事诉讼特别程序法》(1999 年)①、《商标法》(2019 年修正)②、《专利法》(2020 年修正)③、《著作权法》(2020 年修正)④、《最高人民法院关于对诉前停止侵犯专利权行为适用法律问题的若干规定》⑤、《最高人民法院关于诉前停止侵犯注册商标专用权行为和保全证据适用法律问题的解释》⑥和《最高人民法院关于审理著作权民事纠纷案件适用法律若干问题的解释》⑦。

我国学界曾一直呼吁建立民事诉讼中的“行为保全”制度;在 2012 年《民事诉讼法》之前,我国当时的法律体系中仅在海事诉讼以及有关知识产权侵权纠纷案件的诉讼中引入了该制度,这远不能满足民事诉讼实践中存在的大量的需要通过“行为保全”予以临时救济的迫切需要。比如,在家庭暴力,侵犯自然人肖像权、隐私权、名誉权等侵权案件中,需要责令加害人立即停止侵权行为;在离婚案件中,一方为争夺子女,往往会转移、隐匿子女,需要立即制止这种行为;在相邻权的行使、环境污染侵权纠纷和租赁合同纠纷中,都需要采取特定的“行为保全”措施等。⑧

由于民事诉讼法对“行为保全”和“财产保全”采取了统一规定的方式,二者适用同样的法律条款,因此在《民事诉讼法》对“行为保全”无任何特别规定的情况下,有关“财产保全”的规定应同样地适用于“行为保全”。依据对民事诉讼法的字面解释,我们不能明确地区分这两种保全制度在适用方面的差别。具体来说,“行为保全”在启动方式、有关担保的提供、法院裁定保全的条件、裁定的作出以及解除等诸多方面与“财产保全”并无实质上的不同之处。“行为保全”关于“诉前行为保全”和“诉中行为保全”的划分,对应于“财产保全”中

① 参见《海事诉讼特别程序法》(1999 年)第四章“海事强制令”。

② 参见《商标法》(2019 年修正)第 65 条。

③ 参见《专利法》(2020 年修正)第 73 条。

④ 参见《著作权法》(2020 年修正)第 56 条。

⑤ 参见《最高人民法院关于对诉前停止侵犯专利权行为适用法律问题的若干规定》(已废止)第 1 条。

⑥ 参见《最高人民法院关于诉前停止侵犯注册商标专用权行为和保全证据适用法律问题的解释》(已废止)第 4 条。

⑦ 参见《最高人民法院关于审理著作权民事纠纷案件适用法律若干问题的解释》第 28 条。

⑧ 参见全国人大常委会法制工作委员会民法室编著:《中华人民共和国民事诉讼法解读》,中国法制出版社 2012 年版,第 257 ~ 258 页。

“诉前财产保全”和“诉中财产保全”的划分。有关“财产保全”的具体适用,前文已经作了具体的分析,其对“行为保全”同样地适用,故此处不再赘述。不过,依据全国人大常委会法制工作委员会民法室的解释,上述两种保全在提出保全案件的类型、申请的目的以及执行的内容方面存在些许不同。具体地说,首先,“财产保全”仅限于给付之诉,而“行为保全”不限于给付之诉,还适用于确认之诉、形成之诉。其次,“财产保全”主要被定位于保证将来作出的生效判决的执行,为顺利实现债权,而有必要制止债务人正在实施或将要实施的转移、隐匿财产等行为;而“行为保全”则主要意在避免债权人遭受其他不可弥补的损害,有必要立即制止债务人正在实施的侵权行为或要求其予以一定行为的补救。最后,“财产保全”的核心在于防止债务人处分财产,常见的执行措施包括查封、扣押和冻结;“行为保全”的核心是限制债务人的行为,裁定债务人须为或不为一定的行为。① 依据《民事诉讼法司法解释》(2022 年修正),诉前“财产保全”和诉前“行为保全”在申请人担保数额的提供上有不同之处:在诉前行为保全中,担保的数额由人民法院根据案件的具体情况决定;而在一般的诉前财产保全中,担保的数额应当相当于请求保全的数额。②

(三)禁诉令的适用

2019 年,最高人民法院在华为诉康文森案中,禁止康文森公司向德国法院申请执行德国法院判决,③该案开启了我国法院适用禁诉令的新纪元。随后,我国数家中级人民法院在涉外标准必要专利诉讼中适用禁诉令,禁止国外相关诉讼程序的启动或推进。2020 年,武汉市中级人民法院在小米诉交互数字案中,禁止交互数字公司在全球起诉小米公司;④同年,在三星诉爱立信案中,武汉市中级人民法院禁止爱立信公司在其他国家或地区提起任何法庭诉讼程序,且撤回已提起或中止已提起的诉讼程序。⑤ 2020 年,深圳市中级人民法院在欧珀诉夏普案中,裁定夏普株式会社在本案终审判决作出之前,不得向其他国家或地区就本案所涉专利对欧珀公司提出新的诉讼或司法禁令。⑥

---

① 参见全国人大常委会法制工作委员会民法室编著:《中华人民共和国民事诉讼法解读》,中国法制出版社 2012 年版,第 260 ~ 261 页。

② 参见《民事诉讼法司法解释》(2022 年修正)第 152 条第 2 款。

③ 最高人民法院民事判决书,(2019)最高法知民终 732、733、734 号之二。

④ 湖北省武汉市中级人民法院民事裁定书,(2020)鄂 01 知民初 169 号之一。

⑤ 湖北省武汉市中级人民法院民事裁定书,(2020)鄂 01 知民初 743 号。

⑥ 广东省深圳市中级人民法院民事裁定书,(2020)粤 03 民初 689 号之一。

1.禁诉令适用的法律依据

值得特别注意的是，就我国法院当前适用禁诉令的法律依据来说，我国法院援引的基本法律条款是《民事诉讼法》（2017 年修正）中有关“行为保全”的规定。[①] 我国法院适用禁诉令的实践发端于最高人民法院的涉外审判，最高人民法院在华为诉康文森案中根据《民事诉讼法》（2017 年修正）有关行为保全的规定确立了适用禁诉令的若干标准：（1）被申请人申请执行域外法院判决对中国诉讼的影响；（2）采取行为保全措施是否确属必要；（3）对申请人和被申请人相关利益的合理权衡；（4）采取行为保全措施是否会损害公共利益；（5）国际礼让因素的考量等。在分析这些要素的基础上，最高人民法院认为，禁诉令的适用可以避免德国法院诉讼对案件审理和裁判执行产生实质影响，华为技术公司可能受到的损害属于难以弥补且情况确属紧急，不采取行为保全措施对华为技术公司造成的损害明显超过采取行为保全措施对康文森公司的损害，采取行为保全措施不会损害公共利益且禁诉令的适用既不影响德国诉讼的后续审理推进，也不会减损德国判决的法律效力，仅仅是暂缓其判决执行，对杜塞尔多夫法院案件审理和裁判的影响尚在适度范围之内。[②] 虽然最高人民法院援引行为保全的规定适用禁诉令，但是华为诉康文森案在具体适用标准的采纳上显然不同于传统行为保全的适用标准。

在最高人民法院适用禁诉令之后，武汉市中级人民法院和深圳市中级人民法院沿袭了最高人民法院根据行为保全的规定适用禁诉令的立场，但是最高人民法院在华为诉康文森案中适用禁诉令的若干考量因素，并未在下级法院的禁诉令裁定中得以充分因循。在小米诉交互数字案中，武汉市中级人民法院依次考察了以下因素：（1）被申请人是否尊重本地诉讼程序；（2）域外冲突裁决对本案判决执行及当事人达成合作的影响；（3）域外诉讼对本案申请人利益是否造成难以修复的损害；（4）对被申请人造成的损害；（5）是否影响公共利益。[③] 其中，在禁诉令的适用中是否考量国际礼让以及如何考量该因素，最高人民法院和其他法院的立场并不相同，而在境外诉讼程序对我国诉讼的影响以及当事人利益衡量等方面，各级法院的实践也不尽相同。我国是因循成文法传统的国家，法律的确定性价值突出，尽管各级法院将禁诉令的法律依据均定位于行为

① 参见《民事诉讼法》（2017 年修正）第 100 条。

② 最高人民法院民事裁定书，（2019）最高法知民终 732、733、734 号之二。

③ 武汉市中级人民法院民事裁定书，（2020）鄂 01 知民初 169 号之一。

保全的规定,但是如何将行为保全的法律规定适用于禁诉令,各级法院之间的差异较为明显。诚然,这在一定程度上可归因于禁诉令适用法律依据的缺失。然而,各级法院在禁诉令实践标准上的差异,突出了我国法院在禁诉令适用上的实践分歧及进路冲突,也说明了最高人民法院通过司法实践采用禁诉令的做法,尚未产生应有的引领力和说服力,经由解释行为保全的相关规则适用禁诉令的进路并未产生协调一致的司法实践。目前,我国禁诉令的适用涉及的法院只有最高人民法院、武汉市中级人民法院和深圳市中级人民法院,尚未有其他人民法院适用禁诉令的实践,这在一定程度上反映了我国法院在更广泛意义上适用禁诉令制度的疑虑,这同样可归因于禁诉令实践标准的不一致。

2. 我国禁诉令的适用前景

从目前来看,我国法院的禁诉令实践已受到相关国家法院的影响。在我国法院签发禁诉令之后,案涉外国法院跟进签发反禁诉令以对抗我国的禁诉令。在深圳市中级人民法院签发禁诉令后 7 小时,德国慕尼黑高等地区法院向欧珀公司下达了反禁诉令,要求欧珀公司向中国法院申请撤回禁诉令。① 同样地,在武汉市中级人民法院裁定交互数字公司不能在域外进行诉讼的情况下,印度德里法院签发了反禁诉令,禁止小米公司申请执行武汉市中级人民法院签发的禁诉令。② 而在三星诉爱立信案中,美国得克萨斯州东区联邦地方法院认为三星公司试图以武汉市中级人民法院的全球禁诉令来突袭爱立信早先在该院的诉讼,故而签发反禁诉令。③ 尤为特别的是,欧盟于 2022 年 2 月 18 日向世界贸易组织提起磋商程序,④对抗我国法院签发的禁诉令,这冲击着我国的国际司法声誉。

由于禁诉令的适用多牵涉外国当事人,对当事人的平等保护及基本诉权的保障成为禁诉令适用中的重大关切。我国法院签发的禁诉令均指向外国当事人且限制外国当事人在域外诉讼,这被外国法院认为是赋予了在我国诉讼当事人的不当的有利地位,且不当介入了当事人在外国法院享有的基本诉权,有违诉讼正义理念的实现。这一现状影响着我国司法公信力的缔造和维系。我国

---

① Regional Court Munich I 7 O 14276/20.

② Interdigital Technology Corporation & Ors. vs. Xiaomi Corporation & Ors, CS(COMM) -295/2020.

③ Civil Action No. 2:20 - cv - 380 - JRG.

④ WT/DS611/1 IP/D/43 G/L/1427, 22 February 2022.

禁诉令适用涉及的境内外当事人平等保护以及基本诉权保障问题既影射了禁诉令本身存在的内在症结，也反映了我国禁诉令实践存在的重大困境，而这都会影响我国的国际司法声誉。《民事诉讼法》（2023 年修正）并未在涉外民事诉讼编单独规定“禁诉令”，也是我国立法对谨慎适用该机制的立场体现。

三、证据保全

“证据保全”是我国《民事诉讼法》（2023 年修正）中有关保全制度的主要类型之一。“证据保全”与财产保全、行为保全有一些共同之处，如有利于促成当事人或利害关系人之间的调解或和解，节约诉讼成本，实现当事人之间的公平正义等。然而，证据保全与后者之间却存在着根本的不同：“财产保全”和“行为保全”更多地关注法院的最终判决效力的实现，有效地弥补通常诉讼程序下的“事后救济不足”的尴尬，亦有利于解决“执行难”的问题，以及降低判决实现的成本。①

1. 证据保全的法律渊源及类型

不同于以往的《民事诉讼法》，《民事诉讼法》（2012 年修正）对“证据保全”制度作了重大修改，尤其是采用了有关“诉前证据保全”的规定，并对保全的管辖法院和适用程序等作出了明确的界定：“在证据可能灭失或者以后难以取得的情况下，当事人可以在诉讼过程中向人民法院申请保全证据，人民法院也可以主动采取保全措施。因情况紧急，在证据可能灭失或者以后难以取得的情况下，利害关系人可以在提起诉讼或者申请仲裁前向证据所在地、被申请人住所地或者对案件有管辖权的人民法院申请保全证据。”②而后，在 2017 年、2021 年和 2023 年《民事诉讼法》中有关证据保全的规定未有修订。除了《民事诉讼法》（2012 年修正），其他一些特别部门法或司法解释在先规定了证据保全，在部门法中实现了对“诉前证据保全”和“诉中证据保全”的划分。这方面的部门法及司法解释主要有《海事诉讼特别程序法》（1999 年）③，《最高人民法院关于民事诉讼证据的若干规定》④以及《商标法》（2019 年修正）⑤、《专利法》

① 全国人大常委会法制工作委员会民法室编著：《中华人民共和国民事诉讼法解读》，中国法制出版社 2012 年版，第 253 ~ 254 页。

② 对比 2007 年《民事诉讼法》第 74 条和 2012 年《民事诉讼法》第 81 条。

③ 《海事诉讼特别程序法》（1999 年）首次在我国法律中明确规定了“诉前证据保全”制度。

④ 参见《最高人民法院关于民事诉讼证据的若干规定》（2019 年修正）第 25 ~ 29 条。

⑤ 参见《商标法》（2019 年修正）第 66 条。

(2020 年修正)[①]和《著作权法》(2020 年修正)[②]。此外,《民事诉讼法司法解释》(2022 年修正)也对"证据保全"的适用作了进一步的规范。

在《民事诉讼法》(2023 年修正)中,"证据保全"被划分为"诉前证据保全"和"诉中证据保全"。[③] 对于"证据保全",尤其是"诉前证据保全"来说,其意义不局限于对与诉讼有关的证据予以保全以避免后续举证困难的问题,其还有助于当事人及早地了解争议事实的实际情况,易于促成调解或和解,促进纠纷的顺利解决,实现诉讼经济目的。[④] 针对证据的临时救济在主要国家的法律体系中均有规定,如英国法中的"民事搜查令"和法国法中的"保全证据措施"。

2. 证据保全的适用条件及实践

依照《民事诉讼法》(2023 年修正)以及其他相关法律,我国民事诉讼中的"证据保全"关涉以下几个关键因素:第一,提起"证据保全"的主体包括诉前证据保全中的"利害关系人",以及诉中证据保全的"当事人和法院"。这一周延性的规定使"保全措施"可以涵盖所有相关的利益主体,是现行民事诉讼法在借鉴和吸收其他部门立法经验,[⑤]结合司法实践需要以及其他国家立法[⑥]的基础上出台的,[⑦]相较于先前的《民事诉讼法》有着重大的进步。第二,与"证据保全"的分类相应,提起证据保全的时间范围覆盖"诉讼提起前"和"诉讼进行中",这使证据保全措施的效力得以最大的延伸,改变了以往民事诉讼法中只允许在"诉讼进行中"提起证据保全的拘囿。第三,在证明标准上,民事诉讼法对诉前证据保全规定的条件是"情况紧急,在证据可能灭失或者以后难以取得的情况下",对诉中证据保全规定的条件是"在证据可能灭失或者以后难以取得的

---

① 参见《专利法》(2020 年修正)第 73 条。

② 参见《著作权法》(2020 年修正)第 57 条。

③ 参见《民事诉讼法》(2023 年修正)第 84 条。

④ 对于这一方面的考量,可以参见全国人大常委会法制工作委员会民法室编著:《中华人民共和国民事诉讼法解读》,中国法制出版社 2012 年版,第 205 页。

⑤ 在海事诉讼中,利害关系人可以在起诉前提起海事保全的请求;民事诉讼法引入诉前证据保全正是在吸收《海事诉讼特别程序法》(1999 年)有关海事保全的立法经验的基础上进行的。参见江必新主编:《〈中华人民共和国民事诉讼法〉修改条文解读与应用》,法律出版社 2012 年版,第 155 页。

⑥ 参见全国人大常委会法制工作委员会民法室编:《民事诉讼法立法背景与观点全集》,法律出版社 2012 年版,第 366 ~ 373 页。

⑦ 大多数国家都规定当事人或利害关系人以及法院可以启动保全程序,但是并非所有国家都如此,如蒙古国。参见李玉泉主编:《国际民事诉讼与国际商事仲裁》,武汉大学出版社 1994 年版,第 138 ~ 139 页。

情况下”。“证据可能灭失”既可能由客观原因引起,亦可能由主观原因引起。前者的情形,如作为证据的物品因自身原因可能会腐烂、变质,证人因年迈或疾病即将死亡等;后者的情形,如当事人或第三人故意毁损证据材料。“证据以后难以取得”是指证据虽然不至于灭失,但若不采取保全措施,将来获取该证据将遇到相当大的困难或成本过高,如证人即将出国留学或定居,很长时间都不会回国的情形。[①] 其实,这两个标准并无实质差别,因为“证据可能灭失”或者“证据以后难以取得”本身就是一种“情况紧急”的情形。[②]

关于海事诉讼中“证据保全”的标准,《海事诉讼特别程序法》(1999 年)除对“紧急要件”予以规定外,亦对请求人、被请求人以及请求保全的证据作了原则性的规定。采取海事证据保全,应当具备下列条件:(1)请求人是海事请求的当事人;(2)请求保全的证据对该海事请求具有证明作用;(3)被请求人是与请求保全的证据有关的人;(4)情况紧急,不立即采取证据保全就会使该海事请求的证据灭失或者难以取得。[③] 当然,采取证据保全的标准不限于上面提及的法定情形,如“经双方当事人同意”,以及“就确定事、物的现状有法律上利益”等;尤其是后者,其使证据保全程序从一种消极的保存证据程序演变成一种积极的先期证据调查程序,可以使法官在证据保全阶段预先确定一些案件事实,进而有利于后续的诉讼的进展,并有助于当事人以裁判之外的方式解决纠纷。[④]

人民法院实施证据保全,仅限于请求的范围或法院决定的范围;可保全的证据包括书证、物证、证人证言、视听资料、电子数据等。[⑤] 此外,被保全的证据必须与案件的待证事实存在联系。[⑥] 依据《最高人民法院关于民事诉讼证据的

---

① 参见全国人大常委会法制工作委员会民法室编:《民事诉讼法立法背景与观点全集》,法律出版社 2012 年版,第 367 页;全国人大常委会法制工作委员会民法室编著:《中华人民共和国民事诉讼法解读》,中国法制出版社 2012 年版,第 205 页。

② 然而,亦有学者对此予以专门的区分,参见江必新主编:《〈中华人民共和国民事诉讼法〉修改条文解读与应用》,法律出版社 2012 年版,第 157 页;全国人大常委会法制工作委员会民法室编著:《中华人民共和国民事诉讼法解读》,中国法制出版社 2012 年版,第 206 ~ 207 页。

③ 参见《海事诉讼特别程序法》(1999 年)第 67 条。

④ 参见全国人大常委会法制工作委员会民法室编:《民事诉讼法立法背景与观点全集》,法律出版社 2012 年版,第 367 ~ 369 页。

⑤ 参见江必新主编:《〈中华人民共和国民事诉讼法〉修改条文解读与应用》,法律出版社 2012 年版,第 158 页。

⑥ 参见全国人大常委会法制工作委员会民法室编著:《中华人民共和国民事诉讼法解读》,中国法制出版社 2012 年版,第 205 页。

若干规定》(2019 年修正),根据当事人的申请和具体情况,人民法院可以采取查封、扣押、录音、录像、复制、鉴定、勘验等方法进行证据保全,并制作笔录。①而关于“证据保全”的启动,诉前证据保全因其性质而只能由利害关系人主动提起,诉讼中证据保全除可由当事人提起外,亦可由法院主动采取。对于“证据保全”的具体实施、担保的提供等,依据《民事诉讼法》(2023 年修订),应参照有关“财产保全”的规定进行。②《民事诉讼法》中这一规定的出发点,在于“证据保全”与民事诉讼中一般意义上的“保全”具有的种属关系。《民事诉讼法》对保全作了相较而言更为详细的规定,因而其仅须对“证据保全”作较为原则性的规定。③ 在无特别规定的情况下,民事诉讼中的“保全”规定亦适用于“证据保全”的情形。不过,这两种保全之间的差别亦须特别处理。比如,《民事诉讼法》未对“证据保全”中的担保作出明确规定,依据该法作出证据保全的其他程序“参照适用”财产保全这一原则,利害关系人或当事人应依法律的规定或法院的要求为证据保全提供担保;然而,“证据保全”的情形与“财产保全”有诸多不同,因此不宜直接、无差别地适用财产保全下的担保规定。④ 不过,《民事诉讼法司法解释》(2022 年修正)对有关错误“证据保全”情形下被申请人或利害关系人获得赔偿的管辖法院,诉中证据保全的申请期限,以及“证据保全”中担保的提供等作了进一步的规定。⑤

涉外证据保全在我国国际民事诉讼中早有成功实践,并取得了较好的实践效果。在厦门特区锦江贸易公司申请诉前证据保全案⑥中,申请人福建省厦门特区锦江贸易公司与德国五矿贸易公司签订进口 2000 吨 AOO 铝锭的合同,铝锭价格条件为 CIF 厦门,付款方式为 D/P。合同约定起运港为巴西伊塔基港,装船期为 1992 年 8 月。合同签订后,德国五矿贸易公司租用被申请人天津远洋运输公司所属“大丰”轮承运。1992 年 11 月 27 日,“大丰”轮驶抵厦门东渡码头。申请人经估算,“大丰”轮从伊塔基港航行至厦门东渡码头约需 40 天航

① 参见《最高人民法院关于民事诉讼证据的若干规定》(2019 年修正)第 27 条。

② 参见《民事诉讼法》(2023 年修正)第 84 条第 3 款。

③ 参见全国人大常委会法制工作委员会民法室编著:《中华人民共和国民事诉讼法解读》,中国法制出版社 2012 年版,第 207 页。

④ 有关此方面的讨论,参见江必新主编:《〈中华人民共和国民事诉讼法〉修改条文解读与应用》,法律出版社 2012 年版,第 159 ~ 160 页。

⑤ 参见《民事诉讼法司法解释》(2022 年修正)第 27 条和第 98 条。

⑥ 厦门特区锦江贸易公司申请诉前证据保全案,载《最高人民法院公报》1993 年第 2 期。

程，实际航行60天，船期过长。由于货物迟到，国内铝锭价格下跌，对申请人履行国内贸易合同产生了不利的影响。申请人自称将因此承担人民币200万元的巨大经济责任。申请人怀疑“大丰”轮在伊塔基港倒签了提单，遂上船查阅了该轮的航海日志、工班表等资料，证实其判断是正确的。在申请人向德国五矿贸易公司提出交涉时，该公司要求申请人提供确实有力的证据。申请人为了维护其合法权益，于1992年12月2日向厦门海事法院提出证据保全申请，同时提交人民币10万元的担保金，保证若因上述保全措施给被申请人造成损失，愿承担赔偿责任。

厦门海事法院接到申请人的证据保全申请后，经审查申请人提供的有关资料，认为其怀疑“大丰”轮倒签提单是有依据的。鉴于该案情况紧急，若不及时对“大丰”轮的航海资料采取证据保全措施，有关证据可能灭失或者以后难以取得，影响当事人向法院提起诉讼。据此，厦门海事法院于1992年12月2日裁定：准予申请人关于诉前证据保全的申请；被申请人所属“大丰”轮应向法院提供该轮1992年8月27日~9月10日的航海日志、工班表及相关理货单据等；被申请人所属“大丰”轮船长、大副应如实回答法院的询问。裁定发出后，厦门海事法院的审判人员即对“大丰”轮的航海日志、工班表、装船记录、事实记录及相关的理货单据予以保全。经对这些资料的核查和询问船长、大副，确认了申请人的两票铝锭中的一票提单的装船时间被倒签的事实。

第四节　本章小结

相较于一般诉讼流程和通常诉讼程序获得的“一般性”救济，临时救济属于特别情形下的救济，形成了一种有别于一般诉讼程序的例外机制。通过对具有代表性的大陆法系国家临时救济的考察，临时救济的设计主要意在实现对一般诉讼机制的矫正，这是因为传统的一般诉讼机制在诉讼越来越复杂的情景下难免会在某些情形下显得捉襟见肘，无法有效平衡当事人之间的诉讼地位并公平解决纠纷。临时救济的矫正功能是该机制被引入的出发点，但绝不可以矫枉过正。由临时救济的特征所决定，如依单方申请的临时救济，对方无法提起有效抗辩的情形以及临时救济在很大程度上依赖于法院的自由裁量，这易导致临时救济对正常诉讼程序矫枉过正。虽然矫枉过正的可能性及实践本身绝不是否定临时救济的正当理由，但是应对临时救济予以合理限制或对临时救济的实施给予充分保障，也就是对临时救济予以再矫正。就我国临时救济来说，《民事诉讼法》(2023 年修正)在引入临时救济的同时确立了若干矫正机制,着眼于对被申请人的救济以及申请人临时救济的平衡实现。

尽管我们尚无法构架一套为各国所通用的临时救济制度,探究国际民事诉讼中临时救济的国别差异及共性仍然极为有意义,即努力实现对临时救济的全面理解,从而为在多元法律背景下围绕价值不断彰显的临时救济机制合理地安排国际民商事交往和国际民事诉讼的开展提供基础。同一法系国家的临时救济因在传统上的"近源性"而表现出诸多共同之处,不同法系国家在适用临时救济中的共同之处较少。比如,德国法体系在一定程度上整体地反映了大陆法系的传统;在大陆法系国家,以法国为代表,有关临时救济的体系与德国的临时救济体系有着远甚于普通法系的诸多相似之处。这一点对金钱请求的保护,即通过扣押债务人的银行账户或其对第三人享有的请求权而言,具有突出的正当性。[①] 又如,有的学者从更广阔的视角一针见血地指出,透过法国民事诉讼法律的发达史,隐约可见"德日体系"的法律因素及其理论优势;这是由于罗马法"从坟墓中统治"世界,至少是欧陆世界。[②] 德国和法国法中的临时救济制度为我们提供了分析大陆法系代表性国家关于临时救济制度的整体概况。借助上文对德、法及我国有关临时救济制度的具体探讨,本部分从临时救济中"三方主体"之间关系的角度对大陆法系临时救济制度进行总体的考察。

一、申请人的有力救济

随着临时救济的普遍适用,申请人可以借助各国法律规定申请相应的临时救济。大陆法系各国的法律一般都对临时救济的类型、适用条件等作出了甚为原则却较为明确的规定;当事人需要做的便是向法院证明存在作出临时救济的依据或事由。从总体上来讲,德、法等大陆法系国家所架构的临时救济体系为申请人提供了有利的救济,缔造了当事人之间在纠纷解决中程序上的平衡。在以德国和法国为代表的大陆法系国家,申请人获得临时救济的便利性体现在拥有临时救济管辖权的法院的广泛性。不仅是(将要)受理主诉的法院,而且其他与临时救济的适用有着重要联系的法院,如对"扣押"财产行使对物管辖权

---

① See Peter Schlosser, *Jurisdiction and International Judicial and Administrative Co-operation*, Recueil des Cours, Vol. 284, p. 167 – 169 (2000).

② 参见徐昕:《法国民事诉讼法律发达史及其理论意义》,载《江西社会科学》2013 年第 9 期。

的法院,[1]均可作出适用临时救济的裁定。无论对案件的实体拥有管辖权的法院在哪里,当事人都可以在这些国家寻求临时救济,甚至是在国际民事诉讼的情形。在此方面的一个极具代表性的案件是,在伊朗革命爆发时,英国和美国的银行在德国寻求对伊朗在德国的账户的"扣押",尽管由于仲裁条款的存在使德国法院并没有对案件的实体问题拥有管辖权。[2] 在该案件中,英国和美国的银行成功地在德国法院获得了针对伊朗国家石油公司在德国银行1.9亿马克存款的"扣押",这对申请人银行具有重大的意义,该"扣押"赋予了申请人对这笔存款的担保权。[3]

在具体的制度架构上,几乎所有大陆法系国家都将主要的临时救济的适用建立在两个基本前提之上:存在"实体上诉求"和"紧急性";然而,各国在实体诉求的"证明标准"以及对"紧急性"的解释方面存在诸多差异。[4] 比如,德国法上的"禁制令"建立在"现状的改变"会使当事人应享有的权利的实现受挫,或"现状的改变"会使该权利的实现明显更为困难这一原则性的根据之上;而在法国,"禁制令"的作出存在三种独立的标准,不过法国法对实体诉求的证明标准较低。

在临时救济的适用中,申请人应对其提出的临时救济请求进行举证;不过,相较于主诉中当事人所承担的对实体问题的举证责任,申请人所承担的是相较而言更低的举证责任。比如,依据德国法,在申请"扣押"时,申请人在实体上需要证明的仅仅是"可信的其将会在案件实体上获胜的证据";在法国法中,申请人申请"保全措施"的时候,需要证明的仅仅是其在实体上有"原则上的根据"。更为特别的是,即便申请人未能达到法律要求的降低后的证明标准,其在提供担保的基础之上仍然可以获得临时救济。为平衡申请人的"降低后的证明标

---

① See Michael Pryles, *Dispute Resolution in Asia*, Wolters Kluwer Law & Business, 2006, p. 410.

② See Peter F. Schlosser, *Coordinated Transnational Interaction in Civil Litigation and Arbitration*, Michigan Journal of International Law, Vol. 12:1, p. 154 (1990 - 1991).

③ See Nicolò Trocker, *Provisional Remedies in Transnational Litigation: A Comparative Outline of Forms of Judicial Cooperation*, in Rolf Stürner & Masanori Kawano eds., Comparative Studies on Enforcement and Provisional Measures, Mohr Siebeck GmbH KG, 2011, p. 278 - 279.

④ See Burkhard Hess, *Minimum Procedural Standards for Enforcement of Provisional and Protective Measures at European Level*, in Mads Andenas, Burkhard Hess & Paul Oberhammer eds., Enforcement Agency Practice in Europe, The British Institute of International and Comparative Law, 2005, p. 270 - 271.

准”,申请人需要证明法院若不作出临时救济其面临的风险,即存在适用临时救济的法定理由。不过,对于财产冻结的请求,如果将来判决的执行是在国外,有些国家不要求申请人证明财产被隐匿的风险。在欧盟的司法实践中,不要求申请人证明财产被隐匿的风险被裁定违反了欧盟法中的不可依“国籍”予以歧视的原则。①

临时救济的效力体系架构是临时救济制度的重要组成部分。在大陆法系国家,以德、法为代表,临时救济的效力更多地被限定于“对物的”效力,如在德、法临时救济体系中,“扣押”产生的是违背该措施而处理被“扣押”物的行为无效的后果。不过,“扣押”的具体执行方式及效力在不同的大陆法系国家之间存在一定的区别:在一些国家,如法国,“扣押”具有一般性的效力;而在其他国家,如比利时、卢森堡和德国等,“扣押”仅仅影响特定的财产。② 对于临时救济的申请,无论是针对“财产”还是“行为”的,大陆法系国家的法院有着广泛的自由裁量权决定申请人是否需要提供担保,③而非由法律引入强制性的由申请人提供或不提供担保的要件。这一灵活性的规定会对临时救济的适用产生重大的影响。

二、被申请人的必要保障

被申请人是临时救济适用中“受动性的”利害关系人;在目前的我国、德国和法国等大陆法系国家临时救济体系的架构中,从整体上来看,被申请人在临时救济的适用中处于新的“失衡方”的位置,需要法律加以矫正。这主要表现在临时救济审理程序的设计和对被申请人的救济等方面。对于作出临时救济的程序是依“单方申请”还是“对席听审”,各国之间存在不同之处,亦有共同之处。德、法等大陆法系国家的法律大都允许法院“单方”作出临时救济。尤其是在我国司法实践中,几乎所有的临时救济都是单方适用的。各国之间的不同之处,在于申请人需要证明什么以及应采用何种证明手段。不过,有些国家不允

① See W. A. Kennett, *Enforcement of Judgments in Europe*, Oxford University Press, 2000, p. 162 – 163.

② See W. A. Kennett, *Enforcement of Judgments in Europe*, Oxford University Press, 2000, p. 267.

③ See Michael Pryles, *Dispute Resolution in Asia*, Wolters Kluwer Law & Business, 2006, p. 214.

许单方的申请程序,除非其可证明“紧急性”。[①] 即便是法律运行依“单方申请”作出临时救济,该救济也应及时地送达被申请人,以实现对单方审理程序过分偏向申请人的矫正。值得注意的是,在大陆法系国家,“及时送达”是一项正当程序问题,而非行使管辖权的根据。根据“扣押令”对有关的财产实施扣押或限制后的一周内送达该“扣押令”便是足够的。[②] 若主诉程序尚未提起,作出临时救济的法院会依法律的规定或对方当事人的申请,要求申请人在法院指定的时间内提起主诉。[③] 不过,我国法律并没有明文规定。

被申请人的救济还体现在申请人担保的提供、被申请人损害赔偿的实现方面。如前所述,担保的提供不是大陆法系国家法院作出临时救济的必要条件;申请人提供相关担保的情形为法院认为必要或申请人主动提供以降低对诉求的证明标准。[④] 在因错误或不适当地作出临时救济而给被申请人造成损害的情况下,德、法等国的法律仅是在原则上规定了被申请人的损害赔偿请求权。这体现了临时救济的架构应致力于实现双方当事人在地位上的平衡。比如,申请人可在《德国民事诉讼法》规定的条件成就时获得临时救济;与此相应,被申请人可以就此获得相应的救济措施:获得损害赔偿的权利以及提供担保而解除临时救济的权利。值得注意的是,德、法有关临时救济的法律体系都没有对被申请人进行损害赔偿时的复杂性提供可操作性的、有利于被申请人的体系架构。此外,被申请人享有的针对临时救济的上诉权是德、法等保障被申请人(或申请人)权利的重要机制之一。[⑤]

在我国临时救济的适用中,被申请人是临时救济的作用对象和不利承受者。临时救济的架构应当虑及申请人错误申请临时救济、虚假或恶意申请临时救济的情形。换言之,临时救济的制度设计需要在对临时救济的适用超过应有的限度或偏离其基本目的时予以规范。在此方面,我国现行法律主要着眼于从

---

① See W. A. Kennett, *Enforcement of Judgments in Europe*, Oxford University Press, 2000, p. 164.

② See Peter Schlosser, *Jurisdiction and International Judicial and Administrative Co-operation*, Recueil des Cours, Vol. 284, p. 162 (2000).

③ See Michael Pryles, *Dispute Resolution in Asia*, Wolters Kluwer Law & Business, 2006, p. 411.

④ See Michael Pryles, *Dispute Resolution in Asia*, Wolters Kluwer Law & Business, 2006, p. 411.

⑤ See Michael Pryles, *Dispute Resolution in Asia*, Wolters Kluwer Law & Business, 2006, p. 411.

申请人担保的提供、保全的范围框定、保全的解除以及损害赔偿的规定等维度平衡架构保全制度。对于实践中的财产保全而言，“被申请人”可以依据《民事诉讼法》(2023 年修正)的相关规定在法院采取临时救济之后向法院提出有效担保；[①]借此担保，法院应当解除保全措施。[②] 这是“被申请人”针对法院作出的保全措施而享有的一项重要的救济权利，以应对被申请人因担保适用可能经受的利益侵害之风险。除此之外，人民法院应当在下列情形下作出解除保全裁定：(1)保全错误的；(2)申请人撤回保全申请的；(3)申请人的起诉或者诉讼请求被生效裁判驳回的；(4)人民法院认为应当解除保全的其他情形。[③] 该规定的出发点在于，若被申请人在财产案件纠纷中向人民法院提供合适的担保，这将在很大程度上消除将来判决不能执行或难以执行的风险，与达到申请人提出保全申请的目的有着异曲同工之效。[④] 同样地，在证据保全中，担保的提供亦可能成为必要。证据保全可能对他人造成损失的，人民法院应当责令申请人提供相应的担保。[⑤] 然而，《民事诉讼法》并未对此处的“担保”予以明确界定，因而司法实践的开展缺乏解除财产保全的操作性规定，如解除保全的主体是立案庭、审判庭还是执行庭，上诉法院在何种情况下可以解除财产保全，在移送案件的情况下是由移送法院还是受移送法院解除等；此外，似乎并不存在足够的理由将通过提供担保解除保全的情形仅限定于财产保全的案件中。[⑥]

《最高人民法院关于在经济审判工作中严格执行〈中华人民共和国民事诉讼法〉的若干规定》(已废止)曾明确指出，被申请人提供相应数额并有可供执行的财产作担保的，人民法院应当及时解除财产保全。此外，对企业法人已采

---

① 参见《民事诉讼法》(2023 年修正)第 107 条。

② 该规定仅适用于涉及财产纠纷的“财产保全”案件，其包括涉及财产归属的确认之诉、给付内容为金钱或物的给付之诉，而只具有行为给付内容的判决以及形成之诉，不属于“财产纠纷”案件，不适用该条款的规定；不过，涉及财产纠纷的“行为保全”，如侵犯知识产权中的财产权案件，以及普通的侵权案件等，也适用该条款的规定。参见江必新主编：《〈中华人民共和国民事诉讼法〉修改条文解读与应用》，法律出版社 2012 年版，第 189～190 页。

③ 参见《民事诉讼法司法解释》(2022 年修正)第 166 条。

④ 参见江必新主编：《〈中华人民共和国民事诉讼法〉修改条文解读与应用》，法律出版社 2012 年版，第 188 页；江伟主编：《最新中华人民共和国民事诉讼法释义》，中国法制出版社 2012 年版，第 194 页。

⑤ 参见《民事诉讼法司法解释》(2022 年修正)第 98 条。

⑥ 参见江伟主编：《最新中华人民共和国民事诉讼法释义》，中国法制出版社 2012 年版，第 194 页。

取查封、冻结保全措施的，若该企业法人提供了可供执行的财产担保，或者可以采取其他方式保全的，应当及时予以解封、解冻。[①] "担保"的形式应当是多元的，包括证人担保，现金、有价证券或实物担保等。采取证人担保的，若保全措施的解除导致最终判决得不到执行，即便裁判文书未确定保证人的责任，保证人亦应承担责任。[②] 不过，财产保全措施的解除绝不是随意的；人民法院裁定采取财产保全措施后，除作出保全裁定的人民法院自行解除和其上级人民法院决定解除外，在财产保全期限内，任何单位都不得解除保全措施。[③] 值得注意的是，法院可以主动启动解除临时救济，即人民法院院长对本院已经发生法律效力的诉前保全裁定和在执行程序中作出的裁定，发现确有错误，认为需要撤销的，应当提交审判委员会讨论决定后，裁定撤销原裁定；但检察院提起的没有法律根据的针对错误临时救济的抗诉，人民法院不予受理。[④] 在诉前保全的情形下，担保的提供尤为必要。根据现行司法解释，利害关系人申请诉前保全的，应当提供担保。申请诉前财产保全的，应当提供相当于请求保全数额的担保；情况特殊的，人民法院可以酌情处理。申请诉前行为保全的，担保的数额由人民法院根据案件的具体情况决定。[⑤]

在保全申请的案件中，被申请人可能因错误申请而受到损害；基于错误申请而适用临时救济，申请人应承担损害赔偿责任。对于错误申请"保全措施"的情形，包括"财产保全"、"行为保全"和"证据保全"的情形，申请人应当赔偿被申请人由此造成的损失。[⑥] 通常来说，被申请人要求申请人承担错误申请的责任，应具备三个基本条件：(1)保全申请存在错误，且保全裁定被人民法院撤销(当事人达成和解协议而向人民法院申请撤销的除外)；(2)被申请人遭受的损

---

① 参见江必新主编：《〈中华人民共和国民事诉讼法〉修改条文解读与应用》，法律出版社2012年版，第15条。

② 参见《最高人民法院关于人民法院执行工作若干问题的规定(试行)》(2020年修正)第54条。

③ 参见《民事诉讼法意见》(1992年)第108条。

④ 参见《最高人民法院关于人民法院发现本院作出的诉前保全裁定和在执行程序中作出的裁定确有错误以及人民检察院对人民法院作出的诉前保全裁定提出抗诉人民法院应当如何处理的批复》，法释〔1998〕17号。

⑤ 参见《民事诉讼法司法解释》(2022年修正)第152条。

⑥ 《民事诉讼法》第108条规定："申请有错误的，申请人应当赔偿被申请人因保全所遭受的损失。"对于知识产权案件中当事人错误申请临时救济的赔偿研究，参见曹建明主编：《最高人民法院民事案件案由规定理解与适用》，人民法院出版社2008年版，第216~217页。

害与错误申请存在因果关系;(3)符合诉讼时效的规定。[①] 从损害救济的类型上来说,申请保全错误的赔偿在性质上属于侵权责任,而侵权责任的具体判定需要遵循过错责任原则。在青岛中金渝能置业有限公司与青岛中金实业股份有限公司、滨州市中金豪运置业有限责任公司财产保全损害责任纠纷案[②]中,最高人民法院认为,判断申请财产保全是否错误,不仅要看申请保全人的诉讼请求最终是否得到支持,还要看其是否存在故意或重大过失。判断申请保全人是否存在故意或重大损失,要根据其诉讼请求及所依据的事实和理由考察其提起的诉讼是否合理,或者结合申请保全的标的额、对象及方式等考察其申请财产保全是否适当。[③]

然而,《民事诉讼法》(2023 年修正)对错误申请的情形下予以赔偿的规定过于原则,存在许多需要厘清的地方,主要表现在以下两个方面:首先,关于损害赔偿责任的主体,《民事诉讼法》(2023 年修正)将其限定为保全措施的申请人和被申请人,这样一来便把人民法院[④]和第三人排除在外,不能有效地解决错误保全情形下的权利义务分割问题。若存在被申请人以及第三人的行为使错误保全的损失扩大或加重的情形,责任应当在申请人与其之间予以恰当地划分;同样地,被申请人、国家在此过程中有违反其应尽的义务或法律规定的,亦应承担赔偿责任。其次,关于对"错误"的理解,《民事诉讼法》(2023 年修正)以及其他法律或司法解释未给予界定。在实践中,存在两种典型的理解:一是将其理解为申请人在申请保全措施的过程中存在过错,如申请保全的价值明显超过诉讼标的额的财产;二是将申请错误理解为不仅包括申请人存在过错的情形,还包括申请不当造成被申请人损失的情形,如申请人败诉或虽未败诉,但判决确定的权利小于申请人请求的范围,由此而造成被申请人损失的情形。[⑤] 不过,依据最高人民法院以往的司法解释,申请人未在获得保全裁定后的法定期

---

① 参见江必新主编:《〈中华人民共和国民事诉讼法〉修改条文解读与应用》,法律出版社 2012 年版,第 190 ~ 191 页。

② 最高人民法院民事判决书,(2017)最高法民终 118 号。

③ 青岛中金渝能置业有限公司与青岛中金实业股份有限公司、滨州市中金豪运置业有限责任公司财产保全损害责任纠纷案,载《最高人民法院公报》2018 年第 10 期。

④ 《国家赔偿法》第 38 条明确规定了法院违法采取保全措施时的赔偿责任,"人民法院在民事诉讼、行政诉讼过程中,违法采取对妨害诉讼的强制措施、保全措施或者对判决、裁定及其他生效法律文书执行错误,造成损害的,赔偿请求人要求赔偿的程序,适用本法刑事赔偿程序的规定"。

⑤ 参见江必新主编:《〈中华人民共和国民事诉讼法〉修改条文解读与应用》,法律出版社 2012 年版,第 191 ~ 192 页。

间内提起诉讼的，属于赔偿被申请人的情形。① 第一种理解主要是依据申请人的主观因素确定损害赔偿，第二种理解则加入了一些客观性的因素，比第一种理解更为周延。从合理适用临时救济的角度来讲，损害赔偿责任的确定不应完全以申请人的主观或客观因素判断，而应以保全措施的功用和法院对案件的整体把握为基准。

三、法院的平衡裁判

在临时救济的适用中，法院是"被动的"居中裁判者。临时救济的引入为(国际)民事诉讼提供了重要的"制衡"机制，该机制意在使诉讼程序的架构更为公正、合理。然而，任何诉讼程序的设计都难逃"失衡"或矫枉过正的困境，即临时救济在引入了新的"制衡"机制的同时，导致了"失衡"局面。临时救济是一种必要的"恶"，而法院作为适用临时救济中的重要参与者，其可成为"修正"临时救济适用中的"失衡"局面的必要的、有利的"制衡"机制。法院在适用临时救济中的"制衡"作用表现在：第一，有关临时救济的法律会明确法院发挥"制衡"作用的界限；第二，在具体案件的审理中，法院自由裁量权的行使是发挥法院"制衡"机制的核心要素。

临时救济的管辖权分配框定了发挥"制衡"作用的法院范围，这是一种通过法律的介入实现的"消极的"制衡。如前所述，德、法将适用临时救济的管辖法院作了一定的限制；如在法国，一般情况下只有"大审法院"有权作出"保全措施"，德国法也将"扣押"的权限主要赋予了主诉法院。此外，法院中有权作出临时救济的主体可能会受到法律施加的特别限定。比如，在荷兰和法国，只有法院院长才有权作出保护措施，至少是在"紧急"的情况下。② 在德国，在紧急的案件中，如果案件的审理不需要以"听审"的方式进行，主审法官而非法院可以就临时救济的申请予以裁决。③

法院在适用临时救济中的"制衡"作用主要借助于法院具有的"自由裁量权"，这种制衡是一种"积极的"制衡。以德、法为代表，大陆法系国家的法院在

---

① 参见《民事诉讼法意见》(1992年)第32条，"当事人申请诉前财产保全后没有在法定的期间起诉，因而给被申请人造成财产损失引起诉讼的，由采取该财产保全措施的人民法院管辖"。

② See W. A. Kennett, *Enforcement of Judgments in Europe*, Oxford University Press, 2000, p. 160.

③ 参见《德国民事诉讼法》第944条。

临时救济的适用中被赋予了广泛的自由裁量权。比如,在德、法等国“禁制令”的适用中,法院有自由裁量权决定具体案件的审理采用“单方的”还是“对席的”程序,申请人是否需要提供担保,“禁制令”所采用的具体形式等。此外,在对临时救济请求的实体标准审查中,法院也有广泛的自由裁量权。由于大陆法系国家的成文法律大都是原则上规定适用临时救济的条件,无论是在申请人诉求的胜诉可能性上,还是在法定理由的证明上,法院并不受到严苛的规则的制约。尽管欧盟成员国(主要是大陆法系国家)的法律一般都将临时救济的作出建立在“申请人的诉求的可能性”(fumus boni juris)和“不能实现判决的风险”(periculum in mora)之上,但是各国在临时救济的适用条件上尚存在巨大的差别。比如,“紧急性”要件被越来越多地予以了宽松的解释。① 欧盟委员会对“紧急”要件予以了特别关注,并注意到该要件可能会被宽松地解释。而在实践中,“紧急性”要件并不总是或并不经常是一个要件。在大多数欧盟国家,适用临时救济的焦点问题是存在终局判决不获实现或执行起来更困难的风险(无论是否迫在眉睫),而不是“紧急性”。比如,“紧急性”要件在以前的法国法中存在,但是该要件在后来的执行法改革中被抛弃。临时救济可能需要紧急地作出的事实,如财产将要被转移,在一些国家成为“单方的”获得临时救济的情形。在意大利,若存在“紧急性”的情形,法律准许在标准的措施之外作出临时救济。②

① See W. A. Kennett, *Enforcement of Judgments in Europe*, Oxford University Press, 2000, p. 160.

② See W. A. Kennett, *Enforcement of Judgments in Europe*, Oxford University Press, 2000, p. 162 – 163.

第二章　英美法系代表性临时救济

第一节　英国法中的临时救济

一、引论

传统英国法的立场是原告无权在获得判决之前从被告处获得保障,[①]这在很大程度上排除了原告在诉讼前或诉讼过程中通过寻求临时救济为其债权提供保障的可能性。这一立场被认为是不足的,且不断受到侵蚀,因为僵硬地坚持该规则会造成一种偏袒被告的程序性失衡。诉讼程序的启动与最终判决之间的时间差越长,被告暗中损害原告权利的可能性就越大。在诉讼程序进行期间,被告有能力去拖延,其可以自由地将其资源使用于风险商业,隐藏甚至恶意破坏其资源;所有这些都会负面地影响原告依靠判决获得赔偿的机会。[②]

在此背景下,英国法中有关临时救济的程序逐步形成,以解决原告因不能执行判决所面临的不断加剧的风险这一难题。现行英国法中临时救济的目的主要被定位为两个方面:一是确保在纠纷最终解决前,现状将被维系;二是通过阻止被告在诉讼程序终结前处置其财产

---

① See Alfred Denning, *The Due Process of Law*, Butterworths, 1980, p. 133.

② See A. A. S. Zuckerman, *Interlocutory Remedies in Quest of Procedural Fairness*, The Modern Law Review, Vol. 56:3, p. 327 (1993).

为法院的最终判决提供保护。第一个层面的目的通过“临时禁制令”的适用达成;第二个层面的目的通过“冻结令”的适用实现。①

作为普通法系最具代表性的国家,英国在适用临时救济时呈现两个重要特征:临时救济是在长期的司法实践中形成和发展起来的,其并不存在如大陆法系的德、法等国一般通过成文立法的方式明确引入临时救济的传统。一方面,这赋予了英美法在临时救济的实施中更大的灵活性和可适用性;另一方面,这也降低了临时救济的适用应具有的确定性和可预见性。② 除此之外,英国法中临时救济的适用和发展深受英美法系关于“普通法”与“衡平法”划分这一传统的影响。上述两个基本特征使以英国为代表的英美法系中的临时救济的适用和大陆法系的德、法等国的临时救济的适用在诸多方面相去甚远;它们所关注的角度也有着较大的差别。然而,这绝非意味着两种体系下的临时救济没有交集或相似之处。③

尽管传统英国法并不包含判决前给予当事人以正式的临时救济的机制,然而在早期英国普通法的实践中,法院会扣押债务人的财产,只不过“扣押财产”在早期的司法实践中是强迫被告出庭的一种方式,其不能为被告提供任何的担保,仅仅是英国普通法院行使管辖权的手段。在 1769 年之前,扣押的财产甚至不能被用来支付原告的诉讼费用,而且“财产扣押”措施亦会因被告随后的出庭而被解除。④ 在早期英国法中,“扣押”的另一种形式——“外国人财产扣押”,又称“异地扣押”曾被用来实现对被告的“准对物管辖权”(quasi-in-rem jurisdiction)。这一措施的主要目的也是强迫被告为保护其财产而出庭,该措施亦会因被告出庭而被解除。然而,不同于前述普通法中存在的“财产扣押”,如果“异地扣押”未能达到应有的目的,即被告未出庭,原告可以就所扣押的财产满足其主张。⑤ 法院通过对“不在场的被告”(absent defendant)的财产行使管辖

---

① See Lawrence Collins et al., *Dicey, Morris & Collins on the Conflict of Laws*, Sweet & Maxwell, 2012, p. 258.

② 不过,晚近以来,英国等普通法系国家对“制定法”的重视越来越高,英国适用临时救济的实践有着越来越多的成文法基础。

③ 一方面,英美法系临时救济和大陆法系临时救济有某些共同的渊源;另一方面,两大法系下的国家也通过在国际性法律文件中对临时救济达成某些共识,以期建构起共同的桥梁。

④ See Rhonda Wasserman, *Equity Renewed: Preliminary Injunctions to Secure Potential Money Judgments*, Washington Law Review, Vol. 67:2, p. 271 – 272 (1992).

⑤ See Rhonda Wasserman, *Equity Renewed: Preliminary Injunctions to Secure Potential Money Judgments*, Washington Law Review, Vol. 67:2, p. 273 – 274 (1992).

权以强迫被告履行其义务。同时，通过适当的诉讼行为，债权人可以从被告的财产中实现其债权，尽管其不能够对债务人进行送达。法院给予该救济的管辖权显然是出于其对“物”(res)享有的管辖权，但是该管辖权并不是因对物本身所主张的权利而处置该物，该种管辖权的行使不同于普通的“对物管辖权”的行使，因为后者是对物本身主张某种诉求。为了作出这种区分，因而可以用“准对物管辖权”来表示这类管辖权。不过就物本身来说，该管辖权与严格意义上的对物管辖权在本质上是一致的；但是法院无权因对物行使权力而延伸至对人行使权力，并且法院不能就超过扣押的财产可以满足债务的部分作出对人判决。因此，请求人提起的诉讼程序应是“对物”的，而非“对人”的；换句话说，要获得管辖权，诉讼程序必须以物为导向，并且请求方的诉求必须针对物，而不是针对债务人没有履行其债务的请求。该诉讼可以通过请求法院作出“扣押财产”的法庭命令，并将该财产用于支付请求人所主张的债务的方式实现。最通常的诉讼方式是通过某种形式的财产扣押来进行的，出售财产则是起诉状的真正核心。①

为了弥补普通法救济的不足，衡平法院发展出了有关临时救济的衡平法。然而，衡平法院早期发展出来的临时救济，主要是“禁制令”，且该临时救济存在内在的弊病：衡平法官往往沉溺于临时救济本身而非最终给予当事人终局的判决，狄更斯(Charles Dickens)的《荒凉山庄》(Bleak House)淋漓尽致地展示了衡平法院在英国司法实践中的困境。② 现行英国法中的临时救济主要是晚近以来英国法院在其司法实践中逐渐发展出来的，当事人可以诉诸的主要临时救济是“禁制令”，具体包括“临时禁制令”(interim injunction)以及特别化的临时禁制令——“冻结令”(freezing injunction)和“民事搜查令”(civil search order)。“冻结令”早期被称为“玛瑞瓦禁令”(Mareva injunction)，是在普通法的实践中形成

---

① See Joseph Beale, *The Exercise of Jurisdiction "In Rem" to Compel Payment of a Debt*, Harvard Law Review, Vol. 27:2, p. 107 - 124 (1913).

② See Peter L. Murray, *Provisional Measures in U. S. Civil Justice*, in Rolf Stürner & Masanori Kawano eds., Comparative Studies on Enforcement and Provisional Measures, Mohr Siebeck GmbH KG, 2011, p. 231.

的。[①]“民事搜查令”被称为“Anton Piller 令”。[②] 不过,将“冻结令”划归于临时禁制令的名下已经为“冻结令”的适用带来了诸多实践和理论上的挑战。[③] 此外,“临时支付”也逐渐在英国法中作为一种特别的临时救济而被确立下来。在英国法中,还存在一种特别的、广泛适用于个人隐私领域的“超级禁制令”——阻止相关当事人和接到通知的第三人,包括媒体,传播任何争议中的事项;媒体甚至不得提及存在禁制令这一事实。不过,“超级禁制令”易造成其与公开审判原则、新闻自由原则以及传统司法程序之间的紧张。该禁制令对新闻媒体的影响最为深远;一旦“超级禁制令”作出,对此的违反会导致“藐视法庭”的惩罚后果。[④]

作为规范临时救济适用方面的重要制定法,英国 1998 年《民事程序规则》(Civil Procedure Rules)列举了英国法院可以作出的一系列极为广泛、具体的临时救济措施,如“临时声明”;对有关财产的“扣留”、“保存”或“监管令”,“检查令”,“取样令”;“披露令”等。[⑤] 依据不同的标准,可以对“禁制令”作出其他不同的分类。“禁制令”还包括“由于‘惧怕’(quia timet)的禁制令”,“单方的”或“无须通知的”(without notice)“禁制令”。[⑥]

二、临时禁制令

(一)概述

在英国《民事程序规则》中,“禁制令”被描述为“禁止某人做某事或要求某人做某事的法院命令”。这亦是英国学者通常使用的对“禁制令”的描述,但这并不是英国法对“禁制令”下的准确定义,因为许多其他法院令亦符合该描述。

---

① 因英国法中促成“冻结令”成形的代表性案件玛瑞瓦船舶公司诉国际散货船公司案(Mareva Compania Naviera SA v. International Bulk Carriers SA, [1975] 2 Lloyd's Rep. 509)而命名。1998 年《民事程序规则》第 25.1(1)(f)条首次使用了“冻结令”。

② 如同“玛瑞瓦禁制令”,“Anton Piller 令”是依据英国司法实践中的典型案例安东·皮勒有限公司诉制造工艺有限公司案(Anton Piller KG v. Manufacturing Processes Limited, [1976] Ch 55)而命名的。

③ See Peter Devonshire, *Freezing orders, Disappearing Assets and the Problem of Enjoining Non-parties*, Law Quarterly Review, Vol. 118:1, p. 124 – 150 (2002).

④ See Holly Kathleen Hall, *Super-Injunction, What's Your Function?*, Communication Law and Policy, Vol. 18:3, p. 309 (2013).

⑤ The Civil Procedure Rules 1998, Part 25.1; PD (Practice Direction) 25, Interim Injunctions.

⑥ See Terence Ingman, *The English Legal Process*, Oxford University Press, 2010, p. 399.

比如,法院作出“诉讼费用令”,命令一方当事人支付该费用,但该命令不被律师们认为是“禁制令”。对于法院作出的其他许多命令也是如此,又如返还特定动产的法院命令。① 从历史渊源上来看,“禁制令”与普通法和衡平法的分野有重大的联系;斯托雷(Story)法官明确提出了衡平法院和普通法院的管辖权划分,并指出了衡平法院行使的三类基本管辖权:“专属管辖权”、“并行管辖权”以及“附属管辖权”。而最早由衡平法院作出的特殊救济——“禁制令”,是其行使“并行性衡平管辖”的根据;其原本是衡平法院具有的一种主要的管辖权根据,尽管不是唯一的。② “禁制令”最早是“衡平法”上的重要救济措施,③只有在“普通法”上的司法救济不足,或不存在“普通法”上的司法救济时,方可适用。④在“普通法”和“衡平法”汇合之前,“禁制令”仅可由衡平法院以法院“令状”(writ)的方式签署。法院可以在裁决前签署“禁制令”以限制当事人,这被称作“救济令”(remedial writ),或者在法院裁决后,作为“司法令”(judicial writ)。该命令具有执行的性质,如要求一方当事人放弃裁决的标的——土地的占有。⑤

“禁制令”是一种司法过程,借此过程并依凭法院令状的紧急性,一方当事人被要求做特定的事情或禁止做特定的事情;“禁制令”有“临时禁制令”与“永久禁制令”之分。“临时禁制令”持续到对案件的实体听审结束之前,或“披露”之前,或法院作出进一步的法院令之前。⑥ “临时禁制令”主要是一种“预防性”和“保护性”的,而非“恢复性”的措施,尽管其功能并不总是局限于前者。对于“临时禁制令”的目的而言,相比为已经发生的损害提供救济,对预谋的不法行为的阻止更为主要。⑦ 在早期的实践中,除非当事人在(衡平法的)“起诉状”中

---

① See Steven Gee, *Commercial Injunctions*, Sweet & Maxwell, 2005, p. 5.

② See A. E. Randall & Joseph Story, *Commentaries on Equity Jurisprudence*, Sweet and Maxwell, 1920, p. 363.

③ See Morton Denlow, *The Motion for a Preliminary Injunction: Time for a Uniform Federal Standard*, The Review of Litigation, Vol. 22:3, p. 500 - 501 (2003).

④ See Thomas Carl Spelling, *A Treatise on Injunctions and Other Extraordinary Remedies*, Little, Brown, 1901, p. 4.

⑤ See Steven Gee, *Commercial Injunctions*, Sweet & Maxwell, 2005, p. 1; A. E. Randall & Joseph Story, *Commentaries on Equity Jurisprudence*, Sweet and Maxwell, 1920, p. 363.

⑥ See William Williamson Kerr, *A Treatise on the Law and Practice of Injunctions in Equity*, Little, Brown and Company, 1871, p. 11 - 12.

⑦ See A. E. Randall & Joseph Story, *Commentaries on Equity Jurisprudence*, Sweet and Maxwell, 1920, p. 363.

明确申请“禁制令”,衡平法院不会在实践中作出该类救济,因为在起诉状中存在提起“禁制令”的申请事实会使被告对之作出答辩,进而影响“禁制令”的作出。① 不过,这一实践已经不再被遵循。

基于衡平法院和普通法院在管辖权上的独特划分,衡平法院的临时“禁制令”措施可以形成对普通法院审理案件的有效协助。传统上,法院救济要获得有效性,通常需要借助于“禁制令”这一衡平法上的武器,因此临时救济在很大程度上是“衡平法”的产物。② 然而,这也逐渐导致实践中出现普通法院与衡平法院同时处理一个案件的情形,进而发生紧张关系。为了缓解衡平法院与普通法院之间的紧张关系,“禁制令”的作出在17世纪时曾要求建立在“普通法上不存在充分的救济”这一要件上;该要件也确立了“普通法上的救济优先于衡平法上的救济”这一原则。③

在1854年《普通法程序法》(Common Law Procedure Act)颁布之前,“禁制令”完全处于衡平法院的管辖之下;在此之后,普通法法院开始取得有限的适用禁制令的管辖权。④ 到了19世纪,衡平法与普通法进一步汇合,典型表现之一,是美国在1848年取消了衡平法院和普通法院的明确划分。该趋势同样出现在英国,其最终于1873年通过了《司法组织法》(Supreme Court of Judicature Act),并于1875年取消了衡平法院和普通法院的分立。⑤ 在此之后,法院不再签发“禁制令令状”(writ of injunction),而是直接以“判决”或“命令”的方式作出“禁制令”。该法将衡平法院的所有权力转移给高等法院(High Court of Justice),并授予其作出禁制令的权力。根据该法第25(8)条的规定,法院可以在所有的对其来说是“公正的或方便的”(just or convenient)情形下以“临时命令”的方式作出“禁制令”。⑥ 随着1873年《司法组织法》与该法的修订版本,以

---

① See A. E. Randall & Joseph Story, *Commentaries on Equity Jurisprudence*, Sweet and Maxwell, 1920, p. 363 – 364.

② See Patrick Devlin, *Equity, Due Process and the Seventh Amendment: A Commentary on the Zenith Case*, Michigan Law Review, Vol. 81:7, p. 1588 (1983).

③ See Rhonda Wasserman, *Equity Renewed: Preliminary Injunctions to Secure Potential Money Judgments*, Washington Law Review, Vol. 67:2, p. 319 (1992).

④ See Neil Andrews, *English Civil Procedure: Fundamentals of the New Civil Justice System*, Oxford University Press, 2003, p. 474.

⑤ See Lea B. Vaughn, *A Need for Clarity: Toward A New Standard for Preliminary Injunctions*, Oregon Law Review, Vol. 68:4, p. 839 (1989).

⑥ See Steven Gee, *Commercial Injunctions*, Sweet & Maxwell, 2005, p. 4.

及后来取代《司法组织法》的1981年《法院法》(Senior Courts Act)的颁行,签发“禁制令”的权力统一起来,英国不再区分衡平法院与普通法院,即统一由英国高等法院行使签发禁制令的权力。“临时禁制令”是最早的衡平法上的救济,但现行英国法中有关“禁制令”的成文法并未替代陈旧的衡平法原则和先例,亦没有使这些原则和先例毫不相干。①

这样一来,早期英国法确立的有关“禁制令”适用的“普通法上的救济优先于衡平法上的救济”的根据不复存在;不过,在普通法系的司法实践中,这一原则仍然在很大程度上被遵循。持续地要求在“普通法上不存在充分的救济”,以作为作出“禁制令”这一衡平法上的救济的前提条件,对原告的诉求的实现形成了巨大的障碍。原告在实现其诉求的过程中,在很多情形下迫切地需要“禁制令”以避免或减少法律救济中出现的“次位损害”。正如有的学者所强烈提议的,在对原被告利益予以平衡的情况下,“禁制令”应当成为原告可资利用的降低“次位损害”的重要救济,尤其是在金钱损害赔偿请求中原告要求提前支付的情形。②

(二)适用条件

1. 一般标准

“临时禁制令”能够在一系列的案件中提供极其有效的救济,如在合同案件中可以限制一方违约,在侵权案件中阻止妨害的继续,在家庭案件中控制家庭暴力,以及在行政法案件中阻止公共机构的非法行为。对“临时禁制令”的违反则构成“蔑视法庭”。③ “临时禁制令”的审理在传统上通常是“对席的”程序;不过,近年来,英国司法实践中适用“临时禁制令”的一个重要特征便是越来越多地诉诸“单方”的而非“对席”的程序。④

尽管法院对“临时禁制令”所享有的管辖权范围甚广,且“禁制令”的作出主要是基于法院的自由裁量权,但该临时救济并不是法院可以任意行使的权力。法院适用“临时禁制令”要建立在以下两个条件之上:(1)申请人有“法定的”或“衡平的”权利,即存在“诉由”,申请人在案件的实体问题上存在“表面上

---

① See Steven Gee, *Commercial Injunctions*, Sweet & Maxwell, 2005, p.4, 6-8.

② See Rhonda Wasserman, *Equity Transformed: Preliminary Injunctions to Require the Payment of Money*, Boston University Law Review, Vol.70:4, p.623 (1990).

③ See Terence Ingman, *The English Legal Process*, Oxford University Press, 2010, p.390.

④ See Jens Grunert, *Interlocutory Remedies in England and Germany: A Comparative Perspective*, Civil Justice Quarterly, Vol.15, p.23 (1996).

的可以证明的请求”,或存在适用“禁诉令”的情形;(2)存在实际的或潜在的“显失公平的”(unconscionable)被告行为。申请人要获得临时禁制令,须提供交叉担保,以赔偿被申请人因不恰当地适用临时禁制令而遭受的损失。不过,在某些案件中,尽管申请人的默示担保对被申请人来说没有任何实在的价值,申请人不能提供金钱担保本身并不能阻止其获得临时禁制令。①

2.“美国赛安美得公司诉艾迪康公司案”与新标准

在英国“临时禁制令”的发展中,存在一个对该临时救济措施的适用产生了深远影响的案例,即1975年英国上议院裁判的“美国赛安美得公司诉艾迪康公司案”。在1974年之前,英国法院的一般司法实践是若申请人能够证明其在案件的实体问题上存在“表面上的可以证明的请求”,“临时禁制令”便可以被作出;“临时禁制令”被普遍视为一种纠纷解决过程中“加速正义”的便利形式,而且双方当事人可以正式地约定其将该临时禁制令作为其诉讼的最终处理结果,且这种“正义”深受青睐。② 然而,这会在实践中导致以下难题——为了证明原告能够在案件的实体审理中获胜,法院需要组织广泛性的临时听审,而这会形成对司法时间和资源方面的制约且相当于在无言词证据或交叉询问的情况下进行了临时听审。③

作为最高司法机构,英国上议院在“美国赛安美得公司诉艾迪康公司案”中决定改变这一传统立场,确立了关于临时禁制令的新的一般原则:法院不应考虑案件的“实体问题”,其应考虑的主要是申请人因被拒绝该种救济所面临的困难以及对方当事人因临时地受该禁制令的拘束而遭受的困难的权衡,只有在极少数的案件中法院才应考虑案件的实体问题。具体来说,法院需考虑的是原告的申请是不是草率的,即是否存在严肃的问题;一旦原告向法院确立了存在严肃的问题,其便满足了适用“冻结令”的门槛性标准。④ 不过,该标准是临时禁

---

① See Neil Andrews, *English Civil Procedure*: *Fundamentals of the New Civil Justice System*, Oxford University Press, 2003, p. 487 – 488.

② See Neil Andrews, *English Civil Procedure*: *Fundamentals of the New Civil Justice System*, Oxford University Press, 2003, p. 475.

③ See Peter Devonshire, *Freezing orders*, *Disappearing Assets and the Problem of Enjoining Non-parties*, Law Quarterly Review, Vol. 118:1, p. 128 – 129 (2002).

④ See Peter Devonshire, *Freezing orders*, *Disappearing Assets and the Problem of Enjoining Non-parties*, Law Quarterly Review, Vol. 118:1, p. 128 – 129 (2002).

制令适用的一般标准,不具有普适性。[①] 不过,唐纳森勋爵(Lord Donaldson)在"波莉佩克国际公共有限公司诉纳迪尔案(第二号)案"[②]中认为该标准并不适用于"冻结令"。此外,"美国赛安美得公司诉艾迪康公司案"确立了法院作出"临时禁制令"时应考虑的其他诸多因素:申请人在未获得禁制令时可否以事后的损害赔偿金的方式获得赔偿,错误作出禁制令时被申请人可否由申请人提供的交叉担保予以赔偿,[③]对当事人便利的平衡,"不可弥补的损失"[④]等。

该案广受诟病,且在后来的司法实践中也一再被偏移或修正,尽管该案在新近的一些裁决中被持续援用;[⑤]尤其是在"Series 5 软件有限公司诉克拉克案"[⑥]中,有丰富经验的莱迪(Laddie)法官质疑"美国赛安美得公司诉艾迪康公司案"确立的"禁止实体审查"的标准是否仍应被奉行为适用"临时禁制令"的一般程序,并提出了 4 条在很大程度上降低"美国赛安美得公司诉艾迪康公司案"重要性的主张:(1)临时禁制令的适用是自由裁量的事项,其建立在案件的所有事实的基础之上;(2)并不存在禁制令应否被作出的固定性规则,该救济必须保持灵活性;(3)鉴于法院适用临时救济的实践,法院应尽少地尝试解决争议事实或法律中的复杂问题;(4)法院在适用临时禁制令中可考虑的主要因素,包括损害赔偿为当事人提供救济的充分程度和当事人的赔偿能力,便利性的平衡,现状的维持,以及法院可以获致的各方当事人在案件中胜诉的确切看法。英国已有司法裁判遵循"Series 5 软件有限公司诉克拉克案"确立的适用临时禁制令的标准。[⑦]

---

① See Peter Devonshire, *Freezing orders, Disappearing Assets and the Problem of Enjoining Non-parties*, Law Quarterly Review, Vol. 118:1, p. 128 – 129 (2002).

② Polly Peck International Plc v. Nadir (No. 2) [1992] 4 All E. R. 769.

③ "临时禁制令"的作出必须以申请人提供交叉担保为前提,然而这也会在实践中遇到难题,如申请人因金钱匮乏而无力提供担保,仅凭此理由不能否决申请人的申请权利,即便其提供的默示担保对被申请人来言会毫无意义;此外,申请人可以寻求一项终局禁制令以避免提供担保。See Neil Andrews, *English Civil Procedure: Fundamentals of the New Civil Justice System*, Oxford University Press, 2003, p. 487 – 488.

④ A. A. S. Zuckerman, *Interlocutory Remedies in Quest of Procedural Fairness*, The Modern Law Review, Vol. 56:3, p. 328 (1993).

⑤ See Neil Andrews, *English Civil Procedure: Fundamentals of the New Civil Justice System*, Oxford University Press, 2003, p. 485.

⑥ Series 5 Software Ltd v. Clarke [1996] 1 All ER 853.

⑦ See Neil Andrews, *English Civil Procedure: Fundamentals of the New Civil Justice System*, Oxford University Press, 2003, p. 484.

"美国赛安美得公司诉艾迪康公司案"的主审法官迪普洛克(Diplock)勋爵在后来的"NWL 有限公司诉伍兹案"①中,对"美国赛安美得公司诉艾迪康公司案"确立的适用临时禁制令的标准作了阐释:法院应对适用临时禁制令情形的所有现实情况给予充分的重视。"美国赛安美得公司诉艾迪康公司案"并不是"临时禁制令的作出与否会对在临时程序中获胜方当事人产生终局性支持的案例"。然而,无论如何,在英国的司法实践中,以下情形不属于"美国赛安美得公司诉艾迪康公司案"确立的临时禁制令规则的适用范围:(1)禁制令的适用会完全地了结诉讼;(2)清晰明确的案件;(3)仅关涉法律点的案件;(4)"冻结令"和"搜查令"的情形;(5)强制性禁制令的适用;(6)具有公共重要性的事项。②

学者对"美国赛安美得公司诉艾迪康公司案"确立的原则大都持有批判性的态度:如尼尔·安德鲁斯(Neil Andrews)教授明确指出,法院对临时禁制令的申请不应忽视对案件实体问题的审查,而应将实体审查作为一个基本的起点,不关注案件的"实体"只能作为临时禁制令案件的一种例外情况。③ 祖克曼教授的理论分析认为,忽略实体只意味着一件事情:法院并不准备降低对合法权利造成的损害。不探求在实质上获胜前景的法院会同样地协助没有正当诉求的当事人,正如其协助合法当事人一样。④ 不过,祖克曼教授也一针见血地指出,在临时禁制令的作出过程中采用"实体标准"虽然会降低对合法权利造成的损害,但是其很难为判决前介入权利提供正当性。不然的话,总会存在判决前介入的情形,这就使最终判决打了折扣。⑤ 但是,存在一个折中的方案,即向法院申请临时禁制令的一方无须按照案件终局救济承担证明责任;若其能够证明其主张的权利,提出合理的法律事项且能够使法院相信有关的财产应依现状而保存,直到该问题被处理。⑥ 其实,实体问题在临时救济阶段的相关性并不纯粹

---

① NWL Ltd v. Woods [1979] 1 W. L. R. 1294.

② See Neil Andrews, *English Civil Procedure: Fundamentals of the New Civil Justice System*, Oxford University Press, 2003, p. 480 – 483.

③ See Neil Andrews, *English Civil Procedure: Fundamentals of the New Civil Justice System*, Oxford University Press, 2003, p. 490.

④ See A. A. S. Zuckerman, *Interlocutory Remedies in Quest of Procedural Fairness*, The Modern Law Review, Vol. 56:3, p. 328 (1993).

⑤ See A. A. S. Zuckerman, *Interlocutory Remedies in Quest of Procedural Fairness*, The Modern Law Review, Vol. 56:3, p. 328 (1993).

⑥ See William Williamson Kerr, *A Treatise on the Law and Practice of Injunctions in Equity*, Little, Brown and Company, 1871, p. 12.

是理论意义上的。大多数案件在审判前即被调解,法院在初期阶段对案件实体所作的临时观点通常会促成调解。法国和德国的有关法律均要求对案件的实体进行审查。该案则使在案件中调解的可能性大大丧失,阻碍了临时禁制令除"加速正义的实现"之外的另一重要价值——"迅速、非正式地达成调解"。[①]

3."困境"中的平衡:实体审查与形式审查

这是一种在困境中寻求平衡的选择。一方面,法院要尽力避免在判决前对案件进行实体介入而对案件形成预断,使将来判决的效力降低;另一方面,法院亦要尽力克制判决前给予临时救济的随意性以及不准确性,而这又需要对案件的实体进行恰当的考虑。

判决前干预只有在具有"明显的需要"且只有在对当事人之间相冲突的利益予以恰当考虑的基础上方可进行。公平对待不仅表现在是否给予临时禁制令的裁决过程中,还表现在给予该禁制令的条件上。相较于原告因禁制令的缺失而产生的损害的赔偿权,该措施是为了确保被告在遭受不正当的禁制时有权获得赔偿。[②]

虽然英国法院依"对席的"程序作出"临时禁制令"是一般原则,但其依赖"单方的"程序作出"临时禁制令"在实践中也相当普遍。对于借助"单方的"程序作出"临时禁制令",申请人需要证明若给予被告通知,该临时救济的目的将会被挫败;申请人应为案件的原告,且案件具有"紧急性"。[③] 此外,当事人申请"单方的"禁制令救济负有善意披露的义务,尽管这一要件被指责为不合实际且存在诸多问题。[④] 在英国的司法实践中,对于申请人违反了披露义务的情形,法院通常会行使自由裁量权以决定是否撤销在无恰当的披露下作出的"单方的"法院令,或采取其他制裁措施。[⑤]

---

① See Laurence Collins, *Provisional and Protective Measures in International Litigation*, Recueil des Cours, Vol. 234, p. 27 (1993); Neil Andrews, *English Civil Procedure: Fundamentals of the New Civil Justice System*, Oxford University Press, 2003, p. 489 – 490.

② See A. A. S. Zuckerman, *Interlocutory Remedies in Quest of Procedural Fairness*, The Modern Law Review, Vol. 56:3, p. 328 – 329 (1993).

③ See Jens Grunert, *Interlocutory Remedies in England and Germany: A Comparative Perspective*, Civil Justice Quarterly, Vol. 15, p. 23 – 24 (1996).

④ See Jens Grunert, *Interlocutory Remedies in England and Germany: A Comparative Perspective*, Civil Justice Quarterly, Vol. 15, p. 24 (1996).

⑤ See Jens Grunert, *Interlocutory Remedies in England and Germany: A Comparative Perspective*, Civil Justice Quarterly, Vol. 15, p. 25 – 26 (1996).

三、冻结令

(一)宏观性视角

1."冻结令"的界定

"冻结令"或"玛瑞瓦禁令"是现行英国法中最主要的禁制令形式,也是在英国的司法实践中适用最为广泛的禁制令;其已被英国之外的普通法国家广泛地借鉴和适用。① "冻结令"是英国临时救济体系中对申请人来说最具吸引力且同时最为引发争议的措施。② 英国上诉法院曾称"冻结令"是"当代最富有想象力,最为重要且在整体上来说是最为有益的创举"③。相较而言,英国法中传统的临时禁制令仅适用于法院限制申请人的对手潜在地侵犯权利的情形,而对于追偿债务或损坏赔偿请求的情形则无法给予救济。④

"冻结令"是一项由法官创造并为制定法所确认的救济机制,其在英国的司法实践中演变成当事人的有效临时救济机制经历了一个较长的过程。在此过程中,丹宁勋爵(Lord Denning)对该机制的引入作出了巨大贡献。⑤ 尽管衡平法院在传统上具有作出"禁制令"的权力,但其并不具有作出"冻结令"的权力。针对债务人可能处置其财产而欺诈债权人的情形,主张是债权人的人却不可以在衡平法院递交起诉状,衡平法院也无权签发针对债权人所声称的债务人的禁制令,以禁止债务人自由处置其财产。在1873年《司法组织法》颁行之后,司法实践一再揭示出高等法院在判决前无权限制被申请人将其财产转移出其管辖权或以其他方式处理其财产的状况、弊端。甚至在1975年之前,因没有途径阻止外国被告将其财产转移出法院管辖权而使原告所获得的任何判决变得毫无

---

① See Neil Andrews, *English Civil Procedure: Fundamentals of the New Civil Justice System*, Oxford University Press, 2003, p.424. 对于"冻结令"在加拿大的承继和发展,参见 Paul Michell, *The Mareva Injunction in Aid of Foreign Proceedings*, 34 Osgoode Hall Law Journal 741 -806 (1996)。

② See Andrew Dickinson, *English Private International Law Aspects of Provisional and Protective Measures*, in Mads Andenas, Burkhard Hess & Paul Oberhammer eds., Enforcement Agency Practice in Europe, The British Institute of International and Comparative Law, 2005, p.288.

③ Deutsche Schachtbau-und Tiefbohrgesellschaft v. R'as al-Kaimah National Oil Co., [1987] 3 W.L.R.1023, 1036 (C.A.).

④ See A. A. S. Zuckerman, *Interlocutory Remedies in Quest of Procedural Fairness*, The Modern Law Review, Vol.56:3, p.340 (1993).

⑤ See Alfred Denning, *The Due Process of Law*, Butterworths, 1980, p.133 -140.

意义；不过有关该问题的讨论渐起。① 彼时，尽管在其司法实践中存在“外国人财产扣押”（“异地扣押”）②的救济，英国诉讼中的原告或愿意在英国提起诉讼的原告不会在判决前获得任何的用以担保对所寻求的金钱判决的执行的救济；③不过，在海事诉讼中对被告拥有的船舶的扣押是一个例外。④ 因此，“冻结令”的出现是对这一现状的突破。⑤

“玛瑞瓦禁令”最早适用于“日本邮船株式会社诉 Karageorgis 案”⑥，在该案中，杰弗里·布赖斯（Geoffrey Brice）先生说服上诉法院作出了单方法院令，禁止被告转移财产。该案被后来的创造了“玛瑞瓦禁令”的“玛瑞瓦船舶公司诉国际散货船公司案”⑦所遵循。在这两个案件中，“禁制令”的对象均为银行账户，被告居住于法院的管辖领域之外，且申请的提出和准予都是单方的。英国上诉法院在这两个案件中行使管辖权的依据是 1925 年《司法组织法》第 45 条：在法院认为是公正或方便的所有案件中，其可以通过“临时法院令”（interlocutory order）的方式作出“执行职务令”（mandamus）或“禁制令”，或“指定涉讼财产管理人”。⑧ 在司法实践中，“冻结令”主要适用于“商事”诉讼中；不过，在“人身损害”诉讼以及“婚姻”诉讼中，也有适用冻结令的实践。⑨

依据英国法的传统，英国法官在很多方面都习惯于命令某一当事人去做或禁止去做某项事情，因此他们觉得要求被申请人不得处置财产比命令扣押被申请人的财产显得不那么鲁莽。⑩ 寻求“冻结令”的主要意图在于，在实现对被告

---

① See Steven Gee, *Commercial Injunctions*, Sweet & Maxwell, 2005, p. 12.

② “异地扣押”，是指对居住在法院管辖区以外，且不到庭应诉的被告在法院管辖区内的财产实施的扣押，以促使被告到庭应诉。若被告仍不到庭，即以被扣押财产清偿其所欠债务。释义来自《元照英美法词典》。

③ See Lawrence Collins et al., *Dicey, Morris & Collins on the Conflict of Laws*, 15th edition, Sweet & Maxwell, 2012, p. 258.

④ See Peter Schlosser, *Jurisdiction and International Judicial and Administrative Co-operation*, Recueil des Cours, Vol. 284, p. 170 (2000).

⑤ See Peter Schlosser, *Jurisdiction and International Judicial and Administrative Co-operation*, Recueil des Cours, Vol. 284, p. 170 (2000).

⑥ Nippon Yusen Kaisha v. Karageorgis, [1975] 1 W. L. R. 1093 (CA).

⑦ Mareva Compania Naviera SA v. International Bulk Carriers SA, [1975] 2 Lloyd's Rep. 509.

⑧ See Steven Gee, *Commercial Injunctions*, Sweet & Maxwell, 2005, p. 12.

⑨ See Terence Ingman, *The English Legal Process*, Oxford University Press, 2010, p. 403.

⑩ See Peter Schlosser, *Jurisdiction and International Judicial and Administrative Co-operation*, Recueil des Cours, Vol. 284, p. 170 (2000).

的最终执行之前,保护被告的财产不被隐匿或不当使用。基于"冻结令"的这一基本目的,英国法院在实践中逐步确立了"冻结令"不得被用来作为强迫被告进行和解的手段的规则、限制或习惯,其亦不得仅作为一种压制的或提升申请人针对被告的其他债权人的地位的工具。①

2."冻结令"的效力

"冻结令"的着眼点在于被告的"财产",其所针对的财产可以是"有形的"或"无形的",可以是"不动产"或"动产"。② 然而,作为"冻结令"对象的财产通常不是主诉中的争议财产,而是原告可借以实现其未来判决的财产。③ "冻结令"往往适用于被告的银行账户或其他流动财产。④

不同于其他国家法律体系中与"冻结令"相类似的临时救济——"扣押"一般具有的"对物"效力,⑤该法院令是一项"对人的"法院裁决,迥异于普通法中的"对物裁决";⑥英国"冻结令"具有的"对人不对物"的特征是在临时救济体系方面,使英国法律体系区别于大陆法系以及美国法律体系的最鲜明的特征。⑦建立在这一效力基础之上,任何对"冻结令"涉及的财产的处分行为都是完全合法有效的。⑧ 建立在对"冻结令"目的考量之上,被告位于法院管辖范围之内的以及处于外国的财产,都可被纳入"冻结令"发挥效力的范围之内,即冻结令是全球性的;在"瑞士信贷菲德斯信托股份有限公司诉库奥吉案"⑨中,英国上诉法院明确地拒绝了以下观点,即作出"冻结令"的管辖权仅仅在于财产所在地的

---

① See Terence Ingman, *The English Legal Process*, Oxford University Press, 2010, p. 408.

② See Kern Alexander, *The Mareva Injunction and Anton Piller Order: The Nuclear Weapons of English Commercial Litigation*, Florida Journal of International Law, Vol. 11 :3, p. 498 – 499 (1997).

③ See Kern Alexander, *The Mareva Injunction and Anton Piller Order: The Nuclear Weapons of English Commercial Litigation*, Florida Journal of International Law, Vol. 11 :3, p. 499 (1997).

④ Second Interim Report-Provisional and Protective Measures in International Litigation, the Committee on International Civil and Commercial Litigation of International Law Association, 1996.

⑤ 比如,德、法等国法中的"扣押"措施,具有"对物的"效力。

⑥ 不过,丹宁勋爵曾指出"冻结令"是以"对物"的方式运行的。See Z Ltd v. A-Z, [1982] Q. B. 558, 573 (CA).

⑦ See Peter Schlosser, *Jurisdiction and International Judicial and Administrative Co-operation*, Recueil des Cours, Vol. 284, p. 170 – 171 (2000).

⑧ See Peter Schlosser, *Jurisdiction and International Judicial and Administrative Co-operation*, Recueil des Cours, Vol. 284, p. 170 (2000).

⑨ Crédit Suisse Fides Trust SA v. Cuoghi, [1997] 3 All ER, p. 727.

法院。爱尔兰法院因循了这一观点,但并未被欧盟的其他国家追随。① 不过,在婚姻诉讼案件中,对于一方当事人寻求的经济上的救助,法院不可作出"全球性"的冻结令。② 此外,若在法院的管辖范围之内存在充分的财产,法院不应作出针对被告的外国财产的"冻结令"。③ 无论如何,从大陆法系国家的立场来看,"冻结令"这类意在对外国财产或诉讼程序产生影响的禁制令救济是具有侵犯性的,冒犯了外国法院在其司法管辖领域内的裁判权。④

原告所获得的"冻结令"不具有使其对所冻结的财产享有任何的财产利益的效力,亦不会使原告获得对第三人已获得的担保利益的优先权或针对其他债权人的担保利益。⑤ "冻结令"具有的"对人不对物"的特性⑥更有助于该临时救济目标的实现:在通常的争议中,原告并不知道被告财产所处的位置或性质;因此,禁止被告处置其所有财产(在争议诉求的数额之内)的命令会更好地服务于"冻结令"被创造的特殊目的。⑦ 法院通常会在该法院令中指出超过法院裁

---

① See Burkhard Hess, *Minimum Procedural Standards for Enforcement of Provisional and Protective Measures at European Level*, in Mads Andenas, Burkhard Hess & Paul Oberhammer eds., Enforcement Agency Practice in Europe, The British Institute of International and Comparative Law, 2005, p. 276.

② See Terence Ingman, *The English Legal Process*, Oxford University Press, 2010, p. 406.

③ See Terence Ingman, *The English Legal Process*, Oxford University Press, 2010, p. 407.

④ See H. Muir-Watt, *Injunctive Relief in the French Courts: A Case of Legal Borrowing*, The Cambridge Law Journal, Vol. 62:3, p. 573 (2003); Arthur T. von Mehren, *Adjudicatory Authority in Private International Law: A Comparative Study*, Leiden: Martinus Nijhoff Publishers, 2007, p. 279 – 280.

⑤ See Lawrence Collins, *Dicey, Morris & Collins on the Conflict of Laws*, Sweet & Maxwell, 2012, p. 260 – 261; Burkhard Hess, *Minimum Procedural Standards for Enforcement of Provisional and Protective Measures at European Level*, in Mads Andenas, Burkhard Hess & Paul Oberhammer eds., Enforcement Agency Practice in Europe, The British Institute of International and Comparative Law, 2005, p. 273; Second Interim Report-Provisional and Protective Measures in International Litigation, the Committee on International Civil and Commercial Litigation of International Law Association, 1996. The relevant cases include, Cretanor Maritime Co. v. Irish Marine Management Ltd [1978] 1 W. L. R. 966 (CA); The Angel Bell [1981] QB 65 (Goff J); A-G v. Times Newspapers [1992] 1 AC 191.

⑥ 作为一种例外,对债务人银行账户的扣押起着"对物"的效力。See Burkhard Hess, *Minimum Procedural Standards for Enforcement of Provisional and Protective Measures at European Level*, in Mads Andenas, Burkhard Hess & Paul Oberhammer eds., Enforcement Agency Practice in Europe, The British Institute of International and Comparative Law, 2005, p. 273.

⑦ See Peter Schlosser, *Jurisdiction and International Judicial and Administrative Co-operation*, Recueil des Cours, Vol. 284, p. 170 (2000).

定的保护额的财产部分不被“冻结”；该“分配额”应当使被告能够满足其家庭或经营开支，以及被告在对该法院令提出反对时可以支付法律服务费用。即便如此，被告必须向原告的律师阐明其合法开支的项目。[①] 在实践中，大多数的“冻结令”是由英国高等法院作出的。[②]

“冻结令”效力的实现是借助于强迫被告不得实施处置其财产的行为，以及对第三人，如被告的银行，施加间接限制的方式而实现的。具体来说，“冻结令”限制处于争议中的当事人在诉求的价值范围内转移其财产（不管该财产是否处于自己的名义之下），或在诉求的价值范围内处置其财产。[③] 在例外的情形下，当事人可能被要求将财产从一国转移到另一国，或不得从一国转移到另一国，或转移到英格兰。

3.“冻结令”的发展

“冻结令”的适用范围经历了从狭窄逐渐向宽广方向发展的过程，以迎接在英国司法实践中不断出现的新挑战。[④] 在“瑞士信贷菲德斯信托股份有限公司诉库奥吉案”中，米利特（Millett）勋爵系统地梳理了“冻结令”（玛瑞瓦禁令）初期发展的四个阶段：[⑤]

作为英国法中最为著名和严厉的临时救济，[⑥]“玛瑞瓦禁令”最早确立于1975年。丹宁勋爵在1975年的两个典型案例中，对“玛瑞瓦禁令”作了充分的

---

① See Neil Andrews, *English Civil Procedure: Fundamentals of the New Civil Justice System*, Oxford University Press, 2003, p. 426.

② See Neil Andrews, *English Civil Procedure: Fundamentals of the New Civil Justice System*, Oxford University Press, 2003, p. 426.

③ See Andrew Dickinson, *English Private International Law Aspects of Provisional and Protective Measures*, in Mads Andenas, Burkhard Hess & Paul Oberhammer eds., Enforcement Agency Practice in Europe, The British Institute of International and Comparative Law, 2005 p. 288.

④ See Paul Michell, *The Mareva Injunction in Aid of Foreign Proceedings*, 34 Osgoode Hall Law Journal 747 (1996).

⑤ See Neil Andrews, *English Civil Procedure: Fundamentals of the New Civil Justice System*, Oxford University Press, 2003, p. 428; Lawrence Collins et al., *Dicey, Morris & Collins on the Conflict of Laws*, Sweet & Maxwell, 2012, p. 258 – 260; Kern Alexander, *The Mareva Injunction and Anton Piller Order: the Nuclear Weapons of English Commercial Litigation*, Florida Journal of International Law, Vol. 11 :3, p. 499 (1997).

⑥ See Peter Schlosser, *Jurisdiction and International Judicial and Administrative Co-operation*, Recueil des Cours, Vol. 284, p. 169 (2000).

阐释，[1]其当时被定位为一项用来阻止外国被告将其财产转移到法院的管辖范围之外而使最终判决受挫的一项特殊的救济机制，且其适用不具有任何的域外性；在 1979 年，该禁制令被扩展适用于英国被告；在 1982 年，"玛瑞瓦禁令"被进一步扩展适用于在英国隐匿或浪费财产的情形；到了 1990 年，该禁制令被确立用来限制被告处置其位于英国以及处于英国之外的财产，即"全球性的玛瑞瓦禁令"（worldwide Mareva injunction），[2]这一进展是通过案例"巴巴纳夫特国际公司诉巴萨特内案"[3]得以确立的。[4]

值得特别注意的一点是，英国法院通过"巴巴纳夫特国际公司诉巴萨特内案"以及"德比公司诉韦尔登（第一案）"[Derby & Co. Ltd. v. Weldon (No. 1)]，确立了英国法院对处于英国之外的财产行使"冻结令"的管辖权；不过，作出"全球性的玛瑞瓦禁令"的条件不同于仅涉及英国范围之内的财产的"国内玛瑞瓦禁令"。[5] 此外，"全球性的玛瑞瓦禁令"不仅可以"消极"的方式发挥作用（禁止被告处置其财产），而且可以"积极"的方式发挥作用（要求被告在不同国家之间移动财产）。[6] 然而，这种禁制令在实践中并不常用；若被申请人或被告在英国有足够的财产，"全球性的玛瑞瓦禁令"也不适用。"全球性的玛瑞瓦禁

---

① Nippon Yusen Kaisha v. Karageorgis, [1975] 1 W. L. R. 1093 (CA); Mareva Compania Naviera SA v. International Bulk Carriers SA, [1975] 2 Lloyd's Rep. 509.

② 关于"全球性的玛瑞瓦禁制令"，参见 Andrew Dickinson, *English Private International Law Aspects of Provisional and Protective Measures*, in Mads Andenas, Burkhard Hess & Paul Oberhammer eds., Enforcement Agency Practice in Europe, The British Institute of International and Comparative Law, 2005, p. 289 - 292; Lawrence W. Newman & Michael Burrows, *Practice of International Litigation*, 2nd edition, Juris Publishing, 2013, p. 397 - 404。

③ Babanaft International Co. S. A. v. Bassatne, [1989] 1 All ER 43, [1990] Ch 13.

④ See Trevor C. Hartley, *Jurisdiction in Conflict of Laws-Disclosure, Third-Party Debt and Freezing Orders*, Law Quarterly Review, Vol. 126:2, p. 194 - 221(2010). 哈特利（Hartley）教授指出了"冻结令"发展的四个阶段：初始阶段—欧盟法阶段—全球冻结令阶段—治外法权阶段；这几个不同的发展阶段渗透着深刻的国际管辖权问题。

⑤ See Kern Alexander, *The Mareva Injunction and Anton Piller Order: the Nuclear Weapons of English Commercial Litigation*, Florida Journal of International Law, Vol. 11 :3, p. 499 (1997).

⑥ See Andrew Dickinson, *English Private International Law Aspects of Provisional and Protective Measures*, in Mads Andenas, Burkhard Hess & Paul Oberhammer eds., Enforcement Agency Practice in Europe, The British Institute of International and Comparative Law, 2005, p. 290.

令”若要产生对第三方的效力,须事先得到财产所在地国家的承认和执行。①

“玛瑞瓦禁令”的出现改变了19世纪的原则——“不能以一份禁制令限制‘被认为’是被告的人与其财产相分离”。然而很遗憾的是,英国法院在发展该禁制令的时候仍然受历史的拘束,不能阻止明显的不正义。② 在“‘西斯金娜号’货物所有者诉迪斯托斯航运公司案”③中,经过上诉法院(支持作出“冻结令”)和上议院(不支持作出“冻结令”)的两次上诉,“西斯金娜号”申请扣押被告在英国的财产的请求未获准;上议院的意见是,英国法院只有在拟适用的禁制令与主要争议受英国法院管辖时方可作出。不过,上诉法院的丹宁勋爵在该案中阐发的从国际共同体的角度出发支持作出“冻结令”的意见极具说服力。尽管如此,“‘西斯金娜号’货物所有者诉迪斯托斯航运公司案”被爱尔兰最高法院在随后的“塞尔日·考德龙诉扎伊尔航空公司案”④中所遵循,原告律师在该案中提出了丹宁勋爵在“‘西斯金娜号’货物所有者诉迪斯托斯航运公司案”中的审理意见,但未被采纳。

尽管在英国法院的司法实践中所遵循的一般原则是,除非英国法院拥有对人管辖权,其不会给予临时救济[《布鲁塞尔公约》第24条、《布鲁塞尔条例Ⅰ》(修订)第31条是一个例外],但随着实践的发展,对临时救济的需要在某些情形下会使法院背离这一条基本的原则。在此方面最为代表性的案例是“埃文斯·马歇尔公司诉贝尔托拉股份公司案”⑤以及“迈克贸易与运输有限公司诉C. R. Pagnan & Tratelli(利斯本号)案”⑥。第一个案例涉及英国的雪莉酒分销商埃文斯·马歇尔公司(Evan Marshall)与西班牙的雪莉酒供应商贝尔托拉股份公司(Bertola)之间的纠纷;尽管双方之间存在选择西班牙法院的条款,英国法院仍然给予了英国当事人临时救济,当事人事先订立的法院选择条款并没有剥

---

① See Theodore S. Greenberg, Linda M. Samuel, Wingate Grant & Larissa Gray, *Stolen Asset Recovery: A Good Practices Guide for Non-Conviction Based Asset Forfeiture*, World Bank Publications, 2009, p. 123.

② See Laurence Collins, *Provisional and Protective Measures in International Litigation*, Recueil des Cours, Vol. 234, 1993, p. 52.

③ Siskina (Owners of cargo lately laden on board) v. Distos Compania Naviera S. A., [1977] UKHL J1026 - 1.

④ Serge Caudron v. Air Zaire, 1985 WJSC-SC 992.

⑤ Evans Marshall & Co Ltd v. Bertola SA, [1973] 1 W. L. R. 349.

⑥ Mike Trading & Transport Ltd. v. C. R. Pagnan & Tratelli (The Lisboa), [1980] 2 Lloyd's Rep. 546.

夺英国法院作出临时救济的管辖权。"迈克贸易与运输有限公司诉 C. R. Pagnan & Tratelli(利斯本号)案"关涉双方当事人协议选择英国法院为排他性的管辖法院,然而一方当事人在船舶所在地意大利提起了扣押船舶的诉讼,扣押船舶的目的仅在于为在英国进行的诉讼提供担保;虽然英国法院是当事人协议选择的法院,但英国法院拒绝作出禁制令以禁止在外国进行的意在寻求临时救济的诉讼。①

"玛瑞瓦禁令"的发展包括两个明显过程,即该临时救济在被创立初期仅仅是一种禁止性的临时救济,逐渐地,该措施演变成要求被告披露其财产以及财产的位置等具有辅助性措施支撑的临时救济。② "披露令"的目的是确保"冻结令"的正确作出。然而,为了保护被告披露的有关信息不被滥用,申请人通常被要求作出不得在外国法院寻求执行该"冻结令"的保证,或保证不得在外国的诉讼中使用从"披露令"中获取的信息,除非事先得到英国法院的许可,否则,对该保证义务的违反将构成"蔑视法庭"。③

为履行 1968 年《布鲁塞尔公约》中的义务,英国在其 1982 年的《民事管辖权与判决法》(Civil Jurisdiction and Judgments Act 1982)中,突破了其在"'西斯金娜号'货物所有者诉迪斯托斯航运公司案"中确立的有关"玛瑞瓦禁令"的适用必须以"主诉在英国提起"的限制。④ 更为重要的是,在 1997 年,英国通过成文法将 1982 年《民事管辖权与判决法》中确立的有关"冻结令"的适用范围进一步扩大,即该类临时救济不仅适用于主诉在《布鲁塞尔公约》或《卢加诺公约》的缔约国提起的情形,而且适用于主诉在其他国家以及涉及其他事项的情形。⑤ 这样一来,"冻结令"的适用范围已远远大于其最先被适用时的范围,而其亦从一项司法实践中形成的临时救济发展成由英国成文法予以确认的临时救济。

---

① See Laurence Collins, *Provisional and Protective Measures in International Litigation*, Recueil des Cours, Vol. 234, 1993, p. 65 – 68.

② See Peter F. Schlosser, *Coordinated Transnational Interaction in Civil Litigation and Arbitration*, Michigan Journal of International Law, Vol. 12:1, p. 152 (1990 – 1991).

③ See Terence Ingman, *The English Legal Process*, Oxford University Press, 2010, p. 406 – 407.

④ 1968 年《布鲁塞尔公约》被 2001 年《布鲁塞尔条例 I》取代;后者在欧盟成员国,包括英国境内,具有直接的效力,不需要成员国另行颁布法律对其实施。

⑤ See Neil Andrews, *English Civil Procedure: Fundamentals of the New Civil Justice System*, Oxford University Press, 2003, p. 428 – 429.

（二）一种“单方的”程序

“冻结令”可依一方当事人的申请在“无须通知被告”的情况下作出。在实践中，“冻结令”通常是在诉讼程序开始前的“单方程序”中作出的；当然，“冻结令”亦适用于诉讼程序的进行中，并可用来协助判决的执行。① 因此，被申请人或被告通常无法对原告的申请予以辩驳。这样的设计是为了保存该临时救济具有的“出人意料”的效果；否则，该机制的效力便会大打折扣。

相较于“对席程序”，“单方程序”为另一方当事人提供的“程序性保障”要少得多，其对缺席一方形成内在的偏见。然而，正如在判决前僵硬地坚持“公平原则”会导致被告滥用程序，绝对地禁止“单方程序”的适用也会造成这样的结果。“单方程序”适用于以下情形，即若等到“对席程序”的进行，被保护的利益将会落空。如果原告可以证明存在被告专横地实施规避的严重风险，“单方的”财产冻结令可以被合理地界定为“必要的恶”。但是，当不存在这一风险时，单方程序的合理性便不存在了。如果没有“必要性”这一依据，“单方程序”便相当于对程序性公正这一基本要件的违反：赋予受影响的当事人被听审的机会。②

“单方程序”的设计存在对被申请人或被告的内在偏见，而且目前英国法中有关防止滥用该程序的保障措施显得较弱。现有的保障之一，是原告在单方程序阶段有义务去“充分且坦诚地披露所有主要事实”。其不仅要使法院注意到那些有利于自己的事实，还要让法院注意到有利于被告的事实，如被告可能会拥有的抗辩。然而，期望原告提出对其对手有力的充分论据显得完全不现实。另外，违反披露义务的惩罚措施很弱。③ 针对滥用单方程序的保障不能完全移除程序性的偏见。受“玛瑞瓦禁令”约束的被告可以申请解除该禁制令，但是，即便“玛瑞瓦禁令”影响被告利益的时间很短，其仍可能对被告利益造成损害。更重要的是，“玛瑞瓦禁令”的存在逆转了当事人的地位，使诉讼的天平不利于被告。一旦单方法院令作出，在实践中是由被告来说服法官不存在转移财产的风险，以使继续实施该禁制令显得不合理。由于“玛瑞瓦禁令”的适用不再局限

---

① See Kern Alexander, *The Mareva Injunction and Anton Piller Order: the Nuclear Weapons of English Commercial Litigation*, Florida Journal of International Law, Vol. 11:3, p. 488 (1997); Terence Ingman, *The English Legal Process*, 13th edition, Oxford University Press, 2010, p. 403.

② See A. A. S. Zuckerman, *Interlocutory Remedies in Quest of Procedural Fairness*, The Modern Law Review, Vol. 56:3, p. 334 (1993).

③ See A. A. S. Zuckerman, *Interlocutory Remedies in Quest of Procedural Fairness*, The Modern Law Review, Vol. 56:3, p. 335 (1993).

于规避性的财产转移的情形，被告很难解除其负担，因为被告普遍存在资源恶化的风险。也有另一种考虑，即作出单方法院令的法官可能会很难摒除其在原告“单方的”和“一面之词的”陈述中受到的影响，因此会不情愿移除对被告财产自由的限制使原告遭受损失。①

由于这一特别的程序性设计，英国唐纳森勋爵在“梅拉特银行诉尼克普尔案”②中将“冻结令”形容为民事诉讼的“核武器”。③ 该机制使法院在考虑是否满足原告的“冻结令”的申请时予以极其特别的关注。不难理解，这种“单方的”程序设计易触及被告的“基本人权”；英国 1998 年《人权法》便对该单方作出的“冻结令”提出了挑战。④ 作出“冻结令”的管辖权在“拉苏海事股份有限公司诉印度尼西亚国家石油和天然气采矿公司案”⑤中受到了“双方当事人之间的”(inter partes)诉讼程序设计的挑战。

依据英国法，如果可能，通常需要申请人指定冻结令所涉及的特定财产或银行账户，即通常由申请人证明被申请人或被告在法院的管辖范围之内有“财产”。“财产”的含义是十分广泛的，包括汽车、小饰品、珠宝以及金钱等。甚至是在被申请人的银行账户被透支的情况，法院也可认定“财产”的存在。⑥ 尽管如此，法院仍可作出“总括性的禁制令”(blanket injunction)。不过，为平衡这一点，“玛瑞瓦禁令”通常会包含限制其范围的条款。比如，被冻结的最大数额将被指定；可以规定债务人为了其生活开支或正常商业开支使用其财产。此类限制条款使禁制令可以灵活且公平的方式适用。⑦

---

① See A. A. S. Zuckerman, *Interlocutory Remedies in Quest of Procedural Fairness*, The Modern Law Review, Vol. 56:3, p. 334 – 335 (1993).

② Bank Mellat v. Nikpour, [1985] F. S. R. 87, 92 (C. A.).

③ See Neil Andrews, *English Civil Procedure: Fundamentals of the New Civil Justice System*, Oxford University Press, 2003, p. 429.

④ See Leigh-Ann Mulcahy, *Human Rights and Civil Practice*, London: Sweet & Maxwell, 2001, paras. 10 – 63.

⑤ Rasu Maritima S. A. v. Perusahaan Pertambangan Minyak Dan Gas Bumi Negara, [1978] QB 644.

⑥ See Theodore S. Greenberg, Linda M. Samuel, Wingate Grant & Larissa Gray, *Stolen Asset Recovery: A Good Practices Guide for Non-Conviction Based Asset Forfeiture*, World Bank Publications, 2009, p. 123.

⑦ See W. A. Kennett, *Enforcement of Judgments in Europe*, Oxford University Press, 2000, p. 166.

（三）一套严苛的基本条件

作为英国（国际）民事诉讼中极为特别的一项临时救济措施，申请人若要获得“冻结令”，必须满足严苛的条件。英国法中的“玛瑞瓦禁令”有国际性的和国内性的“玛瑞瓦禁令”之分，而对这两类禁制令所规定的条件亦有较大差别。

1. 国内性的“玛瑞瓦禁令”

对于一般的国内性的“玛瑞瓦禁令”来说，其应满足以下几个基本条件：①

（1）存在一个“在法律上有充分理由的、可以争辩的案件”（a good arguable case）。这是一项对原告的申请所施加的最低限度的有关案件实体的要求。这并不是一项严苛的要件。正如穆斯蒂尔法官（Mustill J.）在“尼涅米亚海运有限公司诉特拉维航运公司案”②中指出的，“原告无须说服法官其将会在审判中获胜……正确的路子是采取‘在法律上有充分理由的、可以争辩的案件’这一标准，这是指要存在一个比‘严肃的争辩’更强的意义上的案件，然而这并不是意味着法官要相信存在一个超过50%胜诉率的案件”。该标准也不同于在一般的“临时禁制令”中的实体要件标准——主张不是明显“无意义的”或“无理缠讼的”（frivolous or vexatious）；冻结令的严厉性使该标准显得是合理的。③

（2）案件的“诉由”已经形成。要作出“冻结令”，法院必须相信存在一项确凿的“诉由”，即被告在主诉中的违约行为已经发生，或支付的义务已经出现，而非被告的义务仅仅是在预料之中的。④ 在“关于Q的遗产案”⑤中，法官向原告暗示了“冻结令”可以在尽可能早的时间给予，但是无论如何，其不能违反“诉由已经出现”这一限制。当然，申请人在普通法或衡平法上的权利有被侵犯之虞，亦应被纳入“诉由已经出现”的范围之内。

“冻结令”的申请权利本身并不是“诉由”，其不可凭空存在。同其他的禁

---

① See Neil Andrews, *English Civil Procedure: Fundamentals of the New Civil Justice System*, Oxford University Press, 2003, p. 430 – 432; Theodore S. Greenberg, Linda M. Samuel, Wingate Grant & Larissa Gray, *Stolen Asset Recovery: A Good Practices Guide for Non-Conviction Based Asset Forfeiture*, World Bank Publications, 2009, p. 122.

② Ninemia Maritime Corp v. Trave Schiffahrtsgesellschaft mbH & Co KG, [1983] 2 Lloyd's Rep 600.

③ See Neil Andrews, *English Civil Procedure: Fundamentals of the New Civil Justice System*, Oxford University Press, 2003, p. 481 – 482.

④ 存在大量的案例支持这一要件，如 Veracruz Transportation Inc v. VC Shipping Co Inc, [1992] 1 Lloyd's Rep 353, CA; Zucker v. Tyndall Holdings plc [1992] 1 W. L. R. 1127, CA。

⑤ Re Q's Estate, [1999] 1 Lloyd's Rep. 931.

制令一样，有关“冻结令”的申请必须附属于一项既存的“诉由”，即便法院有理由相信申请人提请的案件在“诉由”产生时适于作出“冻结令”；在前述“玛瑞瓦船舶公司诉国际散货船公司案”以及“德比公司诉韦尔登（第二案）”［Derby & Co. Ltd. v. Weldon（No. 2）］中，审理法院均对此作了诠释。然而，在“诉由”出现之前的时间内，被申请人可能会采取一系列的措施使申请人将要提起的“冻结令”的价值荡然无存；英国法院在实践中意识到该问题的重要性，并设计了一项可以在诉由出现前适用的附条件的“冻结令”。①

（3）存在被告的“财产”。“冻结令”的适用必须以被告存在可供冻结的“财产”为前提，那么对“财产”的理解便相当重要。对于一般的情形，如被告个人所有的有形或无形资产，其属于“财产”的范围当然无疑。而对处于被告名下的“信托财产”是否属于“冻结令”应予适用的范围，存在一定的争议。

“财产”这一术语是有缺陷的，因为它不能适用于被申请人进行的以其他人为对象的“简单信托”（bare trust，simple trust，passive trust）②交易。英国法院已在司法实践中十分明确地指出，没有任何理由不将被告名下的任何财产包括在内，即便他是第三人的受托人（trustee）或被指定人（nominee）；那些可以被单独区分的银行账户或其他财产也应包括在“财产”的范围之内。③ 但也有学者指出，“冻结令”适用于被告以受益人的身份拥有的财产，且该财产可以用于满足对被告提起的诉求，而“冻结令”不适用于被告作为受托人且其不享有受益利益的财产。④

（4）财产灭失的风险确实存在。要作出“冻结令”，必须存在一种危险，即被告的财产将会被转移或灭失。⑤ 在判决前介入被告处分其财产的自由中的合理性建立在需要阻止“非法规避”这一理论之上。正如英国上诉法院所声称的，该类法院令是法律针对被告采取行动导致在判决作出日原告没有或无法追踪

---

① See Terence Ingman, *The English Legal Process*, Oxford University Press, 2010, p. 403 – 404.

② “简单信托”，是指将财产转交给他人，而不作进一步的指令。信托受益人有权占有和处分信托财产，有权在必要时要求受托人转移信托财产。释义来自《元照英美法词典》。

③ See Neil Andrews, *English Civil Procedure: Fundamentals of the New Civil Justice System*, Oxford University Press, 2003, p. 431.

④ See Terence Ingman, *The English Legal Process*, 13th edition, Oxford University Press, 2010, p. 405.

⑤ Refco Inc v. Eastern Trading Company and Others, ［1999］ 1 Lloyds LR 159.

到财产而使被告财产不会因判决而被执行的策略的回应。因此,“玛瑞瓦禁令”的作出仅仅是为了保护原告免受被告规避财产的影响。[①] 也就是说,该禁制令的作出需要存在财产灭失的风险。

“灭失”包括任何“让渡”财产或为财产“设定负担”的行为;但其不包括在正常的商业交往中进行的无恶意的交易。存在一种例外的情形,即在被告的母公司对被告予以收购时,即便交易行为是善意进行的,且并不存在明显的低价评估,该交易行为也不能被视为在“正常商业交易”中出现的。然而,英国法院在其司法实践中不再要求潜在的转移财产或灭失财产的行为是“过分的”或“恶劣的”;只要原告的最终判决将会因被告的财产灭失而不能满足即可。[②] 这代表了该禁制令在作出条件上的一个重大转变:被告被禁止处置其财产,并非因为存在规避判决的风险,而是因为存在其财产状况恶化,不能满足将来判决的风险。这就使得那些专门为抵制规避判决的债务人采取的合理措施适用于不存在规避恶意的被告,而这会瓦解“玛瑞瓦禁令”的公平性。[③]

被告处于国外的事实本身并不是存在财产被转移或灭失风险的根据。然而,如果申请人已经获得了“冻结令”,但仍然存在被告离开法院的管辖区域而使该“冻结令”受挫的风险,法院有权作出进一步的措施,如命令被告不得离开该国或上交其护照。[④]

(5)存在“必要性”。要获得“冻结令”,当事人必须使法院相信如果不获得禁制令,将不能实现其主张。因此,法院将会考虑申请人是否已经对潜在的危险有充分的确信。[⑤]

(6)对被告损害的评估。要作出“冻结令”,法院须确信被告因遵守该禁制令受到的任何损害可以由原告提供的担保予以赔偿,或者其将承受的不可弥补

---

① See A. A. S. Zuckerman, *Interlocutory Remedies in Quest of Procedural Fairness*, The Modern Law Review, Vol. 56:3, p. 332 (1993).

② See Neil Andrews, *English Civil Procedure: Fundamentals of the New Civil Justice System*, Oxford University Press, 2003, p. 431; A. A. S. Zuckerman, *Interlocutory Remedies in Quest of Procedural Fairness*, The Modern Law Review, Vol. 56:3, p. 332 – 333 (1993).

③ See A. A. S. Zuckerman, *Interlocutory Remedies in Quest of Procedural Fairness*, The Modern Law Review, Vol. 56:3, p. 333 (1993).

④ See Terence Ingman, *The English Legal Process*, Oxford University Press, 2010, p. 405.

⑤ See Neil Andrews, *English Civil Procedure: Fundamentals of the New Civil Justice System*, Oxford University Press, 2003, p. 431 – 432.

的损失的风险明显要比申请人在不能获得该法院令时的风险低。①

"冻结令"对被告可能产生的影响十分严重,不仅仅在于无法处分被冻结的财产。该禁制令还可能损害被告的商业信誉,导致信用的枯竭、商业机会的损失,甚至在一些情形下会导致企业破产。除此之外,该禁制令可能严重地侵犯被告的隐私,因为它可能要求被告披露其财产所在地。这一披露(的)要求并不局限于有关诉讼的事项,而是近似于判决债务人被要求的披露。不管单方的"玛瑞瓦禁令"是否包含披露条款,如果被告希望从被冻结的资金中提取生活和其他费用,就需要充分地披露其财产。作为对被告的一种让步,禁制令不应干涉被告正常营业、生活或抗辩案件的能力。但是,这需要被告向法院申请并作充分的披露。②

在司法实践中,若"冻结令"会导致被告的营业停滞或使其遭受巨大的损失,且申请人的损害赔偿担保不足以赔偿时,法院应予以特别的注意。法院不应要求被告交出其衣服、寝具、家具、贸易工具、农业用具、牲口或者其用于合法经营的任何机器或物品。若"冻结令"涉及银行、房屋建筑会或其他类似的机构,法院应特别注意对相关的听审程序予以"私下"进行,因为公众对其财务状况的信心对此类机构来说尤为重要,公开的效果可能不仅影响该组织,还会影响无辜的消费者和储户。③

(7)申请人应作出保证或担保。"冻结令"的作出通常需要建立在申请人提供特定的担保这一基础之上;④该担保的对象包括"被申请人"和"清白的第三人"。具体来讲,该要件特别地要求申请人作出以下保证:①如果该禁制令后来被证明是被错误地作出的,申请人应当赔偿被申请人,并为该可能的赔偿义务提供担保;②就任何第三方因遵守该禁制令的合理成本予以赔偿,或赔偿因该禁制令的适用而导致的损失,而不管该禁制令的作出是否正当;③即刻签发

---

① See Neil Andrews, *English Civil Procedure: Fundamentals of the New Civil Justice System*, Oxford University Press, 2003, p. 432.

② See A. A. S. Zuckerman, *Interlocutory Remedies in Quest of Procedural Fairness*, The Modern Law Review, Vol. 56:3, p. 333 – 334 (1993).

③ See Terence Ingman, *The English Legal Process*, Oxford University Press, 2010, p. 407 – 408.

④ See A. A. S. Zuckerman, *Interlocutory Remedies in Quest of Procedural Fairness*, The Modern Law Review, Vol. 56:3, p. 338 (1993); Terence Ingman, *The English Legal Process*, Oxford University Press, 2010, p. 405.

并送达其诉状，除非是由于主诉尚未提起，或在其他管辖法院悬而未决而导致签发和送达诉状显得不恰当；④就申请人的律师向法院的陈述作法庭宣誓；⑤向被申请人送达有关将要提起的实体诉讼的“出庭日”以及出庭时将予考虑的文件的详情；⑥如果该禁制令不再具有效力，无论基于何种事由，申请人应迅速地告知所有的利益关系方。[①] 此外，法院可以要求申请人提供担保“保证金”(guarantee bond)，以防将来需要就申请人的“交叉担保”赔偿被申请人。[②] 为损害赔偿提供的交叉担保不仅是赔偿性的，而且是正当程序平衡中的重要因素。[③]

担保应按照被申请人因禁制令的适用受到的损失来执行。对损失的评估应建立在下面的假设之上：申请人已经与被申请人约定不阻止被申请人去做“禁制令”针对的事项。不受禁制令直接约束的共同被告也可以要求执行担保。担保并非给予被告，而是法院，因此法院有自由裁量权决定是否执行该担保。然而，王室、当地权力机关以及类似的法律执行机构在为了公共利益执行法律时无须为“禁诉令”申请提供担保。[④] 尽管如上所述，法院是否作出“冻结令”的裁决取决于对“正义”和“便利”的平衡，而非申请人的“财产状况”。因此，法院不应仅以申请人不能够提供令人满意的损害赔偿担保为由拒绝作出“冻结令”。[⑤]

2. 国际性的“玛瑞瓦禁令”

当“冻结令”涉及处于英国管辖范围之外的财产时，英国法院将会附加额外的条件，即“巴巴纳夫特国际公司诉巴萨特内案”[⑥]确立的“巴巴纳夫特(Babanaft)条款”。“巴巴纳夫特条款”的核心点在于：为了保护间接受到“冻结令”影响的外国第三人，“冻结令”在被外国法院裁定具有执行力，或被承认或

---

① See Neil Andrews, *English Civil Procedure: Fundamentals of the New Civil Justice System*, Oxford University Press, 2003, p. 432.

② See Neil Andrews, *English Civil Procedure: Fundamentals of the New Civil Justice System*, Oxford University Press, 2003, p. 437.

③ See A. A. S. Zuckerman, *Interlocutory Remedies in Quest of Procedural Fairness*, The Modern Law Review, Vol. 56:3, p. 337 (1993).

④ See John O'Hare & Kevin Browne, *O'Hare & Hill Civil Litigation*, London: Sweet & Maxwell, 2000, p. 466 - 467.

⑤ See Terence Ingman, *The English Legal Process*, 13th edition, Oxford University Press, 2010, p. 405.

⑥ Babanaft International Co. S. A. v. Bassatne, [1989] 1 All ER 43, [1990] Ch 13.

执行之前，任何人都不得受到该“禁制令”的拘束。[①] “巴巴纳夫特条款”已经得到英国制定法的确认，并成为标准“冻结令”的组成部分。[②]

在“巴巴纳夫特国际公司诉巴萨特内案”之后，该条款不断地被修正。在“德比有限公司诉韦尔登(第六案)”[③]中，唐纳森勋爵指出，对于那些意在产生域外效力的“玛瑞瓦禁令”来说，其需被外国法院宣告为具有执行力或被外国法院执行，且其仅在外国法院宣告的范围之内约束该禁制令所指向的人或该人的官员或代理人，或那些受英国法院管辖，在该法院管辖之内拥有居所或营业地，收到书面通知且能够阻止法院管辖范围之外违反该禁制令的人。

然而，大多数的大型银行由于在英国“存在”，受制于英国法院的管辖权，便得不到“巴巴纳夫特条款”的保护。为了解决这一难题，以保护第三人位于外国的财产，“波罗的海(Baltic)条款”[④]应运而生。依据“波罗的海条款”，对处于英国之外的财产，“冻结令”不会阻止第三人依据财产所在地国家的法律而合理地相信并履行其相关的合同义务或其他义务。[⑤] 继“巴巴纳夫特条款”后，“波罗的海条款”也已经得到英国制定法的确认，并成为标准“冻结令”的组成部分。[⑥]

受“巴巴纳夫特条款”影响的当事人可大致分为三类：(1)在英格兰和威尔士有财产的“玛瑞瓦禁令”程序中的被告或其他当事人；(2)受英国法院管辖，接到法院作出该禁制令的通知，且能阻止该禁制令在英国和威尔士之外被违反的人；(3)其他人，如不受英国法院管辖权的外国人或组织，或者那些受英国法院管辖但未被通知的人。[⑦]

作出一项国际性的“玛瑞瓦禁令”，除必须满足“巴巴纳夫特条款”和“波罗的海条款”外，亦应满足以下条件：(1)原告在实体上存在一个“在法律上有充分理由的、可以争辩的案件”；(2)应证明被告在英格兰的财产不足以满足判决，且其在国外有财产，(3)存在被告处理财产以规避原告将获得的判决的

---

① See Terence Ingman, *The English Legal Process*, Oxford University Press, 2010, p. 407.

② PD (Practice Direction) 25A, Interim Injunctions.

③ Derby & Co Ltd v. Weldon (No. 6), [1990] 1 W. L. R. 1139.

④ “Baltic 条款”源于案件 Baltic Shipping Co v. Translink Shipping Ltd [1995] 1 Lloyd’s Rep 673。

⑤ See Terence Ingman, *The English Legal Process*, Oxford University Press, 2010, p. 407.

⑥ PD (Practice Direction) 25A, Interim Injunctions.

⑦ Kern Alexander, *The Mareva Injunction and Anton Piller Order: the Nuclear Weapons of English Commercial Litigation*, Florida Journal of International Law, Vol. 11: 3, p. 500 – 501 (1997).

风险。[①] 即便满足了这些要件,英国法院在实践中也很少作出该类禁制令。正如柯尔(Kerr)勋爵指出的,为了保护原告,在一些情形下需要在判决前作出涉及被告在外国的财产的披露令和玛瑞瓦类型的禁制令;这类的案件包括在请求额巨大的案件中,被告的行为极其恶劣且其秘密地企图使原告在英国法院的请求受挫的情况,如"海地共和国诉杜瓦利埃案"[②]。

(四)一系列保障性的限制

由于"冻结令"可由当事人单方地提请,且尽管申请人必须满足上述诸多严苛的条件以获得该法院令,"冻结令"仍然存在被当事人滥用的空间,因而很有必要对其予以严格监管和限制。相关的监管和限制主要包括以下几个方面。

1. 律师和法院的审慎义务

根据英国法,律师负有基于正义而行为的义务,该义务应无折扣地适用于律师代理原告提起"冻结令"申请的情形;由于"冻结令"适用的特殊性,律师在"冻结令"的申请中负有更大的义务。

在"梅莫里公司诉西杜案"[③]中,慕默里(Mummery)法官就申请"冻结令"的案件中律师所负的义务作了更为具体的陈述:将当事人的"冻结令"申请呈递法院的律师有义务确保其对所提出的"冻结令"方案充分熟悉,并最有可能回应法院的关切以及协助法院作出最终的"冻结令"。[④]

律师及其委托人切不可将该类法院令的申请视为从电脑中打印出来,并由法院盖章的包含通用格式法院令的例行日常文书工作。该类申请的"紧急性"与对方当事人的"不在场",必然意味着法院要比其通常情形下更加依赖于律师的"审慎的和一丝不苟的协助",以决定是否在特定的案情下作出该类极为特别的法院令。[⑤] 同时,如果被告曾作出过宣誓书,申请人的律师有义务确保审理法官对该宣誓书过目。[⑥] 如果律师在有其他更恰当的替代方式的情况下而仓促地

---

① Derby & Co Ltd v. Weldon (No. 1), [1990] Ch 48.

② Republic of Haiti v. Duvalier [1990] 1 QB 202.

③ Memory Corpn plc v. Sidhu (No. 2), [2000] 1 W. L. R. 1443.

④ Memory Corpn plc v. Sidhu (No. 2), [2000] 1 W. L. R. 1443.

⑤ Memory Corpn plc v. Sidhu (No. 2), [2000] 1 W. L. R. 1443.

⑥ See Neil Andrews, *English Civil Procedure: Fundamentals of the New Civil Justice System*, Oxford University Press, 2003, p. 437 – 438.

申请禁制令并导致客户的损失,其应赔偿客户的损失。①

英国民事诉讼法将"确保当事人处于同一起跑线上"作为其最基本的目标之一。法院在"无须通知"的情形下而作出"冻结令"是英国民事诉讼基本程序的一个例外;"法院应当行使监管职能以确保程序上的公正"在这一原则上得到了最强烈的体现。法院应当对申请人滥用该临时救济的危险保持警惕;在申请"无须通知"的听审时应保有一种怀疑的精神。该禁制令是极为特殊的措施,法院不应未经讨论而正式表示赞成,不能随意地基于申请人作出了似有道理但不绝对确信的陈述而保有仁慈之心进而给予该临时救济,即便被申请人可由申请人提供的交叉担保获得财务上的保证。②

2. 当事人负有的充分的披露义务

申请"无须通知"的救济的当事人必须向法院披露所有的实质考量和事实,这一义务可能会要求申请人采取某些行动以查明其确信为真实的事实。如果原告未披露"被告已经提供保证"的事实,那么其将被认为违反了应有的披露义务,因为被告提供保证这一事实意味着不存在由于被告的财产的灭失而导致原告的利益受损的危险。此外,申请人与其律师共同负有不误导法院,并给予充分且坦诚的披露的义务。

申请人违反了充分的披露义务通常会导致其所获得的"冻结令"被法院即刻撤销。然而也存在一些例外的情形,如申请人违反其义务是无恶意的,且违反义务的行为对"冻结令"的作出没有影响,或者法院在权衡的基础上,认为对该临时救济的维持和打击欺诈的需要超过了对程序性公正的顾虑。

在"申请冻结令"的过程中,申请人的律师若违反其负有的审慎的披露义务,可能会承担被告因此而支出的"浪费性成本"。如果律师在寻求"无须通知"的禁制令时没有满足充分披露的要件,或未根据披露规则充分地披露有关的文件,法院可以根据被申请人的申请作出针对该律师的"浪费性成本"的法院令。③ 在此方面,最具代表性的案例是"布朗诉贝内特案"④。

---

① See Kern Alexander, *The Mareva Injunction and Anton Piller Order: the Nuclear Weapons of English Commercial Litigation*, Florida Journal of International Law, Vol. 11:3, p. 498 (1997).

② See Neil Andrews, *English Civil Procedure: Fundamentals of the New Civil Justice System*, Oxford University Press, 2003, p. 437.

③ See Neil Andrews, *English Civil Procedure: Fundamentals of the New Civil Justice System*, Oxford University Press, 2003, p. 434 – 435.

④ Brown v. Bennett, [2002] 1 W. L. R. 713.

3.“公平性”的存在

鉴于“冻结令”具有的特别效力，有些学者已经明确提议，“从公平的角度出发，‘冻结令’必须被限制适用于预防‘非法规避’的情形”①。尽管我们直觉地认为那些为了阻碍判决的执行而转移财产的被告的行为是不恰当的，但适用冻结令的非法规避这一要件应当被明确阐述，不应“一刀切”地将“冻结令”适用于所有的被告转移财产的行为。

被告转移财产的目的主要包括以下几个方面：(1)使原告诉诸法律救济的努力归于徒劳。那些认为不欠原告任何东西的被告，在被诉的情况下，会希望给原告一种诉讼徒劳的感觉。在这种情况下，被告转移财产的行为是为了诱使原告放弃诉讼。被告的目的不是破坏原告的实体性权利（被告本身也否认原告享有该权利），而是破坏原告在法庭面前寻求的程序性权利。(2)被告转移财产可能是为了使其可以不受法院令的拘束。有时被告并不是为了阻止原告提起诉讼，而是希望在原告提起诉讼之后可以通过转移财产的方式一劳永逸地破坏原告诉诸法院救济的目的。在该情形下，被告并不声张其转移财产的行为，因为其只是想不受法院裁判的拘束。这样的被告形成了对法院权威的挑战。(3)也会存在一些被告，其并非为了挑战法律的权威，也非为了破坏原告的程序性权利，而是仅仅为了规避其应承担的不容争议的责任，即破坏原告的实体性权利。

被告转移财产的上述目的并非彼此完全排他的。比如，被告在通过转移财产挫败原告的实体性权利的时候，可能同时借此挫败原告的程序性权利；被告在挑战法院权威的时候，可能同时意在会破坏原告的程序性和实体性的权利。而且，在大多数的案件中，我们可能很难判断被告转移财产是出于何种目的。②

若被告转移财产的目的在于挑战法院的权威，则其可能受到“蔑视法庭”的刑事性或准刑事性的惩罚；不过，祖克曼教授认为这不符合民事诉讼的目的——“解决纠纷”而非“维护法律的权威”。在传统的临时禁制令管辖范围之外维护原告的“实体性权利”，亦站不住脚；正如，原告不能主张被告的风险性投资本身会侵犯其实体权利。而将判决前临时救济的目的作为保护原告向法院

---

① 值得注意的是，在英国司法实践中，“冻结令”已经不再被局限于适用在“非法规避”的案件中。

② See A. A. S. Zuckerman, *Interlocutory Remedies in Quest of Procedural Fairness*, The Modern Law Review, Vol. 56:3, p. 335 -336 (1993).

寻求救济的程序性权利的定位,则提供了适用"冻结令"的最好原理。判决前临时救济应意在保护原告的程序性权利,该程序性权利无须等到最终判决的作出。这同时解释了为什么原告所需证明的仅仅是存在一个"在法律上有充分理由的、可以争辩的案件";"冻结令"可以被认为是为实现原告向法院寻求救济的无可争辩的程序性权利而提供的保障。① 在不被认为是"非法规避"的情形下,法律可以考虑设计替代性的方式以保障程序的公平性。祖克曼教授就此提出了原告在对席程序中提供担保的基础上申请财产冻结令的模型。这一模型移除了被告通常享有的程序性优势,其同时有效地平衡了双方当事人的地位。②

(五)"冻结令"的解除或变更

依"单方程序"而获得的"冻结令"要受到事后"对席审查"的检讨。在获得"冻结令"之后,申请人负有提起正常的诉讼的义务,被告在对席审查程序中会被通知;在正常的诉讼程序中,法院可重新考虑该禁制令的实质以决定是否继续实施"冻结令"。③

被申请人有权要求法院变更或解除"冻结令"。法院可以变更"冻结令",允许在"冻结令"中被限制的财产得以使用;但存在一个前提条件,即这样做不会与适用"冻结令"的基本政策相冲突,也就是阻止财产被转移出法院的管辖范围或在法院的管辖范围之内灭失。比如,在司法实践中,法院会改变"冻结令"以允许被告偿付其在法院管辖范围之内的正常营业中对第三人所负之债务,尽管这样做会使剩余的财产不能充分地满足申请人的诉求;法院也在实践中允许被告提高每周从其银行账户中取款的额度,以满足其日常开支,支付紧急的账单、律师费等。然而,如果被告的债务并不是在其正常营业中产生的,那么被告变更"冻结令"的申请不应得到支持。要成功地说服法院变更"冻结令",被告仅声明其对某人负有债务是不充分的,还应提出证据表明不存在任何其他的不受"冻结令"限制的可以支付债务的财产。④

---

① See A. A. S. Zuckerman, *Interlocutory Remedies in Quest of Procedural Fairness*, The Modern Law Review, Vol. 56:3, p. 336 – 337 (1993).

② See A. A. S. Zuckerman, *Interlocutory Remedies in Quest of Procedural Fairness*, The Modern Law Review, Vol. 56:3, p. 337 – 338 (1993).

③ See Neil Andrews, *English Civil Procedure: Fundamentals of the New Civil Justice System*, Oxford University Press, 2003, p. 438.

④ See Terence Ingman, *The English Legal Process*, Oxford University Press, 2010, p. 408 – 409; W. A. Kennett, *Enforcement of Judgments in Europe*, Oxford University Press, 2000, p. 170.

如果申请人是在未通知被告且没有恰当地披露重要事实的情况下获得了“冻结令”，法院会在满足以下两个条件的情况下解除该“冻结令”：一是不披露的行为并非无恶意的；二是如果事先作出了充分的披露，该“冻结令”不会被作出。① 此外，如果被申请人向法院存入“冻结令”中指定的款项，或提供了被申请人的律师所接受的担保，那么该“冻结令”将停止适用。②

然而，实践中解除“冻结令”的申请很少，这意味着“冻结令”在说服被告进行和解方面甚为成功。③ “冻结令”使被告处于一种相对于原告的不平衡的劣势地位：其被剥夺了初始阶段的听审权，并被限制了在最终判决前行使其财产处分的自由。该禁制令赋予了原告针对被告的重要优势，并影响被告在后续纠纷解决中的选择：被告可能会达成和解，不是因为原告的胜诉更高，而是因为希望避免因该禁制令的适用所带来的损害和不可弥补的影响。④ 因此，“冻结令”适用中的平衡性架构相当重要。

（六）“冻结令”与“蔑视法庭”

被申请人或其他人违反“禁制令”将构成“蔑视法庭”⑤（contempt of court）。在英国法中，“蔑视法庭”分为民事性和刑事性；⑥对于民商事案件中的

---

① See Terence Ingman, *The English Legal Process*, 13th edition, Oxford University Press, 2010, p. 409.

② See Neil Andrews, *English Civil Procedure: Fundamentals of the New Civil Justice System*, Oxford University Press, 2003, p. 438.

③ See Kern Alexander, *The Mareva Injunction and Anton Piller Order: the Nuclear Weapons of English Commercial Litigation*, Florida Journal of International Law, Vol. 11: 3, p. 490 (1997).

④ See A. A. S. Zuckerman, *Interlocutory Remedies in Quest of Procedural Fairness*, The Modern Law Review, Vol. 56: 3, p. 332 (1993); Terence Ingman, *The English Legal Process*, 13th edition, Oxford University Press, 2010, p. 335.

⑤ 在英国法中，“藐视法庭”（的行为或罪行）是指故意妨碍、阻止法庭执行司法职务或故意贬低、损害法庭或法官的权威和尊严的行为。根据远近因素，藐视法庭可分为直接和间接（或推定）两类，前者指在法庭内或在距法庭很近的地方发生的妨碍法庭正常审理的行为，如使用攻击性语言或暴力行为，此类行为可立即受到惩罚，也可称为“刑事”藐视法庭；后者指在法庭外发生的拒绝或破坏法庭执法的行为，主要是拒绝或不执行法院的命令或裁决。根据诉讼目的，藐视法庭还可分为民事和刑事两类。凡直接阻碍法庭审理行为或侵犯法庭尊严的藐视具有刑事性质，已构成犯罪，可被处以罚金或监禁；对于间接藐视法庭，即拒不执行法庭下达的对对方当事人有利的命令的行为，属民事性质，法庭可采取罚款或拘留当事人措施，强制其执行法庭命令。援引自《元照法律词典》。

⑥ See Terence Ingman, *The English Legal Process*, Oxford University Press, 2010, p. 127 - 129.

禁制令的违反，属于民事性“蔑视法庭”。[①] 尽管违反“冻结令”而处分财产的行为完全有效，但是若该行为十分恶劣，违反者可能会受到罚金、监禁的惩罚。在公司案件中，其财产可能会被“扣押”（sequestration）。被申请人重大或持续性的过失即可构成对法庭的蔑视，如在公司未能确保其雇员或代理人遵循该“禁制令”。如果申请人未能满足其在获得“冻结令”时默示地或明确地给予的担保，亦可构成对法庭的蔑视。而即便是履行其职责的政府官员或政府部门，也不能豁免于“蔑视法庭”的指控。[②] 然而，对于民事性“蔑视法庭”，一些极为严重的惩罚措施如“监禁”，应当加以特别限制地适用。[③] 不过，有学者指出，以适用“蔑视法庭”指控的方式维护法院的权威并不存在适当的理论根据，因为民事诉讼主要关注的是私人间纠纷的解决，而非维护法律的权威。[④]

如果第三人（如被申请人的银行）故意或明知地实施或不实施某一行为，以致“冻结令”被瓦解，或协助和唆使被申请人违反“冻结令”，将被认为是对法庭的蔑视。当然，英国法院考虑到了要求“作为第三人的银行密切地关注被申请人的每笔交易”而产生的不合理性，认为只要被申请人的取款看起来是在“冻结令”的允许范围之内即可。[⑤] 然而，为了实现“冻结令”对第三人的充分的效力，债权人需尽可能地通知所有可能会协助债务人违反“冻结令”的人。

四、民事搜查令

（一）概述

“民事搜查令”最初被称为“安东·皮勒令”（Anton Piller Order），其产生于英国法院在实践中拥有的适用禁制令的广泛性权力，并被英国1997年《民事程序法》（Civil Procedure Act 1997）确认为重要的临时救济。[⑥] “民事搜查令”用于阻止被告转移、隐藏或破坏证据，[⑦]其大多适用于侵犯版权或冒充经营的侵权物

---

① See Terence Ingman, *The English Legal Process*, Oxford University Press, 2010, p. 156 – 157.

② See Terence Ingman, *The English Legal Process*, Oxford University Press, 2010, p. 157.

③ See Terence Ingman, *The English Legal Process*, Oxford University Press, 2010, p. 158.

④ See A. A. S. Zuckerman, *Interlocutory Remedies in Quest of Procedural Fairness*, The Modern Law Review, Vol. 56:3, p. 337 (1993).

⑤ See Neil Andrews, *English Civil Procedure: Fundamentals of the New Civil Justice System*, Oxford University Press, 2003, p. 441 – 442.

⑥ Section 7, Civil Procedure Act 1997.

⑦ See Terence Ingman, *The English Legal Process*, Oxford University Press, 2010, p. 399.

品,或离职雇员违反保密协定,或从事竞争性营业的离职雇员保有顾客名单等情况。[①] "民事搜查令"不同于"搜查令"(search warrant):前者针对的是被申请人,要求被申请人允许申请人进入其住处并进行搜查;而后者通常用于刑事调查中,允许刑事执法中的执法主体针对有关的住处或人身进行搜查并扣押有关证据。[②] 最早适用"民事搜查令"的案件是"伊曼纽尔诉伊曼纽尔案"[③];在该起婚姻家庭案中,法院命令丈夫允许妻子的律师进入其家里寻找、检查及拍照,并转移任何有关其收入和资金的证据。不可否认,在一些案件中,为防止被告破坏或去除其所掌控的证据使原告对案件的证明变得困难,凭借"民事搜查令"而赋予原告保存该证据的权利会变得相当必要。"民事搜查令"的目的就在于阻止被告转移、隐藏或破坏证据。[④] 作为一项辅助性的禁制令,"民事搜查令"通常被视为附属于"冻结令"的工具;[⑤]其允许申请人检查被申请人的房屋[⑥]并可就其所声称的任何不法行为的"证据"予以迁移或固定。在"梅拉特银行诉尼克普尔案"中,"民事搜查令"被唐纳森勋爵称为是英国民事诉讼中在"冻结令"之外的第二个"核武器"。[⑦]

如同"冻结令","民事搜查令"的作出亦是"单方性的",即"无须通知"被申请人。不过,只有高等法院有权签署该禁制令。依凭该禁制令,申请人可以"突袭"被告,并可因此而在证据丢失或被破坏之前占据关键性证据。该禁制令的本质是法院授权一定范围内的人员,通常包括申请人的"事务律师",在正常的工作时间内进入被申请人的房屋以搜寻证据、财产,或其他的为该禁制令可以涵盖的材料。相反,在周末,或工作日的上午 9 点半之前或下午 5 点半之后执

---

① See Paula Loughlin & Stephen Gerlis, *Civil Procedure*, Cavendish Publishing Limited, 2004, p. 312.

② See Paula Loughlin & Stephen Gerlis, *Civil Procedure*, Cavendish Publishing Limited, 2004, p. 312.

③ Emanuel v. Emanuel, [1982] 2 All ER 342.

④ See Terence Ingman, *The English Legal Process*, Oxford University Press, 2010, p. 399.

⑤ See Kern Alexander, *The Mareva Injunction and Anton Piller Order: the Nuclear Weapons of English Commercial Litigation*, Florida Journal of International Law, Vol. 11:3, p. 503 (1997).

⑥ 被告的房屋可以是商业性的,营业性的,或家庭的房屋,前提是其位于英格兰和威尔士,被申请人处于英国境内的"交通工具"亦可以是搜查的范围,如其小船(boat),快艇(yacht),飞机(aeroplane)或直升机(helicopter)。See Neil Andrews, *English Civil Procedure: Fundamentals of the New Civil Justice System*, Oxford University Press, 2003, p. 458.

⑦ Bank Mellat v. Nikpour, [1985] F. S. R. 87, 92 (C. A.).

行搜查令被认为是“压制性”的。[①] 申请人可被允许移走其搜寻到的材料并对其予以保存，或者申请人至少可以对该材料予以复制、取样或做其他记录。当然，申请人亦可从被申请人的电脑中打印材料，或就其内容做备份。[②]

“民事搜查令”在涉及侵犯知识产权和秘密的案件中甚为有效；当然，其适用并不像前述“冻结令”那样普遍，但是该禁制令被广泛地用来作为“临时救济”的保护壳。该禁制令被澳大利亚、加拿大、新西兰、新加坡以及南非等国家和地区广泛适用。[③] 该措施适用于民事诉讼的各个阶段，包括诉讼提起前、诉讼进行中，以及判决作出后；在判决作出后作出的“民事搜查令”主要是为了获取关涉判决执行的基本书件。[④] 如果“民事搜查令”是在主诉提起前被启动的，申请人有义务无迟延地提起主诉，并对被申请人予以送达。

然而，民事搜查令具有“单方性”且涉及对被申请人“房屋”的搜查，这引起了不少争议，尤其是其涉嫌侵犯宪法中关于禁止对房屋的推测性搜查授权这一基本权利。丹宁勋爵将“民事搜查令”的作出建立在被申请人同意的基础之上，申请人进入被申请人的房屋的前提条件是获取“被申请人的同意”。然而，被申请人的同意只是出于法律不可抗拒的压力，因为相反的选择会构成对法庭的蔑视。[⑤] 该临时救济因而受到了不少质疑。值得注意的是，在 1997 年《民事程序法》之后，“被申请人的同意”的要件消失了，申请人进入被申请人房屋的基础被建立在了该法院令的基础之上，而非被申请人的同意。[⑥]

（二）作出“民事搜查令”的标准

法官协会关于适用搜查令的报告要求“民事搜查令”的适用被建立在“必要性”的基础之上；除非出于正义的需要，否则该禁制令不应被作出。在司法实践中，如果申请人的利益可以通过法院作出的强迫被申请人不得破坏证据的方

---

① See Neil Andrews, *English Civil Procedure: Fundamentals of the New Civil Justice System*, Oxford University Press, 2003, p. 458.

② See Neil Andrews, *English Civil Procedure: Fundamentals of the New Civil Justice System*, Oxford University Press, 2003, p. 453.

③ See Neil Andrews, *English Civil Procedure: Fundamentals of the New Civil Justice System*, Oxford University Press, 2003, p. 453 – 454.

④ See Terence Ingman, *The English Legal Process*, Oxford University Press, 2010, p. 400.

⑤ 不遵守“民事搜查令”的行为——拒绝申请人获取证据或破坏证据，都构成“蔑视法庭”。See Terence Ingman, *The English Legal Process*, Oxford University Press, 2010, p. 400.

⑥ See Neil Andrews, *English Civil Procedure: Fundamentals of the New Civil Justice System*, Oxford University Press, 2003, p. 454 – 455.

式得以实现,那么申请人对该禁制令的申请便没有保障和必要性。① 此外,该禁制令不应在达致其目的之外的意义上被作出。在该禁制令中对被申请人的保障应与对该禁制令的目的相一致。② 一般说来,“民事搜查令”的作出要受到以下几个条件的限制:

1. “民事搜查令”不得被用作一种网罗诉由的手段。

2. 申请人必须对其主诉求的实体问题有特别有力的表面上的胜诉可能性。在司法实践中,如果申请人作出宣誓,记录了被申请人被发现有侵权的“现行”(red-handed),侵犯了申请人的知识产权,便足以满足该要件;实体法上的严格要求主要是考虑到法院是在被申请人缺席,未收到通知,且未获得听审的情况下作出“民事搜查令”的。③

3. 必须存在一种严重的危险,即若不作出该特殊的法院令,申请人的利益将会受到损害。

4. 申请人必须使法院相信被申请人拥有相关的材料,且被申请人会破坏这些材料,除非采取出人意料的搜查。

5. 实施该法院令对被申请人及其商业所造成的损害不应过度,或与该法院令的合法目标不成比例。④

(三)“民事搜查令”的实施及限制

“民事搜查令”通常与“披露令”紧密地联系在一起,或者说后者是前者在实践中的一个基本特征;法院可以命令被申请人披露“共同不法行为人”的身份。1997 年《民事程序法》明确载明,“民事搜查令”也可以要求相关的人:(1)向搜查令指定的任何人,或确保向这些人提供任何的该法院令叙述的信息或物品;(2)允许该法院令述及的任何人或确保这些人能够出于保全的目的而保有该法院令中叙述的任何东西。⑤

---

① See, for example, Brown v. Bennett, [2002] 1 W. L. R. 713.

② See Report into “Anton Piller” orders, A Consultation Paper, Lord Chancellor’s Department, 1992, para. 2. 3.

③ See Paula Loughlin & Stephen Gerlis, *Civil Procedure*, 2nd edition, Cavendish Publishing Limited, 2004, p. 312.

④ See Neil Andrews, *English Civil Procedure: Fundamentals of the New Civil Justice System*, Oxford University Press, 2003, p. 455 – 456.

⑤ Article 7(5), Civil Procedure Act 1997.

在“可口可乐诉吉尔比案”①中，法治原则甚至要求被申请人遵守“民事搜查令”，即便这样做会导致被申请人处于“反控”（recrimination）以及第三人的“暴力”（violence）之下。这一“不让步的”（unyielding）裁定是对效力原则的重要确认。申请人可以自由使用有关第三人的信息以提起针对那些共同不法行为人的独立的或相关的诉讼程序，但是其不得将这些信息透露给其他人，如警察、海关以及税务机关。②

“民事搜查令”共享“冻结令”的许多程序性特征。比如，在法院作出“搜查令”之前，当事人有义务就实质性的事实作出充分的披露，且有义务在该法院令事后被认为是错误作出的情况下赔偿被告。在司法实践中，英国法院为确保被告的程序性权利而表现得越来越谨慎。在“环球温度传感器有限公司诉希本案”③中，法院特别考虑了在“民事搜查令”的实施中原告或其律师的“违规行为”；法院认为原告律师在该案中未向法院披露可能使法院不作出该项搜查令的核心证据，因而认定原告律师的行为极为恶劣，进而要求其向被告支付 2 万英镑的赔偿金。一份标准的搜查令中包含大量的意在控制执行该法院令的程序条款，尤其是关于材料的扣押程序。目前的有益实践是，应存在独立的、起监管作用的事务律师以确保冻结令的合理适用并避免压制。该事务律师不应是申请人的雇员或申请人的律师事务所的成员，其应具有适当的经验。④

“民事搜查令”具有的“单方的”特征及严酷性，使其成为申请人手中的强大武器。为避免该临时救济适用中存在的不公正性，很有必要严格限制该措施适用的范围并提供一系列的保障。⑤ 根据 1997 年《民事程序法》的《实践指导》（Practice Direction 25）的规定，在被申请人联系、咨询其律师时，申请人的“独立事务律师”（independent solicitors）以及“监管事务律师”（supervising solicitors）可进入被申请人的房屋。然而，被申请人有权保有依据法律应予以“特免”的材料（privileged material），该部分材料不可被搜查；不过，“监管事务律师”要对此予以核查，以及安全的保管。在此程序结束之前不可以进行搜查，且被申请人

① Coca-Cola v. Gilbey, [1995] 4 All ER 711.

② See Neil Andrews, *English Civil Procedure: Fundamentals of the New Civil Justice System*, Oxford University Press, 2003, p. 456 – 457.

③ Universal Thermosensors Ltd. v. Hibben, [1992] 1 W. L. R. 840.

④ See PD (Practice Direction) 25A, Interim Injunctions; Neil Andrews, *English Civil Procedure: Fundamentals of the New Civil Justice System*, Oxford University Press, 2003, p. 457 – 458.

⑤ See Terence Ingman, *The English Legal Process*, Oxford University Press, 2010, p. 400.

可以基于此而将搜查程序推迟最多 2 个小时。① 在执行“搜查令”的过程中,除非“搜查令”明确地指明,其他任何文件均不得被转移,不管被申请人是否同意转移。此外,申请人一方有权扣留可被转移的材料并复印,但应当及时归还被申请人。②

被申请人有机会在“民事搜查令”中所指定的“出庭日”于“获得通知”的情况下对该搜查令提出异议,以对其予以解除或更改;当然,被申请人无须等到该“出庭日”,可在任何时候申请更改或解除该法院令。③

五、临时支付

侵权受害人最能深刻地感受到,其因被告的程序优势所遭受的不公正,其可能会眼睁睁地看着在自己获得最终判决前寻求赔偿的机会或意义消失。为此,《人身损害诉讼委员会报告》引入了“临时支付”制度;该制度用于针对那些对被告的责任不存在争议的诉求。该提议的基本目的之一,便是降低诉讼程序不平衡的程度。该报告的委员会解释道,“临时支付可以提供一种当事人在讨价还价中地位更公平的机制,这会使得所达致的‘和解’(settlement)更接近诉求的真实价值”。《最高法院规则第 29 号命令》(RSC Ord 29)包含临时支付程序的规则,该程序并不局限于人身伤害诉讼中,可在原告能够说服法院获得高额赔偿的案件中适用。英国 1981 年《法院法》第 32 条确认了英国最高法院在其诉讼中有权作出“临时支付”的法院令。④

尽管对该程序要求的“胜诉可能性”存在争议,临时支付程序体现了在原告能够证明其有较大的胜诉可能性时有权保护其免受损害赔偿权不能实现的风险。有关公正的两点考虑可以解释为什么该程序适用于原告有较大的胜诉可能性的情形:一是当原告的诉求是坚不可摧的时候,对抵消不公正措施的需要是最强烈的;二是原告的胜诉可能性越大,财产隐匿的风险将会越严重地侵蚀合法权利。另外,临时支付的对象是原告,其可以自由使用通过临时支付获得的赔偿。但是,存在一个风险,即原告可能不能够返还该笔赔偿。因此,较大胜

---

① PD (Practice Direction) 25A, Interim Injunctions.

② See Terence Ingman, *The English Legal Process*, Oxford University Press, 2010, p. 400.

③ See Neil Andrews, *English Civil Procedure: Fundamentals of the New Civil Justice System*, Oxford University Press, 2003, p. 458 – 459.

④ See Article 32, Senior Courts Act 1981.

诉可能性的要求降低了被告可能因原告不能证明其权利所带来的丧失金钱的风险。①

六、小结

英国法中(国际)民事诉讼的临时救济体系是在“衡平法”的实践基础上发展起来,架构在传统的“一般临时禁制令”以及晚近发展起来的“冻结令”和“搜查令”之上的。作为特定化的“临时禁制令”,“冻结令”和“搜查令”不同于一般的“临时禁制令”,尽管它们都属于英国禁制令体系的基本组成部分,且共享许多基本的临时救济的特征。② 从根本上来讲,“冻结令”和“搜查令”并不着眼于“实质性的争议”,其借助的是“单方”申请程序,且仅仅是为了实现将来的诉求而提供一种金钱上的或证据上的保护机制;而“临时禁制令”关注案件的“实质性纠纷”,原则上采用的是与“单方”申请程序相对的“对席”程序,其目的亦不仅限于临时救济具有的“保护”的职能。“冻结令”和“搜查令”与一般的“临时禁制令”在对案件实体上的关注度和对申请人的实体问题的证明标准上存在明显的差别。③ 法院在“冻结令”的适用中会要求申请人在实体上证明存在“在法律上有充分理由的、可以争辩的案件”;而在申请“临时禁制令”的案件中,申请人仅需确立“存在可以审理的严肃的问题”,④或者存在“表面上的可以证明的请求”。

英国的郡法院已取得了作出一般性的“临时禁制令”的权力,而作出“冻结令”和“搜查令”的权力仍然由高等法院独享。⑤ “冻结令”是在“无须通知”程序的基础上作出的一种“临时禁制令”,其着眼点是被申请人的“财产”,即阻止被申请人转移或隐匿财产。⑥ 英国作为普通法系的代表性国家,其在架构临时

---

① See A. A. S. Zuckerman, *Interlocutory Remedies in Quest of Procedural Fairness*, The Modern Law Review, Vol. 56:3, p. 330 – 331 (1993).

② 譬如,它们都要求申请人对所申请的临时救济提供交叉担保,用以在临时救济被证明是错误的情况下赔偿被申请人。

③ See Neil Andrews, *English Civil Procedure: Fundamentals of the New Civil Justice System*, Oxford University Press, 2003, p. 481 – 482.

④ See Terence Ingman, *The English Legal Process*, Oxford University Press, 2010, p. 404.

⑤ See Neil Andrews, *English Civil Procedure: Fundamentals of the New Civil Justice System*, Oxford University Press, 2003, p. 474 – 475.

⑥ See Terence Ingman, *The English Legal Process*, 13th edition, Oxford University Press, 2010, p. 403.

救济适用中的“三方主体”之间的关系方面具有以下特点：

第一，申请人是临时救济适用中“主动性的”利害关系人，是临时救济的启动者。申请人可以在诉讼提起之前以及在诉讼的整个进程之中选择恰当的临时救济，或基于维持当事人之间在纠纷解决前的现状，或为最终判决的实现提供有力的保障。“一般的临时禁制令”通常作为申请人为实现纠纷解决中“加速正义”实现的方式，而特别化的“冻结令”和“民事搜查令”则为申请人提供了最终实现实体权利的重要保障。英国法中临时救济适用的“单方性”赋予了申请人在程序上的极大优势，这也使临时救济的应有的效力得到了最大的发挥。一方面，申请人因临时救济的适用获得了巨大的程序性优势；另一方面，申请人应保证临时救济申请的合法性和合理性。对此，法律进行了严格的规范，主要体现在：临时救济的适用须以申请人提供担保为前提；申请人要获得临时救济，应证明存在实体上的胜诉可能性且须证明存在适用临时救济的法定情形；申请人及其律师在临时救济的适用中亦负有维护被申请人利益的义务，如申请人的充分披露义务、律师的审慎义务等；临时救济的适用建立在一系列严格的条件之上。

第二，被申请人是临时救济适用中“受动性的”利害关系人，是临时救济规范的对象。英国法中的临时救济是“对人的”而非“对物的”措施，其效果是产生对被申请人以及相关的第三人的一种强制，并以法律的惩罚——“蔑视法庭”为保障。在临时救济的架构中，被申请人首先是作为“失衡方”出现的；“缺席下的”裁决，是对传统的审理原则“莫听一面之词”的根本背离。不过，英国法容许临时救济这一“必要的恶”；更为重要的是，其对该“必要的恶”进行了有效的限制，如被申请人享有事后对临时救济提出抗辩，或申请撤销或变更临时救济，获得损害赔偿的权利等。

第三，英国法院作为临时救济适用中的“中立方”，对申请人的临时救济申请有广泛的自由裁量权。在英国，临时救济的产生基于“普通法院”与“衡平法院”相分离的实践，且临时救济最早是“衡平法院”的主要管辖范围。英国法中的临时救济主要是“对人”的措施，这一独特性的临时救济架构深刻影响了英国法中临时救济效力发挥的范围。英国法院在适用临时救济的实践中表现得越来越谨慎，以求双方当事人在程序中的“均衡”。英国法对有权适用临时救济的法院作出了特别的限定，通常只有高等法院可以作出临时救济中特别化、极为严厉的“冻结令”和“民事搜查令”。

第二节　美国法中的临时救济

一、引论

就民事诉讼中的临时救济问题,美国联邦法院在传统上主要遵循英国先例,并将临时救济的目的主要定位于“现状的保存”。[①] 不过,在实践中,美国法院也逐渐发展出了区别于传统英国法的临时救济体系。现行美国法(包括州法和联邦法)中的临时救济主要包括两类:第一类是对有关的当事人或财产实施“扣押”以确保未来判决的实现,即“财产扣押”或“民事拘留”;第二类是“禁止令”[②](restraining order)和“禁制令”[③]。除这两类基本的临时救济之外,美国法律实践中还可适用“第三方接管”(receivership)和“请求与交付”(claim and delivery),以及州法中具有特定适用范围的“扣押”(attachment)、“执行职务令”、“禁止令”(writ of prohibition)、“调卷令”(writ of certiorari)等临时救济。[④]

美国州法和联邦法均有涉及民商事诉讼中临时救济的规则,这两者并行不悖。根据美国50个州的法律,当事人可以诉诸大量的有关“扣押”的临时救济。“扣押”是法院对位于其管辖范围内的被告财产采取的临时性措施,其主要是“对物性”的措施。[⑤] 对于“扣押”的适用,现行的美国《联邦程序规则》(Federal

---

① See Arthur D. Wolf, *Preliminary Injunctions: The Varying Standards*, Western New England Law Review, Vol. 7:2, p. 173 – 238 (1984 – 1985); John Leubsdorf, *The Standard for Preliminary Injunctions*, Harvard Law Review, Vol. 91:3 p. 525 – 566 (1978).

② 不同于“禁制令”,美国法中的“禁止令”是法院在经过由各方当事人参加的听审后发布的在一定期间内有效的命令,旨在保护某人免受他人的骚扰、虐待、暴力或追踪等,尤其是禁止或限制接近受保护者,有时甚至包括禁止与受保护者订立合同。此种“禁止令”常在存在“家庭暴力”(domestic violence)的情况下使用。

③ 需要指出的是,美国法上的“禁制令”(injunction)除此处提及的“临时禁制令”以及“禁止令”之外,还包括“终局禁制令”(permanent injunction)。这三种禁制令在持续的时间及申请的程序方面都存在不同。See Morton Denlow, *The Motion for a Preliminary Injunction: Time for a Uniform Federal Standard*, Review of Litigation, Vol. 22:3, p. 499 – 500 (2003); Susan Burnett Luten, *California Civil Litigation*, Delmar Cengage Learning, 2009, p. 466 – 467. 由于终局禁制令不属于本部分所讨论的临时救济的范畴,故不予对其讨论。

④ See Susan Burnett Luten, *California Civil Litigation*, Delmar Cengage Learning, 2009, p. 467 – 470.

⑤ See Catherine Kessedjian, *Note on Provisional and Protective Measures in Private International Law and Comparative Law*, Prel. Doc. No 10, para. 46.

Rules of Civil Procedure)明确指出,[①]法院所在地的州法载明的有关“扣押”人或财产的临时救济将适用于诉讼提起时,并全程贯穿诉讼程序,但联邦法规支配州法中临时救济的适用范围。[②] 这意味着有关“扣押”的形式、程序和使用的法律术语,在地处不同州的美国联邦法院之间也存在差异。[③]

与“扣押”制度形成鲜明对比的是,对于美国法中其他的临时救济——具有“对人”效力的“临时禁制令”和“临时禁止令”来说,美国联邦法院已经发展出了其自有的规则体系,《联邦程序规则》对这两类临时救济作出了若干具体的规定。本部分主要依据《联邦程序规则》以及具有代表性的州法对美国法中的临时救济予以阐述。

二、扣押

(一)历史沿袭

美国法中现行的“扣押”制度,建立在早期英美普通法中相关司法实践的基础之上,是美国临时救济中的传统部分。[④] 在早期普通法中,“扣押”曾被用来实现法院管辖权。现行美国法中的“扣押”措施与早期普通法下适用的“扣押”措施依然有共通之处,且前者是在承袭、演变传统普通法中的“扣押”措施的基础上形成的。

美国最初吸收了英国法中的两类“扣押”——“一般扣押”和“异地扣押”,作为强迫被告出庭、行使管辖权的制度工具。随后,以马萨诸塞州为先导,1659年后美国诸州对“扣押”措施进行了革命性的变革:“财产扣押”不会因被告的出庭而被解除,而是在判决执行后方可解除。1795 年马萨诸塞州将“异地扣押”推广适用于所有的债务人被告,其他州追随该实践。这样一来,英国传统法中的判决前扣押措施从作为一项管辖权根据转变成了预防“第三位损害”的强

---

① Rule 64 (a), Federal Rules of Civil Procedure.

② 对于其他学者的不同理解,参见张茂:《美国国际民事诉讼法》,中国政法大学出版社 1999 年版,第 261 页。

③ See Peter L. Murray, *Provisional Measures in U. S. Civil Justice*, in Rolf Stürner & Masanori Kawano eds., Comparative Studies on Enforcement and Provisional Measures, Mohr Siebeck GmbH KG, 2011, p. 230.

④ See Peter L. Murray, *Provisional Measures in U. S. Civil Justice*, in Rolf Stürner & Masanori Kawano eds., Comparative Studies on Enforcement and Provisional Measures, Mohr Siebeck GmbH KG, 2011, p. 231.

有力的手段。①

(二)定性与适用

1."扣押"的性质

在美国法中,"扣押"通常被识别为普通法上的救济,而非衡平法上的救济。② 法院适用的"扣押"措施主要是法院所在州的州法中载明的对人或财产予以扣押的救济措施,意在为最终判决的实现提供担保。美国联邦程序法中则不存在支配"扣押"的规则,联邦法院会根据其所在州的州法采取相应的"扣押"措施。这意味着在美国的司法实践中,"扣押"的形式和程序在各州法院甚至是联邦法院之间存在诸多不同。③ 此外,在"扣押"的标准和条件问题上,各州之间亦存在诸多不同。④

不同于英国法中的"冻结令",美国法中的"财产扣押"和"对案外债务人的扣押"是"对物"(in rem)措施。在"对案外债务人的扣押程序"中,若案外债务人违反了相关的法院令,则须再次付款;因此,这种临时救济制度的架构在很大程度上相当于德国、法国法律体系中的"扣押"制度。获得该法院令的当事人则必须作出安排以送达案外债务人。这两类临时救济的适用必须以明确要扣押的财产为前提,但该"确定性要件"并不阻碍美国法院签发辅助性的法院令以披露其他财产的存在和价值。⑤

2."扣押"的适用

扣押程序的启动可以在提起诉讼时,亦可以在诉讼程序中。"扣押"程序附属于主诉讼程序,不可在提起诉讼之前适用。此外,"沙弗尔诉海特纳案"⑥指

---

① See Rhonda Wasserman, *Equity Renewed: Preliminary Injunctions to Secure Potential Money Judgments*, Washington Law Review, Vol. 67:2, p. 274 – 275 (1992).

② See Rhonda Wasserman, *Equity Renewed: Preliminary Injunctions to Secure Potential Money Judgments*, Washington Law Review, Vol. 67:2, p. 270 (1992).

③ See Peter L. Murray, *Provisional Measures in U. S. Civil Justice*, in Rolf Stürner & Masanori Kawano eds., Comparative Studies on Enforcement and Provisional Measures, Mohr Siebeck GmbH KG, 2011, p. 229 – 230.

④ See George A. Bermann, *Transnational Provisional Relief in the Courts*, in Jack L. Goldsmith ed., International Dispute Resolution: The Regulation of Forum Slection, Transnational Publishers, 1997, p. 103.

⑤ See Peter Schlosser, *Jurisdiction and International Judicial and Administrative Co-operation*, Recueil des Cours, Vol. 284, p. 172 – 173 (2000).

⑥ Shaffer v. Heitner, 433 U. S. 186 (1977).

出,“财产所在地”本身不能成为对相关争议行使管辖权的合法根据,法院无法对位于管辖权范围之外的财产进行“冻结或扣押”,因此可以怀疑是否存在关涉财产的判决前救济。①

《联邦程序规则》明确列举了几类可予适用的“扣押”措施,②具体包括“拘留”(arrest)、“财产扣押”(attachment)、③“对案外债务人的扣押”(garnishment)、“返还原物之诉”(replevin)、“财产暂管”,以及“其他相应的或等同的救济措施”,如“未决诉讼布告”。④ 然而,除在“推定信托”“不当得利”等少数领域之外,美国的“扣押”措施体系中并不存在“冻结令”,⑤美国因此成为唯一未发展“冻结令”制度的普通法系国家。⑥ 这是美国法与英国法临时救济体系的最大区别之一。

美国法中“财产扣押”的对象,主要包括不动产、动产、无形的动产、权利主张、银行账户、工资和收入等。⑦ 对这些不同的扣押对象,申请人须遵循的扣押

---

① See Peter Schlosser, *Jurisdiction and International Judicial and Administrative Co-operation*, Recueil des Cours, Vol. 284, p. 173 (2000).

② Rule 64 (b), Federal Rules of Civil Procedure.

③ 对于“拘留”(arrest)和“财产扣押”(attachment)在美国海事诉讼中的重要区分,参见 Joshua S. Force, *Arrest and Attachment Distinguished*, Tulane Law School (March 16, 2024), www. law. tulane. edu/WorkArea/DownloadAsset. aspx? id = 7610; Michael H. Bagot, Jr. & Dana A. Henderson, *Seize and Desist: Damages for Wrongful Maritime Seizure*, Tulane Maritime Law Journal, Vol. 25, p. 117 – 151 (2000); William Tetley, Arrest, *Attachment, and Related Maritime Law Procedures*, Tulane Law Review, Vol. 73, p. 1895 – 1986 (1999); Keith B. Letourneau, *A Practical Guide to Admiralty Supplemental Rules A through E (with a Special Emphasis on the Southern District of Texas)*, Tulane Maritime Law Journal, Vol. 22, p. 417 – 422 (1998)。

④ 参见张茂:《美国国际民事诉讼法》,中国政法大学出版社 1999 年版,第 264 ~ 265 页。

⑤ See Neil Andrews, *English Civil Procedure: Fundamentals of the New Civil Justice System*, Oxford University Press, 2003, p. 425.

⑥ See David Capper, *The Need for Mareva Injunctions Reconsidered*, Fordham Law Review, Vol. 73:5, p. 2161 – 2182 (2005); Nicolò Trocker, *Provisional Remedies in Transnational Litigation: A Comparative Outline of Forms of Judicial Cooperation*, in Rolf Stürner & Masanori Kawano eds., Comparative Studies on Enforcement and Provisional Measures, Mohr Siebeck GmbH KG, 2011, p. 298.

⑦ See Peter L. Murray, *Provisional Measures in U. S. Civil Justice*, in Rolf Stürner & Masanori Kawano eds., Comparative Studies on Enforcement and Provisional Measures, Mohr Siebeck GmbH KG, 2011, p. 229.

程序不同。[1] 在“财产扣押”的适用中,予以扣押的财产必须被确定。[2] 尤为特别的是,对处于外国的财产,法院亦可以签发禁止对该外国财产予以处分的“禁制令”。一些美国法院甚至在此基础上要求将该财产转移到法院的管辖范围之内。[3]

“富恩茨诉谢文案”[4]确立了适用“财产扣押”必须符合美国宪法中“正当程序”条款的原则。美国联邦最高法院裁定:任何对当事人财产控制的剥夺,即便是通过诉讼中“财产扣押”的方式,都需要预先通知和听审,且需要对诉求的潜在实体问题予以司法决定。只有在极为特殊的情况下,当事人方可获得“单方”的“财产扣押”,且该单方裁定受制于事后申请解除的限制。因此,尽管各种形式的“财产扣押”仍然是各州法上的救济措施,但各州必须遵循联邦宪法确立的这一“正当程序”原则。

该案后,美国所有州修改了财产扣押法以满足宪法的要求。由此一来,尽管“财产扣押”仍然与诉讼程序的启动结合在一起,“财产扣押”却在很大程度上丧失了对债务人和被告的强制力。[5] 被告必须与进行扣押诉讼的法院所在州之间存在最低限度的联系,亦应符合各州法规定的一系列条件。[6] 此外,法官有自由裁量权以最终决定是否裁定“财产扣押”。申请人在申请“财产扣押”措施时,也应提交证据以支持其申请。申请人提供担保亦是一种常见的情形。[7] 若

---

① See Peter L. Murray, *Provisional Measures in U. S. Civil Justice*, in Rolf Stürner & Masanori Kawano eds., Comparative Studies on Enforcement and Provisional Measures, Mohr Siebeck GmbH KG, 2011, p. 230.

② See Peter Schlosser, *Jurisdiction and International Judicial and Administrative Co-operation*, Recueil des Cours, Vol. 284, p. 172 (2000).

③ See George A. Bermann, *Transnational Provisional Relief in the Courts*, in Jack L. Goldsmith ed., International Dispute Resolution: The Regulation of Forum Slection, Transnational Publishers, 1997, p. 117.

④ Fuents v. Shevin, 407 U. S. 67 (1972).

⑤ See Peter L. Murray, *Provisional Measures in U. S. Civil Justice*, in Rolf Stürner & Masanori Kawano eds., Comparative Studies on Enforcement and Provisional Measures, Mohr Siebeck GmbH KG, 2011, p. 234.

⑥ 但是这并不绝对。See George A. Bermann, *Transnational Provisional Relief in the Courts*, in Jack L. Goldsmith ed., International Dispute Resolution: The Regulation of Forum Slection, Transnational Publishers, 1997, p. 106.

⑦ 参见张茂:《美国国际民事诉讼法》,中国政法大学出版社 1999 年版,第 261 ~262 页。

被告提供了相同价值的财产或由保险公司提供担保,“财产扣押”应当被解除。[①]

3. 州法中的“财产扣押”

美国各州均有关涉“财产扣押”措施的规定。这些规定相互之间存在诸多不同之处,亦有不少共通之处。共通点主要表现在以下几个方面:第一,原告可以在提供保证的前提下,在大量的情形中获得扣押被告财产的法院令。比如,被告并非本州的居民,或其为外国的公司;存在被告将其财产转移到其他州以阻碍、欺诈或拖延债权人的危险;在合同案件中,金钱的支付未被担保或担保变得没有价值。第二,原告应证明其诉求具有合法性。第三,各州法准许法院依凭原告的“单方申请”作出扣押令。第四,除了少数的免于扣押的情形,被告的几乎所有的动产和不动产,无论是有形的还是无形的,均可成为扣押的对象;甚至第三方债务人手中的财产也可以成为判决前扣押的对象。第五,各州法通常会准许被告(或第三方债务人)提出保证以实现所扣押财产的返还,且当有证据表明扣押令是在不恰当的情形下作出时,无须提出保证即可获得财产的返还。[②]此外,在“财产扣押”的程序上,存在一些共同之处。[③]

加利福尼亚州法中“财产扣押”措施的规定具有较强的代表性。《加利福尼亚民事诉讼法》在其第二编6.5章对扣押作出了周全而明确的规定,具体包括:扣押的一般规定、授权扣押的行为、获得扣押令的“通知听审”程序、获得扣押令的“单方听审”程序、临时保护令、可被扣押的财产、扣押程序、担保、不法扣押的责任、原告的其他杂项救济、针对非居民提起的诉讼中的扣押,以及破产程序的效力与基于所有债权人的权利转让等。[④] 该州法对扣押措施的规定主要体现为以下几个方面。

第一,根据加利福尼亚州法的规定,扣押措施的作出受到严格限制:(1)仅

---

① See Peter L. Murray, *Provisional Measures in U. S. Civil Justice*, in Rolf Stürner & Masanori Kawano eds., Comparative Studies on Enforcement and Provisional Measures, Mohr Siebeck GmbH KG, 2011, p. 231.

② See Rhonda Wasserman, *Equity Renewed: Preliminary Injunctions to Secure Potential Money Judgments*, Washington Law Review, Vol. 67:2, p. 270 – 271 (1992).

③ See Peter L. Murray, *Provisional Measures in U. S. Civil Justice*, in Rolf Stürner & Masanori Kawano eds., Comparative Studies on Enforcement and Provisional Measures, Mohr Siebeck GmbH KG, 2011, p. 230.

④ Title 6.5 Attachment of Part 2. Of Civl Actions, the Californian Code of Civil Procedure 2014.

可在依据明示或默示的合同提出的金钱诉求中作出,且所确定的或可能确定的诉求额不低于500美元(这500美元不包括诉讼费、利息以及律师费);(2)因对不动产享有利益而获得担保的诉求中,不得作出扣押;(3)如果诉讼是针对作为自然人的被告提起的,仅当有关的诉求是起因于被告的贸易、商业或职业行为时,扣押方可作出,而如果被告的相关行为主要是为了个人或家庭的目的时,扣押不得被作出。①

第二,对于扣押的数额,《加利福尼亚民事诉讼法》明确规定了数额范围。扣押的数额包括原告所主张的被告应负的债务额、诉讼费和法律所允许的律师费。然而,上述扣押额应减去如下部分:(1)被告针对原告的胜诉金钱判决中尚未满足的且具有执行力的部分;(2)被告在反诉中提起的原告对被告所负的可以申请扣押措施的债务额;(3)被告可依据该法第431.70条而进行的答辩中据以作为抗辩根据的任何请求的数额;(4)原告为担保其主张的被告债务而持有的被告财产中的担保利益的价值,和由于原告或担保利益的在先持有者的行为造成的担保利益价值降低的额度。②

扣押的对象则因被告的性质不同而有区别。若被告是公司,所有可以通过《加利福尼亚民事诉讼法》第8节第2条载明的扣押方式予以扣押的财产都属于扣押对象。若被告是合伙企业或其他非公司组织,所有可以通过《加利福尼亚民事诉讼法》第8节第2条载明的扣押方式予以扣押的财产都属于扣押的对象。若被告是自然人,下列财产属于扣押的范围:(1)不动产的收益,但租期不满一年的租赁保有的地产不包括在内;(2)在被告的贸易、商业或职业活动中产生的应收账款、动产文据,以及一般的无形财产;(3)设备;(4)农产品;(5)存货;(6)在被告的贸易、商业或职业活动中产生的终局性的金钱判决;(7)在被告的贸易、商业或职业活动场所的钱款,以及在此之外的钱款和存储账户,但在1000美元的额度内不得被扣押;(8)可流通的权利凭证;(9)票据;(10)证券;(11)可被开采的矿物或其他(包括石油和天然气)。③

第三,在申请扣押的程序方面,原告在提交诉状时或在此之后,可以向诉讼受理法院申请行使扣押的权利以及扣押令。申请应以宣誓的方式作出,且应包含如下事项:(1)声明所寻求的扣押是为了实现担保诉求;(2)通过扣押而担保

---

① § 483.010. Rights and duties of secured party, Cal Code Civ Proc (2014).

② § 483.015. Actions in Which Attachment Authorized, Cal Code Civ Proc (2014).

③ § 487.010. Property subject to attachment, Cal Code Civ Proc (2014).

的数额;(3)声明所寻求的扣押不是为了实现其诉求之外的目的;(4)声明其不知道或不相信其诉求会因《美国破产法》第 11 章下的程序而被免除,或其他诉讼行为在相关的破产程序中被中止;(5)对扣押令中所扣押的财产予以描述,且声明其得知并相信该财产可以被扣押。①

通常来说,如要发出扣押令和执行令状,必须保障被告得到听审的权利,而且起诉状和传票、申请扣押和听审的通知、申请的副本和任何支持该申请的宣誓都应送达被告。② 然而,在加利福尼亚州法所规定的特定情况下,如果原告宣誓状中的事实表明若扣押令在被告被听审之后作出所导致的迟延会对原告造成巨大的或难以弥补的损害,扣押令可以不经被告听审便可作出。在满足下面任一情形时,不经听审的扣押令即可作出:(1)案情表明如果扣押令在听审之后作出而产生迟延,会使拟扣押的财产存在被隐藏、价值严重贬损或不能被扣押的风险;(2)案情表明被告已经不能支付与请求扣押相关的债务,且被告因无能力支付已经到期的债务而破产,除非债务受到善意纠纷的约束;(3)根据《商法典》第 6 部分(开始于第 6101 节)的规定,有关被告整批货物转移的整批货物销售通知已经被记录和发布;(4)根据《商业和职业法》第 240.74 节的有关规定,拥有酒品营业执照的被告的销售已经由第三人暂管;(5)其他任何会因听审带来的延迟使原告遭受巨大的或不可弥补的损害的情形。③

第四,在扣押令作出之前,原告应提供担保以赔偿被告可能因错误扣押所造成的损失,④担保的数额是 1 万美元。在被告对担保有异议的情况下,若法院认为不法扣押的损失会超过该数额,被告可以要求原告将担保的数额提升至不法扣押会造成的损失额。⑤

在"不法扣押"的情形下,原告的责任包括以下几个方面:(1)因不法扣押而使被告遭受的具有紧密联系的所有损失;(2)为抗辩扣押而合理支出的所有

---

① § 484.020. Noticed Hearing Procedure for Obtaining Writ of Attachment, Cal Code Civ Proc (2014).

② § 484.040. Noticed Hearing Procedure for Obtaining Writ of Attachment, Cal Code Civ Proc (2014).

③ § 485.010. Prerequisite of great or irreparable injury, Cal Code Civ Proc (2014).

④ § 489.210, Article 2. Undertakings to Obtain Writ of Attachment or Protective Order, Undertakings, Cal Code Civ Proc (2014).

⑤ § 489.210, Article 2. Undertakings to Obtain Writ of Attachment or Protective Order, Undertakings, Cal Code Civ Proc (2014).

的诉讼费用和开支,包括律师费。不过,原告对《加利福尼亚民事诉讼法》第490.010节下的不法扣押所承担的责任受到其提供的担保额的限制。①

(三)问题与出路

从历史发展的角度来看,判决前"扣押"所承载的功能发生了一系列的变化:从最初的作为强迫被告出庭继而行使管辖权的措施,发展到当今而成为一种避免原告的最终救济无法实现的临时救济。在美国,判决前"扣押"仍然主要是各州法决定的事项。如前所述,各州法在对该措施的规定上存在诸多共同之处,然而在缺乏统一的联邦法规制的情况下,彼此之间依然存在差异。作为一种判决前临时救济,"扣押"可以较好地起到保障最终判决实现、预防"第三位损害"的效力。然而,在现行美国法下,该机制本身仍然存在诸多值得特别关注的问题。②

首先,扣押的适用对象存在较大的限制。如前所述,在《加利福尼亚民事诉讼法》中,扣押仅适用于依据合同提出的金钱诉求,原告不可以在其他领域诉诸扣押作为临时救济。此外,该法也对可被纳入扣押范围之内的财产作出了明确的限制性规定。

其次,扣押的适用范围较窄。由于缺乏统一的联邦法,只能依据各州法确定扣押的适用范围,而依据各州法作出的扣押令的效力一般只及于该州内。因此扣押的效力会大打折扣,原告可能会受到被告转移资产的掣肘。若被告在各州之间转移财产,则其需要在不同的州申请扣押措施,而各州法对申请扣押措施规定的条件又有诸多不同,原告会进而遭遇更多的麻烦。

再次,扣押具有强烈的"侵犯性"。依凭扣押令,行政司法官可以实际地扣押被告的财产,不管财产是处于被告手中还是第三人手中。在某些情况下行政司法官甚至可以在最终判决前变卖易损耗或储存费用高昂的财产。这样一来,"扣押"使被告丧失对其财产的占有和使用,而扣押留置权的设定又可能使被告的信用评级降低,严重影响被告的后续交易活动。基于此,"扣押"便使原告的优势大增,导致当事人之间地位的不平衡。

"扣押"的侵犯性还体现在其效力会直接及于第三人,而无论第三人是否出于恶意。尤其是在"对案外债务人扣押"程序中,作为被告的债务人的第三人需

① § 490.020. Liability for wrongful attachment, Cal Code Civ Proc (2014).

② See Rhonda Wasserman, *Equity Renewed: Preliminary Injunctions to Secure Potential Money Judgments*, Washington Law Review, Vol. 67:2, p. 276 – 285 (1992).

要被迫参与“扣押”程序，而其利益可能因此受到很大的影响；同时，其行为会受到“蔑视法院”的限制，因而“扣押”过多牵涉了第三人的利益。

最后，“扣押”具有的留置权效力使扣押对原告的担保效力骤增，而对被告的破坏力增强。在大多数的侵权案件以及合同案件中，在诉讼程序终结前，原告不应对被告的财产享有任何的利益。判决前救济的目标应意在保存现状，而非给予原告对被告享有任何财产上的利益，而扣押留置权则使原告获得了远远超出判决前救济应有的效力。而这也会使寻求扣押的原告获得了其他未担保债权人没有的优势，甚至取得了其他获得担保的债权人才有的优势，造成了极大的不公平。这样也会刺激其他债权人竞相寻求担保，进而使被告处于更大的压力之下，甚至引发被告的破产。

目前，“扣押”措施作为判决前救济的弊病绝非仅仅限于上述几个方面，归结起来，判决前“扣押”措施一方面过分地限制了可以启动该救济的范围，另一方面过大地扩展了其效力，使当事人之间地位悬殊。而正如有的学者所明确提倡的，“临时禁制令”既可以有效地实现“扣押”的功能，又能缓和“扣押”所具有的不恰当效果，是一种合理的替代机制。[①] 下文将对“临时禁制令”展开探讨。

三、临时禁制令与禁止令

（一）临时禁制令

1. 临时禁制令的界定

不同于基于州法作出的“扣押”，美国联邦法院在实践中发展出了基于自身规则的衡平法意义上的临时救济——“临时禁制令”。[②] 衡平法意义上的“禁制令”，是指有权签发“禁制令”的法院有权根据具体的情形来设计具体的救济机制，而并不存在针对该救济的明确的法定措施。[③] 1938 年的《联邦程序规则》对联邦法院适用“临时禁制令”的情形作出了若干统一性的规定。该规则建立在规定了“临时禁制令”适用中重要程序性问题的 1822 年《联邦衡平规则》基础上，并取代了《联邦衡平规则》。从历史发展的角度来看，美国法中的“禁制令”

---

① See Rhonda Wasserman, *Equity Renewed: Preliminary Injunctions to Secure Potential Money Judgments*, Washington Law Review, Vol. 67:2, p. 348 (1992).

② See Peter L. Murray, *Provisional Measures in U. S. Civil Justice*, in Rolf Stürner & Masanori Kawano eds., Comparative Studies on Enforcement and Provisional Measures, Mohr Siebeck GmbH KG, 2011, p. 232.

③ See Susan Burnett Luten, *California Civil Litigation*, Delmar Cengage Learning, 2009, p. 466.

措施沿袭了英国衡平法对该措施的界定，该临时救济源于英美法中的衡平法传统，而非普通法传统。

“禁制令”通过1789年的《联邦司法法》予以确定，随后逐渐被美国境内几乎所有的司法管辖区的制定法和司法实践吸纳；①“临时禁制令”是美国联邦法院诉讼实践中常用的手段，是法院使用的最引人注目的救济措施。② “临时禁制令”是在起诉后作出判决前法院签发的禁制令，禁止被告实施或继续某项行为。正如有的美国学者所明确提出的，“临时禁制令”意在缔造一种情势，其使法院能够在充分地审理案件后最好地给予有效救济。③ 在司法实践中，“临时禁制令”的适用范围广泛。当事人可以用来禁制知识产权侵权、公司兼并、合同违约、妨害行为、婚姻、娱乐，甚至是着装的方式。事实上，生活中所能想象到的任何行为都潜在地受到“临时禁制令”程序的限制。④ 美国法中的“禁制令”可分为“消极的禁制令”和“强制性禁制令”。法院通常更乐意适用前者，因为前者较后者更易于以一种客观的标准适用。⑤

不过，美国联邦最高法院在著名的“墨西哥发展集团公司等诉联盟债券基金公司等案”⑥中以5∶4的比例裁定，联邦法院的“诉讼标的或事物管辖权”⑦(subject matter jurisdiction)并不包括有权作出类似于英国的“冻结令”的救济措施，该案中的大多数法官基于历史和政策的考虑拒绝了原告提出的在该案中诉诸英国法中发展出来的“冻结令”的主张。这归因于美国法中一项由来已久的实质性原则——在获得判决前，未被担保的债权人对其债务人的财产并不享有

① See Morton Denlow, *The Motion for a Preliminary Injunction: Time for a Uniform Federal Standard*, Review of Litigation, Vol. 22:3, p. 501 (2003).

② See John Leubsdorf, *The Standard for Preliminary Injunctions*, Harvard Law Review, Vol. 91:3, p. 525 (1978).

③ See Lea B. Vaughn, *A Need for Clarity: Toward a New Standard for Preliminary Injunction*, Oregon Law Review, Vol. 68:4, p. 875 (1989).

④ See Richard R. W. Brooks & Warren F. Schwartz, *Legal certainty, economic efficiency, and the preliminary injunction doctrine*, Stanford Law Review, Vol. 58:2, p. 382 – 383 (2005 – 2006).

⑤ See Susan Burnett Luten, *California Civil Litigation*, Delmar Cengage Learning, 2009, p. 466.

⑥ Grupo Mexicano de Desarollo, S. A. et al. v. Alliance Bond Fund, Inc. et al., 527 U. S. 308 (1999).

⑦ “诉讼标的管辖权”，是指法院审理和裁决某一类案件的权限范围。如在美国对不同州籍公民间民事争议的管辖权(diversity jurisdiction)、联邦问题管辖权(federal question jurisdiction)、对海事和破产案件的管辖权(jurisdiction over admiralty and bankruptcy cases)等都属于联邦法院的事物管辖权。该管辖权通常由制定法予以规定。

在普通法或衡平法上的可识别的利益,确立债务存在的判决是法院介入被告对其财产使用的必要条件。① 因此,美国目前仍然不存在英国法中的法院在判决前介入被告财产的特别的"临时禁制令"——"冻结令"。

2. 临时禁制令的标准

(1)统一标准的缺失

美国法院适用"临时禁制令"的实践最早可以追溯到1792年的"佐治亚州诉布雷尔斯福德案"②,美国联邦最高法院在该案中开始对"临时禁制令"形成了初步的适用标准。1882年,"拉塞尔诉法利案"③确立了当时的"临时禁制令"标准:申请人能够证明存在明确的法律权利,且没有疑问;如果法律权利存有疑问,申请人应当证明在困难的权衡中其占有优势。④ 19世纪英国有关临时救济的衡平法实践为美国司法实践提供了参考,美国联邦最高法院随后很快着手发展、调整"临时禁制令"申请的标准。⑤

然而,现行美国法中并不存在作出"临时禁制令"的统一标准,实践中借助该措施所寻求的目的诸多,判断标准不一致。美国联邦最高法院对临时禁制令的标准给予的关注甚少,在处理涉及标准的案件时通常较为随意地对待该问题,对下级联邦法院适用的标准关注也很少,尚未确立一套固定的规则。另外,美国联邦最高法院本身亦未遵循其先例以发展出临时禁制令的标准。这一随意性或许可以解释地方联邦法院很少认可美国联邦最高法院作出的有关临时禁制令的裁定。⑥

尽管如此,在美国联邦最高法院长期的司法实践中,多数法院将临时禁制令的签发建立在以下四个要求之上:①申请人有相当大的可能性将会在实质问题上获胜;②除非法院签发禁制令,申请人将遭受不可弥补的损失;③申请人所

---

① See Nicolò Trocker, *Provisional Remedies in Transnational Litigation: A Comparative Outline of Forms of Judicial Cooperation*, in Rolf Stürner & Masanori Kawano eds., Comparative Studies on Enforcement and Provisional Measures, Mohr Siebeck GmbH KG, 2011, p. 297 – 299.

② Georgia v. Brailsford, 2 U. S. (2 Dall.) 402 (1792).

③ Russell v. Farley, 105 U. S. 433 (1882).

④ See Arthur D. Wolf, *Preliminary Injunctions: The Varying Standards*, Western New England Law Review, Vol. 7:2, p. 173 – 238 (1984 – 1985).

⑤ See Arthur D. Wolf, *Preliminary Injunctions: The Varying Standards*, Western New England Law Review, Vol. 7:2, p. 173 (1984 – 1985).

⑥ See Arthur D. Wolf, *Preliminary Injunctions: The Varying Standards*, Western New England Law Review, Vol. 7:2, p. 174 (1984 – 1985).

面临的威胁超过了所申请的禁制令可能会对被申请人的损害；④将被签发的禁制令不会损害公共利益。[①] 然而，这四个条件中的任一条件都不必然具有决定性；相反，法院会衡量这些条件，并考虑所寻求的救济的程度。依靠传统的标准，原告需要就以上四个方面予以证明，这使其承受较大的负担。这一标准被称为"传统的或序列的标准"（traditional or sequential test）。也有学者指出，联邦和州法院在签发"禁制令"的过程中考虑以下七个因素：①"普通法上的救济"（legal remedy）是否充分；[②]②当事人是否用尽所有的行政性救济；③当事人是否会遭受不可弥补的损失；④当事人在获得禁制令后能否证明案件；⑤寻求特别救济的当事人是否清白无辜；⑥是否需要法院的持续性监管；⑦禁制令是否具有最终执行力。[③]

美国法院在司法实践中签发"临时禁制令"的标准在持续不断地演变。[④] 随着实践的发展，法院对"传统的或序列的标准"予以了发展，出现了"平衡标准"（balancing test）以及"替代性标准"（alternatives test）。在"替代性标准"下，原告可以在以下两种证明标准中选择其一：一是"在实体上的胜诉可能性"以及"可能出现的不可挽回的损失"标准；二是"存在提起诉讼的严肃问题"以及"对原被告所面临困难的平衡考虑更倾向于提请临时禁制令的一方"标准。标准的选择会影响案件的处理结果；法院在其实践中并不存在一致性的标准的原因有两个方面：一是法院对于这四个要素之间的关联不存在一致意见；二是对这些

---

① See Zardui-Quintana v. Richard, 768 F. 2d 1213, 1216 (11th Cir. 1985); Gold Coast Publications, Inc. v. Corrigan, 42 F. 3d 1336, 1343 (11th Cir. 1994); Morgan Stanley DW, INC. v. Frisby, 163 F. Sup. 2d 1371 (2001). See Lea B. Vaughn, *A Need for Clarity: Toward a New Standard for Preliminary Injunction*, Oregon Law Review, Vol. 68:4, p. 839 – 840 (1989); Jarrod Wong, *The Issuance of Interim Measures in International Disputes: A Proposal Requiring a Reasonable Possibility of Success on the Underlying Merits*, Georgia Journal of International & Comparative Law, Vol. 33, p. 613 – 614 (2005).

② 在历史上，"禁制令"被认为是极为特别的救济机制且其适用需要特别的正当理由。传统上，寻求"禁制令"的当事人需要证明法律上的损害赔偿救济是不充分的，即"充分性标准"（adequacy test）；不过该标准已经过时，尽管其在一些司法裁判中被援引。See Geoffrey C. Hazard & Michele Taruffo, *American Civil Procedure*, Yale University Press, 1995, p. 157.

③ See Susan Burnett Luten, *California Civil Litigation*, Delmar Cengage Learning, 2009, p. 466.

④ See Arthur D. Wolf, *Preliminary Injunctions: The Varying Standards*, Western New England Law Review, Vol. 7:2, p. 173 – 238 (1984 – 1985).

要素的定义本身存在很大不同。①

在适用"临时禁制令"的过程中,法院可以要求申请人提供充分的担保,且仅在其提供担保的情况下签发"临时禁制令";该担保的数额应能够恰当地支付任一当事人因错误地被禁制或限制所遭受的成本开支及损害。然而,美国政府、政府官员和政府代理机构不应被要求提供担保。② 此外,美国法院可以在其自由裁量范围之内,放弃对该担保的要求。③

(2)联邦上诉法院的努力

在寻求适用"临时禁制令"的标准中,美国联邦最高法院和联邦上诉法院并未遵循一致的路径:联邦上诉法院并未特别地关注联邦最高法院的裁决,联邦最高法院也没有特别留意统一标准。④ 无论如何,联邦上诉法院在发展临时禁制令的过程中起到了十分重要的作用。这些上诉法院不仅在临时禁制令的适用标准上与联邦最高法院有着迥异的实践,而且它们相互之间在适用临时禁制令的标准上存在的差别甚大;尽管彼此之间存在相互的影响,但它们所践行的是一些独立的临时禁制令标准。根据有的学者的统计,联邦上诉法院至少采取9种不同的临时救济标准,而且联邦上诉法院也没有对联邦最高法院的先例予以特别关注。无论如何,上诉法院就所适用的标准在以下几点存在较为一致的看法:①临时禁制令的目的意在保持现状或诉讼的标的物,使法院不降低、损害、侵蚀或彻底瓦解其审理实体的能力;②地区法院有广泛的签署临时禁制令的权力;③对禁止性的和强制性的临时禁制令适用同样的标准;④将临时禁制令识别为特别的救济,其应被谨慎地适用。⑤

"临时禁制令"的适用程序通常要比实体审判程序更为复杂:在实体问题之外,其亦提出了许多具体的问题,如不可挽回的损失的风险、困难的平衡、公共利益的考量和保证要件等都需要法院调查后方可作出裁定。此外,美国法院对

---

① See Lea B. Vaughn, *A Need for Clarity: Toward a New Standard for Preliminary Injunction*, Oregon Law Review, Vol. 68:4, p. 840 – 841 (1989).

② See Rule 65 (c), Federal Rule of Civil Procedure.

③ See Coquina Oil Corp. v. Transwestern Pipeline Co., 825 F. 2d 1461, 1462 (10th Cir., 1987); Adams by and through Adams v. Baker, 919 F. Sup. 1496 (1996).

④ See Arthur D. Wolf, *Preliminary Injunctions: The Varying Standards*, Western New England Law Review, Vol. 7:2, p. 173 – 238 (1984 – 1985).

⑤ See Arthur D. Wolf, *Preliminary Injunctions: The Varying Standards*, Western New England Law Review, Vol. 7:2, p. 183 – 184 (1984 – 1985).

临时禁制令的适用条件的理解并不完全一致,且围绕前述基本要件发展出不同的签发临时禁制令的标准,当事人必须面对上诉法院发展出来的一系列模糊的标准。[①] 关于这些标准,最为代表性的便是第九巡回法院和第二巡回法院发展出来的“滑动标尺”标准。

第九巡回法院在一系列的案件中,结合第二巡回法院的司法实践,逐步发展出了替代性标准——“滑动标尺”标准。即“申请临时禁制令的一方有义务证明,或存在较大的胜诉可能性以及遭受不可弥补的损失的可能性,或提出了严肃的问题且对双方面临的困难的平衡考虑对其更有利”。从1975年开始,该“滑动标尺”标准为第九巡回法院和第二巡回法院所遵循。很明显,这一替代性标准并未涉及美国法院传统上签发禁制令所要求的全部条件,如涉及公共利益的考量。[②]

美国法院在司法实践中签发禁制令要件规定不统一的混乱局面,随着美国联邦最高法院在“温特诉自然资源保护委员会案”[③]中阐明的立场而缓和。在该案中,主审法官罗伯茨(Roberts)代表美国联邦最高法院否决了第九巡回法院所适用的标准——允许临时禁制令的签发建立在“对实体问题的胜诉可能性(possibility)”与“造成不可避免的损害的可能性”上面。美国联邦最高法院指出,寻求临时禁制令的原告必须证明:①其“可能”(likelihood)在实体问题上胜诉;②其“可能”遭受不可弥补的损害;③在衡平法上考量的平衡对其有利;④禁制令的签发符合公共利益。美国联邦最高法院的判决原理在于“仅依凭不可避免的损害的可能性而签发临时禁制令与临时禁制令作为一种极为特别的,仅可在原告有明显的证据证明其应获得该救济机制的这一识别不相一致”[④]。

依照传统的观点,只要事后有充分的补偿,是否作出禁制令并不重要。原告因诉讼程序的完整进行而遭受的不可弥补的损害的可能性是法院给予临时救济的必要条件。[⑤]劳布斯多夫(Leubsdorf)教授指出了要求“不可弥补的损害”

---

① See Morton Denlow, *The Motion for a Preliminary Injunction: Time for a Uniform Federal Standard*, Review of Litigation, Vol. 22:3, p. 497 (2003).

② See Jean C. Love, *Teaching Preliminary Injunctions after Winter*, Saint Louis University Law Journal, Vol. 57, 695 - 696 (2013).

③ Winter v. Natural Res. Def. Council, Inc., 555 U. S. 7 (2008).

④ Winter v. Natural Res. Def. Council, Inc., 555 U. S. 7 (2008).

⑤ See John Leubsdorf, *Preliminary Injunctions: In Defense of the Merits*, Fordham Law Review, Vol. 76, p. 37 (2007).

这一要件的重要性。不考虑原告诉求的实质问题或不可弥补的损害的可能性而给予临时禁制令可能是对“正当程序”的否认；在损害赔偿案件允许“临时禁制令”可能会使债务案件中的“监禁”复活。当债权人知晓其很可能会在案件的实体上胜诉时，责任原则中的“保证要件”（bond requirement）不会是一个威慑。债权人也可能会利用该原则要挟贫穷以及没有经验的债务人。这类原告可能会在存在败诉风险时依旧愿意获得禁制令，而忽略不可弥补的损害会瓦解实体法及其政策的事实。比如，雇主是否可以申请禁止雇员？如果可以，是否构成了奴役？① 然而，有学者一针见血地指出，事后的补偿本身永不可能是充分的，因为这并没有消除因无效率的行为所导致的社会损失。简言之，传统的观点关注于当事人之间损失的分配，而没有关注于将损失最小化。②

在“温特诉自然资源保护委员会案”之后，第九巡回法院又在“荒野落基山联盟诉科特雷尔案”③中重新界定了“滑动标尺”标准。该案的主审法官弗莱彻（Fletcher）在审理该案时遵循了美国联邦最高法院在“温特诉自然资源保护委员会案”中的判决，并着重援引了金斯伯格（Ginsburg）法官在“温特诉自然资源保护委员会案”中发表的反对意见及其提出的并为主审法官罗伯茨否定的意见，“最高法院从来没有拒绝‘滑动标尺’标准，而且我不认为法院今天会这么做”。弗莱彻法官在该案中重新界定了第九巡回法院的“滑动标尺”标准：依照“温特诉自然资源保护委员会案”，原告应证明潜在的损害必须是有“较大可能的”（likely），而不仅仅是“可能的”（possible）。美国联邦最高法院在“温特诉自然资源保护委员会案”中并没有讨论在“临时禁制令”中适用“滑动标尺”标准的合法性问题。依据“滑动标尺”标准，“临时禁制令”的标准的诸因素是相互平衡的，一个因素的更强证据可以抵消另一个因素的更弱证据；借鉴第二和第七巡回法院的司法实践，将“临时禁制令”的标准重新定位为“严肃性问题”（serious questions）下的滑动标尺标准，即在实质上存在严肃的问题，且对困难的平衡的结果是支持原告，原告亦应证明存在一个有较强可能的“不可弥补的损害”（likelihood of irreparable injury）以及禁制令符合公共利益。④ 正如美国学

---

① See John Leubsdorf, *Preliminary Injunctions: In Defense of the Merits*, Fordham Law Review, Vol. 76, p. 38 – 40 (2007).

② See Richard R. W. Brooks & Warren F. Schwartz, *Legal Certainty, Economic Efficiency, and the Preliminary Injunction Doctrine*, Stanford Law Review, Vol. 58:2, p. 393 (2005 – 2006).

③ Alliance for the Wild Rockies v. Cottrell, 632 F. 3d 1127 (2011).

④ Alliance for the Wild Rockies v. Cottrell, 632 F. 3d 1127, 1135 (2011).

者所预见的，第九巡回法院修正后的“严肃性问题”下的“滑动标尺标准”将很可能会得到美国联邦最高法院的支持，①那么该巡回法院的这一标准将很可能成为美国司法实践中通用的作出临时禁制令的标准。

3. 实体问题的考察

“在实质上具有的胜诉可能性的程度”这一因素具有特别的重要性；②这或许是原告能否获得临时性救济的最重要的因素，法院在实践中几乎完全依赖这一根据以决定是否给予“临时禁制令”。③ 法院在作出“临时禁制令”时强调对实体问题的考虑。这是因为如果法院无视实体方面的问题，原告便很容易获得法院的帮助以强迫被告在诉讼期间放弃其主张的权利。在合同或妨害诉讼中，这或许可以被接受。但是在选举案件中，如在“布什诉戈尔案”④中，有足够资金支持的政党是否能够在法院的最终决定之前推迟唱票，或者使其候选人就职，是一个问题。此外，忽略临时救济阶段的实体合法性问题也会造成在此期间适用的规则与案件最终阶段适用的实体法之间的分离。这一分离会瓦解立法机关或其他立法者订立的实体法中体现的政策。不仅于此，忽视对实体问题的考量，法院可能因此会被用来以其非同寻常的严苛方式推行“[被告]权利的销售”(sale of rights)，即“蔑视法庭”惩罚。不仅是这些惩罚带来的经济成本及其管理，而且当某人因事后被证明是合法的行为时而受到的监禁的威胁，都使忽略对实体的审查是不合理的。⑤

法院在考虑“临时禁制令”的请求时会遇到一个困境：作出“临时禁制令”与否都可能造成原告或被告的损失。这一困境的存在是由于法院对当事人潜在权利的“临时评估”可能存在错误，即与最终判决相左。因而，风险评估是分析临时救济的关键。⑥ 从技术上来看，波斯纳法官着重把签发“临时禁制令”建

---

① See Jean C. Love, *Teaching Preliminary Injunctions after Winter*, Saint Louis University Law Journal, Vol. 57, p. 712 (2013).

② See Jarrod Wong, *The Issuance of Interim Measures in International Disputes: A Proposal Requiring a Reasonable Possibility of Success on the Underlying Merits*, Georgia Journal of International & Comparative Law, Vol. 33, p. 614 (2005).

③ See John Leubsdorf, *Preliminary Injunctions: In Defense of the Merits*, Fordham Law Review, Vol. 76, p. 35 (2007).

④ Bush v. Gore, 531 U. S. 98 (2000).

⑤ Bush v. Gore, 531 U. S. 98 (2000), p. 35 – 36.

⑥ See John Leubsdorf, *The Standard for Preliminary Injunctions*, Harvard Law Review, Vol. 91:3, p. 541 (1978).

立在"错误最小化"的基础上。这是通过比较"拒绝给予事实上将要在实体中胜诉的当事人以禁制令带来的错误"和"给予将要在实体中败诉的当事人以禁制令带来的错误"来实现的。借助对比原告胜诉可能性的收益和诉讼期间遭受的不可弥补的损失的数额,以及被告胜诉可能性的收益及其因遵守禁制令所遭受的不可弥补的损失的数额,这些"错误成本"可以被最小化。有学者就此归纳出"错误最小化公式"(the error-minimizing formulation):如果原告胜诉可能性的收益和诉讼期间遭受的不可弥补的损失的数额大于被告胜诉可能性的收益及其因遵守禁制令所遭受的不可弥补的损失的数额,应给予"临时禁制令"。① 这一方式在美国的司法实践中有着广泛的适用。

劳布斯多夫教授的论述更为直接,他指出在双方当事人都会面临不可弥补的损失的时候,任何有关的临时救济的决定都会引致损失。然而,法院可以将可能的损失最小化,这需要法院进行两个方面的调查:一是评估有关事实和法律的诸观点胜诉的可能;二是评定在法院作出错误裁定的情况下,双方当事人所遭受的损失。将当事人所遭受的损失予以对比,如原告为"160 ×40% =62",被告为"100 ×60% =60";在这种情况下,原告的不可弥补之损失大,应给予原告所申请的禁制令。②

《美国宪法》第5修正案和第14修正案要求的"正当程序"原则,无疑对临时救济的适用形成了巨大的挑战。在剥夺一个人的生命、自由或财产时必须赋予"正当程序",③这是一个基本的原则。然而美国联邦最高法院指出,在"极少数的且特别"的案件中,政府基于公共利益的考虑可以在不给予财产所有人听审的机会的情况下扣押财产,但这些例外的情形应予以严格的界定,并对利益攸关的个人利益的剥夺的严重性、持续时间以及终局性等予以考虑。④ 这一理念应同等地适用于民商事案件中申请人申请临时救济的情形。

---

① See Richard R. W. Brooks & Warren F. Schwartz, *Legal Certainty*, *Economic Efficiency*, *and the Preliminary Injunction Doctrine*, Stanford Law Review, Vol. 58:2, p. 390 – 392 (2005 – 2006).

② See John Leubsdorf, *The Standard for Preliminary Injunctions*, Harvard Law Review, Vol. 91:3, p. 541 – 542 (1978).

③ See Rhonda Wasserman, *Procedural Due Process*: *A Reference Guide to the United States Constitution*, Westport, Conn.: Praeger, 2004, p. 63 – 70.

④ See Rhonda Wasserman, *Procedural Due Process*: *A Reference Guide to the United States Constitution*, Westport, Conn.: Praeger, 2004, p. 70 – 75.

4. 临时禁制令的适用程序

法院仅在对方当事人获得“通知”(notice)并举行“听审”的情况下方可签发“临时禁制令”,[①]这就排除了通过“单方程序”获得“临时禁制令”的可能。在“临时禁制令”的裁量中,“证人证言”(testimony)和“书面证据”可以用来支持或反对“临时禁制令”的申请。[②]

无论法院最终是支持还是拒绝作出“临时禁制令”,法院应在裁决中陈述认定的事实和结论。[③] 同时,在“临时禁制令”中应载明被签发的理由、条件,并以合理的详实度描述所限制或要求的行为,但不得援引起诉状或其他文件。[④]

“临时禁制令”一经作出,便产生“执行力”,这与一般的民商事实体判决有很大的不同。[⑤] 依据《联邦程序规则》,法院在判决作出后的 14 天内不得采取执行程序;然而,该规则并不影响上诉法院对处于上诉中的案件作出中止、修改、恢复或给予(临时)禁制令的权力,也不影响上诉法院签发法庭命令维持现状或将要作出的判决的效力。[⑥] 当事人可以提起针对“临时禁制令”的上诉。对处于上诉中的“临时禁制令”,法院可以在要求当事人提供“保证金”(bond)或其他的能够担保对方当事人权利的条件下中止、修改、恢复或给予“临时禁制令”。[⑦] 值得注意的是,“临时禁制令”约束以下受到“直接送达或实际送达”(personal service)或其他方式送达的人:当事人、当事人的职位担当人(officers)、代理人、雇员和律师,以及任何有着积极的协同或分担义务的其他人。[⑧]

此外,《联邦程序规则》鼓励法院将“临时禁制令程序”与“实体审理程序”联合、衔接起来,以加速案件的审理,并使诉讼成本最小化。在对“临时禁制令”的申请开始听审之前或之后,法院可以提出就案件的实体问题予以审理,并将“临时禁制令”的听审与该实体问题的审理合并。即便是法院未作出合并审理

---

① See Rule 65 (a) (1), Federal Rule of Civil Procedure.

② See Peter L. Murray, *Provisional Measures in U. S. Civil Justice*, in Rolf Stürner & Masanori Kawano eds., Comparative Studies on Enforcement and Provisional Measures, Mohr Siebeck GmbH KG, 2011, p. 233.

③ See Rule 52 (a) (2), Federal Rule of Civil Procedure.

④ See Rule 65 (d) (1), Federal Rule of Civil Procedure.

⑤ See Rule 62 (a) (1), Federal Rule of Civil Procedure.

⑥ See Rule 62 (g), Federal Rule of Civil Procedure.

⑦ See Rule 62 (c), Federal Rule of Civil Procedure.

⑧ See Rule 65 (d) (2), Federal Rule of Civil Procedure.

的决定,在“临时禁制令”的申请中提出的能为将来的法庭审理适用的证据将成为法庭记录的一部分,无须在庭审中予以重复。不过,法院必须保留任意一方当事人由“陪审团”审理的权利。[①] 在新近的司法实践中,有些法官根据该规定将实体审理设定在该案的初期阶段,有时候是在“临时禁制令”的申请提起之后的10天之内。[②] 值得关注的是,罗马尼亚《民事诉讼法典》第63条亦规定:诉讼保全的请求,可以和主诉同时审理。如果为了不使诉讼保全延误主诉的审理,也可以分开审判。[③]

(二)临时禁止令

1. 临时禁止令的界定

“临时禁止令”(temporary restraining order)是法院在经由各方当事人参加的听审后发布的在一定期间内有效的命令,旨在保护某人免受他人的骚扰、虐待、暴力或追踪等,尤其是禁止或限制接近受保护者,有时甚至包括禁止与受保护者订立合同。[④]《联邦程序规则》对“临时禁止令”作了特别的规定,[⑤]因此联邦法院在适用“临时禁止令”的过程中有统一规则。“临时禁止令”常在存有“家庭暴力”(domestic violence)的情况下使用,在美国民商事诉讼实践中的重要性远低于“临时禁制令”,但仍可能成为民商事诉讼实践中可以借助的临时救济。

“临时禁止令”与“临时禁制令”同属于美国法中的“禁制令”体系,都是为了临时性地“保存现状”。相较于“临时禁制令”,“临时禁止令”有效期非常短暂,即15天或者最长22天。[⑥] 当事人在实践中可以先行申请持续时间较短和证据要求略低的“临时禁止令”,而在此之后提起“临时禁制令”的申请。[⑦] 不同于临时禁制令,临时禁止令意在进行有关临时禁制令的听审之前直至其作出的

---

① See Rule 65 (a) (2), Federal Rule of Civil Procedure.

② See Peter L. Murray, *Provisional Measures in U. S. Civil Justice*, in Rolf Stürner & Masanori Kawano eds., Comparative Studies on Enforcement and Provisional Measures, Mohr Siebeck GmbH KG, 2011, p. 237.

③ 参见王福华:《民事保全程序中的程序保障》,载《法律科学》2002年第6期。

④ 参见《元照英美法词典》,词条“restraining order”。

⑤ See Rule 65 (b), Federal Rules of Civil Procedure.

⑥ See Susan Burnett Luten, *California Civil Litigation*, Delmar Cengage Learning, 2009, p. 466.

⑦ See Susan Burnett Luten, *California Civil Litigation*, Delmar Cengage Learning, 2009, p. 466 – 467.

这段时间内维持现状,[①]两种临时救济之间实现了有效的配合。

2. "临时禁止令"的适用

"临时禁止令"原则上是在对席听审的基础上作出的;然而,依据《联邦程序规则》,在满足下列两个条件的情况下,法院可以在非书面或口头通知对方当事人或其律师的情况下签发"临时禁止令":(1)宣誓书[②](affidavit)或经核实的起诉状中的特定事实明确地表明申请人将会在对方当事人被听审之前遭受迫在眉睫的不可弥补的侵害、损失或损害;(2)申请人的律师应以书面的方式证实其所做的给予通知的努力与不应通知的理由。[③] 通常来说,"临时禁止令"是在不通知对方当事人的情况下提起的。[④]

在"无通知情况下"作出的"临时禁止令"应当载明该禁止令被签发的日期;对侵害予以描述并指出其是不可弥补的缘由;陈述该禁止令在无通知情况下予以签发的缘由;并应将该禁止令在法院的书记处即刻登记备案。如果"临时禁止令"在"无通知的情况下"作出,那么法院应尽可能早地安排对"临时禁止令"申请的听审,这优先于除具有相同性质的先前听审事项以外的任何其他事项。在该听审中,获得"临时禁止令"的当事人必须依据其申请推进诉讼程序;否则,法院将解除该禁止令。[⑤] 在对获得"无通知情形下"临时禁止令的当事人予以通知的2天后,或者在法院设定的一个更短的通知期限届满之后,对方当事人可以出庭并申请解除或修改"临时禁止令"。法院必须以司法要求的迅捷性对该申请予以听审并裁判。

"临时禁止令"在法院载明的期限届满后失效,除非法院在该期限届满之前基于充分的理由或对方当事人的同意而延长该期限。延长该期限的理由必须记录在案。法院可以要求申请人提供充分的担保,且仅在其提供担保的情况下

---

① See Bradford E. Dempsey, Kirstin Stoll-Debell & Nancy L. Dempsey, *Injunctive Relief*: *TROs and Preliminary Injunctions*, ABA Book Publishing, 2009, p. 156.

② "宣誓书"是指当事人自愿作出的对事实的书面陈述,并须在有权主持宣誓的官员面前作出宣誓或代替宣誓的确认(affirmation)以保证其内容的真实性。一般情况下,宣誓书的内容限于陈述人能以自己的知识或经历(如亲闻亲见)予以证明者,但有时也可包括以此为根据的其他信息。在司法程序中,法官可以要求对某项具体事实或某一证人提供的证据以宣誓书加以证明。参见《元照英美法词典》,词条"affidavit"。

③ See Rule 65 (b) (1), Federal Rule of Civil Procedure.

④ See Susan Burnett Luten, *California Civil Litigation*, Delmar Cengage Learning, 2009, p. 466.

⑤ See Thomas E. Patterson, *Handling the Business Emergency*: *Temporary Restraining Orders and Preliminary Injunctions*, ABA Book Publishing, 2009, p. 214 – 216.

签发“临时禁制令”或“临时禁止令”;该担保的数额应能够恰当地支付任一当事人因错误地被禁制或限制所遭受的成本开支及损害。然而,美国政府、政府官员及政府代理机构不应被要求提供担保。① 此外,美国法院可以在其自由裁量范围之内,放弃对该担保的要求。② 从内容上来说,法院作出的“临时禁止令”必须包含:被签发的理由、条件,以合理的详实度描述所限制或要求的行为,但不得援引起诉状或其他文件。③

四、小结

作为普通法系的代表性国家,美国在司法实践中适用临时救济的体系较为复杂。作为联邦制国家,临时救济在美国的适用在很大程度上表现为双轨制:联邦法院和州法院可能适用不同的临时救济体系,各州法院之间以及各联邦法院亦有着不同的临时救济体系。这一复杂的现状使临时救济的适用不存在统一化的标准;尽管如此,由于历史传统、联邦统一法的介入等因素,临时救济在美国的适用仍然存在可以因循的整体脉络。从总体上来说,美国(国际)民事诉讼中适用的临时救济主要包括“扣押”和“临时禁制令与禁止令”两类。

为矫正民商事诉讼中的“失衡”困境,美国临时救济体系对“三方主体”之间的架构有其特别之处:第一,“申请人”作为临时救济程序的启动者,其可诉诸两类具有截然不同的性质的临时救济,即“对物”的普通法语境下的“扣押”以及“对人”的衡平法意义上的“临时禁制令”。作为依托各州法适用的临时救济,“扣押”主要是针对“财产”的临时救济,“申请人”因“扣押”的适用获得了极为有利的担保权。与之相对,“临时禁制令”的适用有联邦统一规则的基础,其主要是针对“行为”的临时救济。由于“扣押”附属于主诉,“申请人”对“扣押”程序的启动必须以主诉的提起为前提,这也排除了在诉讼提起前诉诸该类措施的可能性;临时救济介入当事人纠纷解决中的时间较晚。对“申请人”来说,若要获得“扣押令”,其须依据不同州法的规定提起申请;通常来说,“申请人”需要经过“对席”的听审程序以满足“程序正义”的要求,且原则上需要提供担保。“临时禁制令”的适用也是一种“对席”程序,通常是诉讼提起后当事人向法院

---

① See Rule 65 (c), Federal Rule of Civil Procedure.

② See Coquina Oil Corp. v. Transwestern Pipeline Co., 825 F. 2d 1461, 1462 (10th Cir., 1987); Adams by and through Adams v. Baker, 919 F. Sup. 1496 (1996).

③ See Rule 65 (d) (1), Federal Rule of Civil Procedure.

寻求的临时救济。对于“临时禁制令”的申请而言，“申请人”亦需要满足较为严苛的条件。具体来说，“申请人”需要达到以下证明标准：实体胜诉存在“可能”，遭受不可弥补的损害的“可能”，有利的衡平法考量，符合公共利益。不过，这些标准在各个法院的适用中亦存在差别，尤其是联邦上诉法院在“临时禁制令”标准的发展中起了重要的作用。

第二，“被申请人”是临时救济适用中的“受动方”。在美国临时救济体系的架构中，其所受到的法律保障较为明显，如临时救济附属于主诉（使其更好地行使抗辩），适用的“对席性”，宪法要求的“正当程序”，有效的临时救济解除保障等。相较于大陆法系下的德、法等国关于“被申请人”在临时救济体系中的架构，美国法中“被申请人”被赋予的程序性保障更为充分。作为临时救济体系设计中的“失衡方”，美国法对“被申请人”的位置的设计实现了有效的“平衡”，但这也可能会随之带来临时救济效力实现上的难题。

第三，作为“被动的”居中裁判者，美国联邦法院在司法实践中会面临适用不同的临时救济体系和不存在统一临时救济适用的标准的问题，尤其是对于“扣押”的适用来说。在“临时禁制令”的适用中，法院享有的自由裁量权得到了最大的体现：一方面，联邦最高法院并没有提供一套完整的精确的“临时禁制令”标准；另一方面，联邦上诉法院没有过多地关注联邦最高法院的实践，而是在架构其自己的“临时禁制令”体系，并因此有效地推动了临时救济的发展。这对于个案来说，当事人可能面临较大的不确定性，但对于法院来说，其会有更多的自由裁量空间以实现个案中的公平正义。

第三节　本章小结

英国的临时救济体系极大影响了普通法系国家临时救济体系的发展；英联邦国家在很大程度上践行了英国法的临时救济体系。作为一种例外，尽管美国早期在英国传统临时救济体系的影响下建构临时救济体系，但是美国现行的临时救济体系并未紧随英国临时救济体系的发展。如前所述，英、美两国的临时救济体系在临时救济的类型、适用临时救济的条件、临时救济的效力等诸多方面，都存在较大的差异，尽管在某些临时救济的适用方面仍然存在不少共同之处。

不同于大陆法系拥有的提供临时救济的悠久传统，普通法系国家曾经在提供判决前救济方面显得极不情愿。① 临时救济在英美法系国家的发展较为缓慢，最早是被作为一项补充性的衡平法上的救济；即便是现在，美国法也没有为当事人在诉讼程序启动前提供临时救济的机制。不过，以英国为代表的普通法系国家或地区于20世纪70年代以来在临时救济方面的发展，又极大地丰富了普通法系国家临时救济的实践，凸显了临时救济在传统的大陆法系国家所不具有的活力和效能。尤其是在"海地共和国诉杜瓦利埃案"中，英国法院发展出的"全球性的玛瑞瓦禁令"在临时救济的灵活性方面甚至超越了大陆法系国家的传统标准；英国法院对该临时救济的设计能够很好地迎合申请人对临时救济的需求，以至于大陆法系国家法院面前的原告经常跑到英国法院面前寻求这一救济。②

英美法系和大陆法系中的临时救济在有些方面存在不容否认的关联。正如有的学者所指出的，激发"冻结令"产生的先例根植于英格兰、法国和其他地方的习惯法之中。在法国民事诉讼实践中，判决前保护财产的需要使法国在1955年民事诉讼法的修改中引入了"保全扣押"程序，20年后又引入了"冻结令"。丹宁法官在其判决中曾回顾了审前扣押的历史依据——"玛瑞瓦管辖权"出现之前的判决。他指出了在欧洲大陆存在的"外国扣押程序"以及现代的"保全扣押"。③ 不过，两大法系下临时救济的差别显著。尤为特别的一点是，不同于大陆法系国家的立法和司法实践，英国等国家的临时救济具有的是"对人"而非"对物"的效力，对当事人处于外国的财产可行使更大的权限；④英美法系国家的法院在司法实践中具有的更大的自由裁量权和造法职能使临时救济的发展更具有适时性和有效性。此外，关于申请人是否因"冻结"措施而取得"优先权"，各国间的规定有所不同。在德国，债权人通常具有对冻结财产的优先权，但优先权取决于扣押发生的时间——而不管是临时保护中的扣押还是执行中的扣押。这一立场显然不同于英国法的立场。玛瑞瓦禁令不赋予申请

① See Peter F. Schlosser, *Coordinated Transnational Interaction in Civil Litigation and Arbitration*, Michigan Journal of International Law, Vol. 12:1, p. 150 – 172 (1990 – 1991).

② See Peter F. Schlosser, *Coordinated Transnational Interaction in Civil Litigation and Arbitration*, Michigan Journal of International Law, Vol. 12:1, p. 152 (1990 – 1991).

③ See Steven Gee, *Commercial Injunctions*, Sweet & Maxwell, 2005, p. 13.

④ See George A. Bermann, *Transnational Provisional Relief in the Courts*, in Jack L. Goldsmith ed., International Dispute Resolution: The Regulation of Forum Slection, Transnational Publishers, 1997, p. 106 – 116.

人任何的优先权,对债权人之间的优先性置之不理。鉴于大多数国家不准予执行判决中的扣押促成优先权的规定,推定大多数的欧盟国家不允许扣押赋予优先权的存在。①

尽管法院在作出临时救济的过程中要尽量避免形成对案件的预断,②但是英美法所要求的存在"在法律上有充分理由的、可以争辩的案件"或"较大的胜诉可能性"等,便是一种在最终裁决前对案件实体的初步评估。这一对案件实体的关涉可以避免轻率作出临时救济,并能够为法院最终支持的一方提供最恰当的救济。然而,正如有的学者所指出的,对案件实体的评估不应苛刻,可与有关国际组织的立场相一致,即可以采取"在实体问题上的合理的胜诉可能性"这一标准来判断。③ 从历史发展上来看,19 世纪英国和美国的先例允许临时救济的作出仅仅建立在对当事人双方困难的平衡,以及为保护被申请人的权利而要求提供的担保上。担心那些在实体问题上毫无价值的申请人寻求临时救济,很可能是要求"当事人在实体问题上要具有说服力"这一要件引入的缘由;这一要件在英文中具有极为不同的表述,如"实体胜诉可能性或在实体问题上有值得认真考虑的事项"(a probability, a likelihood, or a possibility of success on the merits, or serious questions going to the merits)。尽管该标准意在要求有胜诉的可能性,但是法院仍需在一定程度上考察案件的实体问题,因此其有可能陷入实体问题的争论。可以想象的是,法官不情愿在实体问题的审查这条路上越走越远,因为临时禁制令的听审程序通常是简化的。基于此,一些联邦法院采取一些"替代性标准":申请人是否提出了实体上的严肃的问题。④

在代表性普通法系国家临时救济的适用中,避免过早地就案件的实体问题下结论,主要基于以下几个方面的考虑:(1)作出临时禁制令的速度排除了当事人提出形成充分裁决所依据的基础;(2)若予以实体审查,法院容易陷于实体问

---

① See W. A. Kennett, *Enforcement of Judgments in Europe*, Oxford University Press, 2000, p. 165 - 166.

② See W. A. Kennett, *Enforcement of Judgments in Europe*, Oxford University Press, 2000, p. 171.

③ See Jarrod Wong, *The Issuance of Interim Measures in International Disputes: A Proposal Requiring a Reasonable Possibility of Success on the Underlying Merits*, Georgia Journal of International & Comparative Law, Vol. 33, p. 605 (2005).

④ See Arthur D. Wolf, *Preliminary Injunctions: The Varying Standards*, Western New England Law Review, Vol. 7:2, p. 230 - 231 (1984 - 1985).

题的泥淖;(3)过早地判断申请人的案件强度(strength)可能会给当事人传达一种有关案件生命力的错误信号;(4)就实体问题进行审查也会加重上诉法院的负担;(5)为了避免这些问题,一些法院开始降低有关申请人在案件强度方面的要件;(6)对被申请人的合法权利可能受到的侵害予以保障。① 这些理由的存在,就使在对临时救济制度进行设计时需要对是否进行实体方面的预断以及该预断应该达致何种程序进行适当的界定。

---

① See Arthur D. Wolf, *Preliminary Injunctions*: *The Varying Standards*, Western New England Law Review, Vol. 7:2, p. 231 – 233 (1984 – 1985).

第三章　临时救济适用中的管辖权

第一节　引　　言

在国际民事诉讼中，临时救济管辖权的适格是法院适用临时救济的根本前提。管辖权问题决定了临时救济可予适用的类型、效力、条件等关键性问题。从广义上来讲，管辖权是主权国家就特定的地区和人的活动制定并实施规则的领域，[①]大致可分为“立法管辖权”、“司法管辖权”和“执法管辖权”；[②]国际民事诉讼中有关法院适用临时救济的管辖权属于“司法管辖权”的范畴。从当前国际范围内来看，管辖权问题更多的是单个国家自己的事情，而不是一项全球性的公共事务，因此其主要处于单个国家的控制之下，而非受制于跨国性的统一规则。尽管像欧盟这样的区域共同体已经敲定了若干统一的管辖权根据，共同体成员国内法中管辖权规则的界定仍主要由国内法主导。[③] 这一管辖权行使的基本现实同样与国际民事诉讼、国际民商事纠纷解决中临时

---

① See Conway W. Henderson, *Understanding International Law*, John Wiley & Sons, Ltd., Publication, 2010, p. 116.

② See Gary B. Born, *International Civil Litigation in United States Courts: Commentary & Materials*, Kluwer Law International, 2011, p. 1.

③ See Wenliang Zhang, *Recognition and Enforcement of Foreign Judgments in China: Rules, Practice and Strategies*, Kluwer Law International, 2014, p. 109.

救济适用的管辖权确定相关。

国际民事诉讼中临时救济的适用在诸多情形下可能会包含涉外因素,如临时救济适用的标的物位于法院的管辖范围之外,被申请人本人不在法院的司法管辖区域之内等。这些涉外因素在国际民商事交往持续加剧的情形下将变得更为明显和常见,亦使国际民事诉讼中临时救济的管辖权问题变得甚为棘手和复杂。从目前来看,国际民事诉讼中临时救济适用的管辖权仍然主要是各国国内法上的管辖权问题,但是其会逐渐且越来越多地涉及他国或甚至是国际法上的管辖权事项。此外,由于临时救济的适用是国际民事纠纷解决或国际民事诉讼中的一项程序性机制,该机制更多地被设计为一项附属性的程序,可与主诉或某一特定的纠纷解决方式相分离。这使临时救济适用的管辖权与国际民事诉讼的实体管辖权、国际商事仲裁的进行等存在难以厘清的交织关系。而要考究国际民事诉讼中临时救济适用的管辖权,我们便需要考察临时救济的适用与主诉的关系,临时救济的管辖权与实体管辖权的关系,以及临时救济的适用与国际商事仲裁的关系等基本问题,下文即对这些基本问题予以讨论。

第二节　临时救济管辖权的确定与厘清

一、管辖权规则的确定

(一)概况

在过去很长一段时间内,有关临时救济适用的管辖权根据大都依凭各国国内法确定,这与临时救济主要适用于国内民商事诉讼的现实有根本的联系。随着国际民商事交往愈加频繁,临时救济在国际民事诉讼中的地位越来越重要。然而,在各国法尚未对国际民事诉讼中临时救济的适用规定独立的管辖权规则的情况下,比照适用内国诉讼中有关临时救济适用的管辖权规则成为不可回避的选择。有些国家,如法国和德国,在特定的情形下将内国与临时救济有关的管辖权规则适用于国际民事诉讼的情形。① 与此同时,有些国家已对国际民事诉讼中临时救济的适用,包括有关的管辖权规则作出了特别规定。比如,《意大利国际私法典》《西班牙民事诉讼法典》均对在国际民事诉讼中规范有关保护

---

① See W. A. Kennett, *Enforcement of Judgments in Europe*, Oxford University Press, 2000, p. 135; Catherine Kessedjian, *Note on Provisional and Protective Measures in Private International Law and Comparative Law*, Prel. Doc. No. 10, para. 98.

措施的管辖权问题作了明确规定。[①] 又如,《瑞士国际私法典》对保护措施作出了原则性的规定:即便瑞士的司法或行政机关对案件的实体没有管辖权,其仍可以采取保护措施;[②]若被告的最后住所在国外但其在瑞士留有财产,则"财产所在地"的瑞士司法或行政机关可以采取保护措施以保护该财产。[③]

一般来说,对案件的实体拥有管辖权的法院有权适用相应的临时救济;[④]如在欧盟,所有成员国的国内法均赋予主诉法院适用临时救济的权力。[⑤] 然而,主诉法院在实践中并非最适合适用临时救济的法院,因为有关的财产、证据或事实情形等并不一定在该法院所在地。也就是说,当事人经常需要向主诉法院之外的法院寻求临时救济。[⑥] 鉴于此,各国国内法在通常情况下亦会将有关临时救济的管辖权规则建立在"证据所在地"、"财产所在地"或"事实情况所在地"等连结点之上,当事人可以向这些特定的临时救济适用地法院寻求临时救济,尽管相关的法院并不具有实体管辖权。然而值得特别注意的是,实践中也存在一种"逆行"的现象,即临时救济管辖权被有些国家用来作为对案件的实体问题行使管辖权的根据,如土耳其[⑦]、比利时[⑧]、西班牙、法国、德国等。[⑨] 这就出现了基于临时救济的管辖权而行使的实体管辖权,其包括"财产扣押法院"(Forum Arresti)和"财产地法院"(Forum Patrimonii),这两者区分依据在于,相关的管辖权产生的是一种普遍的"对人的"还是特别的"对物的"效力。

由于国际社会尚欠缺协调或统一的临时救济管辖权规范,国际民事诉讼中临时救济的适用处于极不确定的状态。这种不确定性可能给双方当事人带来

---

① See W. A. Kennett, *Enforcement of Judgments in Europe*, Oxford University Press, 2000, p. 136.

② See Article 10, Swiss Code of Private International Law.

③ See Article 89, Swiss Code of Private International Law.

④ See Catherine Kessedjian, *Note on Provisional and Protective Measures in Private International Law and Comparative Law*, Prel. Doc. No 10, para. 99.

⑤ See Burkhard Hess, *Minimum Procedural Standards for Enforcement of Provisional and Protective Measures at European Level*, in Mads Andenas, Burkhard Hess & Paul Oberhammer eds., Enforcement Agency Practice in Europe, The British Institute of International and Comparative Law, 2005, p. 274.

⑥ See Catherine Kessedjian, *Note on Provisional and Protective Measures in Private International Law and Comparative Law*, Prel. Doc. No 10, para. 99.

⑦ 参见李双元、谢石松:《国际民事诉讼法概论》,武汉大学出版社 2001 年版,第 200 ~ 201 页。

⑧ 参见李双元、谢石松:《国际民事诉讼法概论》,武汉大学出版社 2001 年版,第 206 页。

⑨ 参见李双元、谢石松:《国际民事诉讼法概论》,武汉大学出版社 2001 年版,第 209 页。

甚为不利的后果,也不利于法院间的司法协作和国际民商事交往的开展。各国间在临时救济的管辖权界定中存在较大差别,但同时也存在诸多共通之处,如在连结点的选择上;有效地回应这些差别并依托这些共通之处进行临时救济管辖权的协调或统一对国际民事诉讼中临时救济的适用有十分积极的意义。欧盟的立法和司法实践在此方面不断推进的努力便是有力的证明。① 无论如何,在国际民事诉讼中临时救济的适用问题上,各国适用差异或大或小的管辖权规则是既定事实;对当事人来说,其查明拟寻求临时救济的国家的相关临时救济管辖权规则是最基本的前提。下文对代表性国家的国际民事诉讼中临时救济适用的管辖权规则作初步的探讨。

(二)代表性管辖权规定

在法国临时救济的适用中,从地域管辖方面来说,作为法国法中主要的临时救济的"紧急审理程序"应由主诉法院,或争议发生地、临时救济效力发生地的法院管辖。② 对于另一类临时救济——"保全措施"来说,对财产的"扣押"可以在财产所在地实施,并最终由作为债务人的被告、第三人的"居住地"(residence)或持有被告财产的第三人"所在地"(在法国无居住地的情况)予以确认。值得注意的是,法国法中有关扣押的"管辖权"和"审理地"的概念完全独立于普通法上存在的"对人管辖"。也就是说,"保全扣押"管辖权的确立不以有关法院对债务人具有对人管辖权为基础。甚至是对有关事项的实体问题正在进行的诉讼程序本身也不赋予获得"扣押"的管辖权。③ 依照该逻辑,法国法院可作出针对外国人在法国的财产的扣押。但基于财产而行使的管辖权仅限于处于法国境内的财产,不能产生域外效力。④

法国最高法院曾经采取了"财产扣押法院"的做法,⑤即法院因扣押财产而获得了案件的实体审理权限,但其裁判权应局限于扣押财产的价值之内。对于

---

① In this regard, see W. A. Kennett, *Enforcement of Judgments in Europe*, Oxford University Press, 2000, p. 134 - 140.

② 参见周翠:《中外民事临时救济制度比较研究》,清华大学出版社 2014 年版,第 150 页。

③ See Peter Schlosser, *Jurisdiction and International Judicial and Administrative Co-operation*, Recueil des Cours, Vol. 284, p. 169 (2000).

④ See Paul de Dree, *France*, in Lawrence W. Newman, Attachment of Assets, Juris Publishing, Inc., 2014, p. FRA - 6.

⑤ Catherine Kessedjian, *Note on Provisional and Protective Measures in Private International Law and Comparative Law*, Prel. Doc. No 10, para. 103.

外国法院正在就案件的实体问题予以审查的案件,法国最高法院认为并不必中止在法国的扣押程序,这方面的代表性案例是 1979 年的纳西比安诉纳西比安案(Nassibian v. Nassibian)。[①] 然而,法国最高法院在 1995 年的"梅里迪恩·布雷克沃尔德有限责任公司及其合伙企业诉贝宁海运公司案"(SARL Méridien Breckwoldt et Cie v. Cie béninoise de navigation maritime)和 1997 年的"斯特罗伊克斯波特公司诉叙利亚中央银行案"(Société Strojexport v. Banque Centrale de Syrie)中推翻并放弃了这一制度。在现行法国法中,法官不得仅依据法国境内可行使扣押权的财产而行使对案件的实体管辖权。[②]

在德国,为启动临时救济,当事人应向有权适用临时救济的法院提出请求。从管辖法院上来说,(将要)受理主诉的法院有权受理当事人提起的有关临时救济的申请。其他法院在一定情况下亦有权受理临时救济的申请,如涉及临时救济的地方法院也可作出临时救济。对主诉有管辖权的法院是一审法院。如果涉及法律和事实问题的主诉处于悬而未决的上诉审中,主诉法院则为上诉法院。如果主诉悬而未决,受理主诉的法院则有排他性的管辖权。[③] 然而,临时救济的作出并非仅可由有关法院进行。在紧急情形下,"主审法官"而非法院可以就所涉及的临时救济的请求予以裁决,前提是该请求无须以听审的方式处理。[④] 这与在许多国家,如荷兰和法国,只有法院院长在紧急的情况下才有权作出保护措施形成明显的对比。[⑤]

在德国,对于"扣押"申请,主诉(将要)被提起地法院,以及标的物被扣押地的法院或人身自由受限制的当事人所在地或居住地的地方法院(Amtsgericht, AG)均可作出"扣押令"。[⑥] 实践中,向非主诉法院提起的"扣押"

---

① See Laurence Collins, *Provisional and Protective Measures in International Litigation*, Recueil des Cours, Vol. 234, p. 40 – 41 (1993).

② See Paul de Dree, *France*, in Lawrence W. Newman, Attachment of Assets, Juris Publishing, Inc., 2014, p. FRA – 5, 6; Catherine Kessedjian, *Note on Provisional and Protective Measures in Private International Law and Comparative Law*, Prel. Doc. No 10, para. 103.

③ 参见《德国民事诉讼法》第 943 条。

④ 参见《德国民事诉讼法》第 944 条。

⑤ See W. A. Kennett, *Enforcement of Judgments in Europe*, Oxford University Press, 2000, p. 160.

⑥ 参见《德国民事诉讼法》第 919 条。

请求仅在特别紧急的情况下方可被许可。[①] 诚然,由于“布鲁塞尔体系”以及《卢加诺公约》的存在,德国法院对临时救济管辖权的行使受到了很大的限制;对于该体系及公约调整范围之内的事项,如涉及欧盟成员国以及欧盟自由贸易区债务人或被告的跨国民商事诉讼,必须遵循该体系及公约所确立的有关临时救济的管辖权规则。这就使德国法院在行使临时救济的管辖权时须遵循不同的法律体系;[②]此处的讨论主要是依据“布鲁塞尔体系”及《卢加诺公约》之外的,德国国内法中的临时救济体系。与“扣押”的情形一样,主诉(将要)被提起地法院有权作出“禁制令”。[③] 在“紧急”的案件中,诉讼标的物所在地的地方法院亦有权作出“禁制令”。[④] 不过,相较于申请“扣押”的情形,诉讼标的物所在地的地方法院对“禁制令”中管辖权行使的重要性小得多且受到极为严格的限制。[⑤]

诉讼标的物所在地的地方法院适用临时禁制令时应遵循以下特别规定:[⑥] (1)诉讼标的物所在地的地方法院作出的禁制令应确定当事人向主诉法院提起“对席听审”(传唤对方当事人)以确认该禁制令的有效性的期限,该期限仅在对方当事人提出相应申请的情况下法院方可确定。[⑦] (2)即使不存在被认为是“紧急”的案情,不动产所在地或船舶的船籍港、船籍地,或建造中的船舶所在地的地方法院也可以作出“禁制令”。依据该“禁制令”,优先权[⑧]公告将被记录在不动产所在地的土地登记簿、船籍港的船舶登记处簿,或船籍地保存的建造中的船舶登记簿,或对该登记的正确性提出的异议中;在船籍港不在德国的情形下,该“禁制令”可以在汉堡的当地法院作出。(3)一旦期限已过,申请人没有胜诉,地方法院将根据提出的相应请求而废除该裁定。在实践中,临时“禁制

---

① See Peter Murray & Rolf Sturner, *German Civil Procedure*, Carolina Academic Press, 2004, p. 433 – 434.

② See Axel Metzger, *Germany*, in Toshiyuki Kono ed., Intellectual Property and Private International Law: Comparative Perspectives, Hart Publishing, 2012, p. 615 – 617.

③ 参见《德国民事诉讼法》第 937 条。

④ 参见《德国民事诉讼法》第 942 条。

⑤ Peter Schlosser, *Jurisdiction and International Judicial and Administrative Co-operation*, Recueil des Cours, Vol. 284, p. 164 – 165 (2000).

⑥ 参见《德国民事诉讼法》第 942 条。

⑦ 参见《德国民事诉讼法》第 942(1)(2)条。

⑧ See W. A. Kennett, *Enforcement of Judgments in Europe*, Oxford University Press, 2000, p. 164.

令”通常只会在损害赔偿或永久的禁制令诉讼程序中获得。[1]

在英国,有关临时救济适用中的管辖权规则较为复杂和特别。在“‘西斯金娜号’货物所有者诉迪斯托斯航运公司案”中,英国上议院对临时救济适用的管辖权问题创立了如下规则:作出“玛瑞瓦禁令”(冻结令)的管辖权是一项“对人管辖权”,因此英国法中通常适用的管辖权规则将予遵循。这样一来,若被告自身处于英国法院的管辖范围之内且收到法院的送达,英国法院便因此有了“强制性管辖权”。而若被告不在英国法院的管辖范围之内,英国最高法院亦确立了某些在特定情形下英国法院行使管辖权的规则,但是案件须与英国法存在联系且英国法院接受这种任意管辖。该案的做法得以不断地确认,如后来的“梅赛德斯－奔驰股份公司诉莱杜克案”[2];在“梅赛德斯－奔驰股份公司诉莱杜克案”中,“财产所在地”这一连结点本身不能支持“冻结令”的适用。英国在1982年《民事管辖权与判决法》中首先将公约覆盖范围内案件的管辖权行使脱离“‘西斯金娜号’货物所有者诉迪斯托斯航运公司案”中确立的管辖权规则的束缚,进而通过1997年立法将《布鲁塞尔公约》和《卢加诺公约》确立的临时救济管辖权规则延伸适用于所有案件,除非案件仅关涉英国境内。此外,有关“冻结令”的管辖权规则同样适用于英国法中其他对人性的临时救济,如“披露令”。[3]

在现行美国法下,有关案件的“实体管辖权”标准同样适用于临时救济适用中的管辖权确定。具体来说,法院若要适用“禁制令”应取得针对被告的“对人管辖权”,即被告在法院地“实际存在”。然而,“国际鞋业公司诉华盛顿州案”[4]采取了更为灵活的方案,改变了传统的依据被告的“实际存在”为要求的严格标准,即在被告和法院之间存在能够使被告合理地抗辩案件的联系。显然,该标准使美国法院在行使临时“禁制令”的管辖权上的标准大大降低,但该标准存在不易理解、较为模糊等问题。此外,在依据该标准行使管辖权时,法院亦应遵循“正当程序”原则。美国法下的另一临时救济——“扣押”的适用标准不甚明确。著名的“沙弗尔诉海特纳案”确立了“扣押”管辖权的行使须符合“国际鞋业公司诉华盛顿州案”确立的标准,即为了确保管辖权适用中的“正当程序”,

---

① See Peter Schlosser, *Jurisdiction and International Judicial and Administrative Co-operation*, Recueil des Cours, Vol. 284, p. 165 (2000).

② Mercedes Benz AG v. Leiduck, [1995] 3 W. L. R. 718.

③ See Catherine Kessedjian, *Note on Provisional and Protective Measures in Private International Law and Comparative Law*, Prel. Doc. No 10, para. 27 – 31.

④ Int'l Shoe Co. v. Wash., 326 U. S. 310 (1945).

法院应确保存在最低限度的联系以使诉讼程序能够符合传统的“公平对待”(fair play)原则和“自然正义”(natural justice)原则。[①]

(三)我国涉外保全的管辖权

临时救济属于我国法院依法作出“裁定”的范畴,在裁定是否适用该措施之前需解决受案法院的管辖权问题。根据已失效的《民事诉讼法意见》(1992年),诉前财产保全只能由当事人向财产所在地的人民法院申请。[②] 在我国现行的法律体系下,可适用临时救济的法院范围要宽得多。从整体上来说,有权适用临时救济的法院会因申请人提出临时救济申请的时间不同而有所不同。根据《民事诉讼法》(2023 年修正)的规定,在诉前临时救济的申请中,包括诉前证据保全、诉前财产保全以及诉前行为保全,有管辖权的法院为“证据或财产所在地”、“被申请人住所地”以及“对案件的实体有管辖权”的法院。[③]

对案件的实体有管辖权的法院,是指根据民事诉讼法对将要提起的诉讼具有管辖权的法院,如侵权案件中的侵权行为地或被告住所地法院,合同纠纷案件中的被告住所地或合同履行地法院,不动产纠纷案件中的不动产所在地法院。[④] 授予不同的法院以诉前财产保全受理的管辖权,有利于申请人及时、有效地提起保全申请,但若在主诉法院之外的法院提起申请,就会要求诉讼提起后保全法院和主诉法院相互之间予以有效的配合,以保证诉前所采取的财产保全措施的效力不至于受影响。与诉前临时救济的申请不同,对于诉中临时救济的申请,《民事诉讼法》(2023 年修正)没有明确的规定。[⑤] 对于就案件实体有管辖权的法院来说,裁定是否适用临时救济应是其管辖权的一部分,这是由主诉程序和临时救济程序之间的基本关系决定的。

对于我国涉外诉讼中法院的管辖权来说,《民事诉讼法》(2023 年修正)涉外民事诉讼程序的特别规定中载明了我国法院行使涉外诉讼管辖的若干根据,

---

① See Catherine Kessedjian, *Note on Provisional and Protective Measures in Private International Law and Comparative Law*, Prel. Doc. No 10, para. 55 – 58.

② 参见《民事诉讼法意见》(1992 年)第 31 条第 1 款。

③ 参见《民事诉讼法》(2023 年修正)第 84 条和第 104 条。

④ 参见全国人大常委会法制工作委员会民法室编著:《中华人民共和国民事诉讼法解读》,中国法制出版社 2012 年版,第 267 页。

⑤ 参见江伟主编:《最新中华人民共和国民事诉讼法释义》,中国法制出版社 2012 年版,第 185 页。

主要包括涉外民事诉讼特别管辖、协议管辖、应诉管辖、专属管辖等。[①] 不过这些管辖权根据是对我国法院受理涉外案件实体问题作出的管辖权规定。由于对案件实体有管辖权的法院有权适用临时救济，因此《民事诉讼法》（2023 年修正）中涉外民事诉讼特别程序中的管辖权根据同样可以用以确定我国涉外诉讼中临时救济（保全）的管辖权。通常来说，对案件实体有管辖权的法院可以在诉前和诉讼中裁定适用临时救济。然而，仅依靠对案件实体有管辖权的法院裁定适用临时救济会限制临时救济的有效适用，所以在临时救济管辖权的行使中亦应考虑其他可合理裁定适用临时救济的法院。总的来说，我国有管辖权裁定适用临时救济（保全）的法院，既包括根据《民事诉讼法》（2023 年修正）涉外民事诉讼程序特别规定的管辖权行使管辖权的法院，也包括根据《民事诉讼法》（2023 年修正）及其他法律的规定有管辖权裁定适用保全的法院。

根据《民事诉讼法》（2023 年修正）的规定，“因涉外民事纠纷，对在中华人民共和国领域内没有住所的被告提起除身份关系以外的诉讼，如果合同签订地、合同履行地、诉讼标的物所在地、可供扣押财产所在地、侵权行为地、代表机构住所地位于中华人民共和国领域内的，可以由合同签订地、合同履行地、诉讼标的物所在地、可供扣押财产所在地、侵权行为地、代表机构住所地人民法院管辖。除前款规定外，涉外民事纠纷与中华人民共和国存在其他适当联系的，可以由人民法院管辖”。从内容上来说，该规定是针对除身份关系纠纷以外的涉外民事诉讼的特别管辖权规定。根据该规定，对在我国没有住所的被告，可裁定适用保全的法院包括合同签订地、合同履行地、诉讼标的物所在地、可供扣押财产所在地、侵权行为地、代表机构住所地人民法院。不仅如此，与案件有适当联系的法院亦可以裁定适用保全。“适当联系”这一管辖权根据是开放性的，具有显著的自由裁量性，需要合理限制方可保障管辖权行使的合理性；对于根据其行使涉外保全管辖权来说，亦需要合理限制。

根据《民事诉讼法》（2023 年修正）的规定，“涉外民事纠纷的当事人书面协议选择人民法院管辖的，可以由人民法院管辖”。[②] 因此，若存在涉外协议选择我国法院的情形，被选择法院可以裁定适用保全。同样地，当事人应诉答辩的我国法院可以就诉讼中的保全作出裁定，享有专属管辖的我国法院可以在诉前和诉讼中裁定适用保全。

---

① 参见《民事诉讼法》（2023 年修正）第 276～279 条。

② 参见《民事诉讼法》（2023 年修正）第 277 条。

除了《民事诉讼法》(2023 年修正)关于涉外管辖权的特别规定,参照适用的非涉外管辖规定同样可以作为涉外保全的管辖权根据。在依据《民事诉讼法》(2023 年修正)对案件实体有管辖权的法院可裁定适用涉外保全之外,其他特别诉讼法及司法解释等亦包含涉外保全的管辖权规定。

鉴于我国现行的法律体系尚未明确规定涉外保全的管辖权体系,我国涉外保全管辖权条款的构建,可以从比较法的角度出发,探求国际社会的普遍做法,结合我国已有的保全立法与实践,架构合理的涉外保全管辖权规则。国际法委员会通过的《国际诉讼中的临时与保护措施原则》确立了临时措施的管辖权应独立于实体问题的管辖权的规则,并指出了争议所涉财产的存在可以使财产所在地作出针对该财产的临时措施。美国法律协会与国际统一私法协会通过的《跨国民事程序原则》亦确立了临时措施的管辖权独立于实体问题的管辖权的规则。此外,《布鲁塞尔条例Ⅰ》(修订)第 35 条规定:“对于临时性措施(包括保护措施)的申请可以依据成员国的国内法向该国法院作出,即使其他成员国的法院对于案件的实体争议享有管辖权。”《瑞士国际私法典》第 10 条规定:“瑞士司法或行政部门在如下情况时具有临时措施管辖权:(a)对案件实体争议具有管辖权;(b)位于临时措施将会被执行之所在地。”《管辖权与判决公约临时文本》第 13 条也规定了临时措施管辖权,但并未就行使的方式达成一致。其中,该条的 A 方案同样肯定了将案件实体管辖权与临时保护措施相互分离的做法。对于涉外保全的管辖权而言,应当首先确认对争议实体问题有管辖权的法院具有作出保全措施的管辖权这一基本做法。在此基础之上,所涉争议财产所在地、标的物所在地以及被告经常居所地等也是广为接受的涉外保全管辖权根据,这些管辖权的根据能够保障法院采取的临时措施的执行,可以成为我国涉外保全中的合理管辖权根据。

二、临时救济程序与主诉程序的协调

临时救济的适用关涉临时救济管辖权的一个重要问题是,如何恰当地划分临时救济的行使与主诉之间的关系,即“临时救济管辖权”与“主诉管辖权”之间的关系问题。尽管主诉法院在临时救济适用方面具有很强的正当性支撑,然而完全交由主诉法院行使临时救济的管辖权并不存在理论、立法和司法实践上的正当性,临时救济的管辖权行使不应由主诉法院独占。鉴于此,处理好“临时救济管辖权”与“实体管辖权”之间的关系,对临时救济的有效适用来说是一个虽显复杂但十分重要的问题。

(一)两类程序的分立

从当前的立法和司法实践来看,临时救济程序并不必然从属于“主诉”程序,尽管“主诉”程序下的法院通常有适用临时救济的管辖权;相反,实践中当事人于“主诉程序”提起之前寻求临时救济的概率和必要性也越来越大。此外,临时救济程序与“主诉”程序可能会处于不同国家,而该情形会出现得越来越频繁,“临时救济管辖权”与“实体管辖权”之间泾渭分明的趋势越来越明显。

从理论上来说,主诉法院适用临时救济的管辖权并不必然与其他有权适用临时救济的法院的管辖权的性质相同;而主诉法院对案件的实体行使管辖权的根据亦不必然相同于其独立地行使临时救济管辖权的根据。对案件的实体享有管辖权的法院具有处置与案件相关的所有问题的权限,这种权限亦应包含临时救济适用的管辖权在内。在此意义上,“临时救济管辖权”相较于主诉法院的“实体管辖权”来说,是一种“附属管辖权”,是一种总括性管辖权的内涵,是一种“主流”和“支流”之间的关系问题。

(二)互补或取代

临时救济程序和“主诉”程序之间存在极为微妙的关系;在司法实践中,前者可能会形成对后者的有效替代。比如,由法国的“紧急审理程序”演变而来的“简易程序”(kort geding)是荷兰法中最为重要的临时救济。实务界和理论界对该程序的适用相当满意,认为该程序有效、迅捷且具有高质量,很可能是欧洲最具活力和自由度的临时救济。

根据实践统计资料,在荷兰,有10%～12%的民事案件通过“简易程序”的方式启动,而只有在大约5%的这些案件中,当事人在提起“简易程序”的同时或在该程序启动之后提起了“主诉”。尤其是在“知识产权”案件和“临时支付”的情形下,“简易程序”成为一个极为重要的法律措施。① 由于该临时救济,荷兰法中没有对获得“简易判决”(summary judgment)的程序作出规定。② 而在法国,通过临时救济程序——“紧急审理程序”审理的案件在法国民事诉讼中的比

① See X. E. Kramer, *Harmonisation of Provisional and Protective Measures in Europe*, in M. Storme ed., Procedural Laws in Europe: Towards Harmonisation, Maklu Publishers, 2003, p. 307.

② See W. A. Kennett, *Enforcement of Judgments in Europe*, Oxford University Press, 2000, p. 171.

重为 10% 左右,[①]这是一个相当高的比例。

在我国,临时救济程序是涉外诉讼的附属程序,厘清临时救济程序与主诉程序之间的关系是合理行使临时救济管辖权的重要维度。对此来说,最高人民法院在有关保全的司法解释中进一步厘清"保全措施的采取"与"主诉管辖权"之间的关系。已废止的《民事诉讼法意见》(1992 年)曾规定,诉前财产保全由当事人向财产所在地的人民法院申请;若申请人在诉前财产保全中选择向财产所在地法院提起诉讼,则可以在法院采取保全措施后向该法院提起主诉。[②] 可供保全的财产所在地及法院的财产保全裁定成为获取实体管辖权的根据。这一做法渗透着当事人或利害关系人的"诉讼策略",当事人或利害关系人可以通过提起诉前财产保全的方式改变对案件实体享有管辖权的法院。不过,《最高人民法院关于在经济审判工作中严格执行〈中华人民共和国民事诉讼法〉的若干规定》(已废止)针对该情况作出了新的规定,"人民法院在审理国内经济纠纷案件中,如受诉人民法院对该案件没有管辖权,不能因对非争议标的物或者对争议标的物非主要部分采取诉前财产保全措施而取得该案件的管辖权"[③]。依据现行有效的《民事诉讼法司法解释》(2022 年修正),当事人向采取诉前保全措施以外的其他有管辖权的人民法院起诉的,采取诉前保全措施的人民法院应当将保全手续移送受理案件的人民法院。诉前保全的裁定视为受移送人民法院作出的裁定。[④] 依此规定,临时救济的法院的管辖权从属于对案件实体有管辖权的法院,采取保全的法院不得以保全措施本身取得对案件实体的管辖权。

除可基于申请人的申请而适用保全措施的有权法院外,被申请人在错误保全情形下的救济及管辖法院亦很重要。依据现行有效司法解释,对于被申请人因临时救济的适用而遭受损失的损害赔偿诉讼来说,由受理起诉的人民法院或采取保全措施的人民法院管辖。当事人申请诉前保全后没有在法定期间起诉或者申请仲裁,给被申请人、利害关系人造成损失引起的诉讼,由采取保全措施的人民法院管辖。当事人申请诉前保全后在法定期间内起诉或者申请仲裁,被申请人、利害关系人因保全受到损失提起的诉讼,由受理起诉的人民法院或者

---

① 参见周翠:《中外民事临时救济制度比较研究》,清华大学出版社 2014 年版,第 147 页。

② 参见《民事诉讼法意见》(1992 年)第 31 条第 2 款。

③ 参见 1994 年《最高人民法院关于在经济审判工作中严格执行〈中华人民共和国民事诉讼法〉的若干规定》(已废止)第 6 条。

④ 参见《民事诉讼法司法解释》(2022 年修正)第 160 条。

采取保全措施的人民法院管辖。[①] 这样一来,若被申请人因临时救济适用受到损害,亦可以向有管辖权的法院起诉寻求救济。

(三)两类程序的衔接

"临时救济管辖权"的大量独立行使必然会冲击"实体管辖权",但是很难说临时救济的适用会因此取代"主诉程序"。随着越来越多的临时救济程序在"主诉"程序启动之前启动或临时救济以其他方式独立地适用,且这两种程序可能会在不同的法域被提起,因此,临时救济程序与主诉程序之间的有效衔接成为迫切的实践问题。

从时间上来说,对于在一国之内启动的这两种程序,各国法律大都规定,如果临时救济是在"主诉"启动之前作出的,申请人通常有义务在一个确定的期间内提起主诉。如在欧盟,大多数成员国的程序法都对此作出了规定,"主诉"程序的提起应在临时救济适用之后的两周或一个月。[②] 如果权利人怠于行使临时救济的权利,那么法院有更强的理由不适用临时救济。其中的原理在于,如果申请人愿意拖延,那么该类措施本无必要。[③] 不过各国在此期间的适用方式上的规定不尽相同。有些国家,如丹麦、希腊和意大利,选择在立法中为"主诉"的提起载明一个确定的期间,而在其他国家,如奥地利和芬兰,法院会根据具体的情形通过裁量确定期间。

从案件争议的解决和对当事人施予正义的角度来说,尽管各国在临时救济与"主诉"之间的关系问题上的规定差别较大,但共同的特征在于,审理实体问题的法院(主诉法院)总是有权监管在附属程序中作出的临时救济。[④] 这在一定程度上保证了临时救济适用的一致性,并可以有效地协调临时救济程序与"主诉"程序之间的关系。此外,如果债务人在"主诉"中胜诉或其能够证明情

---

① 参见《民事诉讼法司法解释》(2022 年修正)第 27 条。

② See Burkhard Hess, *Minimum Procedural Standards for Enforcement of Provisional and Protective Measures at European Level*, in Mads Andenas, Burkhard Hess & Paul Oberhammer eds., Enforcement Agency Practice in Europe, The British Institute of International and Comparative Law, 2005, p. 275.

③ See W. A. Kennett, *Enforcement of Judgments in Europe*, Oxford University Press, 2000, p. 163 – 164.

④ See Burkhard Hess, *Minimum Procedural Standards for Enforcement of Provisional and Protective Measures at European Level*, in Mads Andenas, Burkhard Hess & Paul Oberhammer eds., Enforcement Agency Practice in Europe, The British Institute of International and Comparative Law, 2005, p. 274.

形变化的需要,法院已作出的临时救济应被撤销。据此,债权人应赔偿债务人的损失。然而,当临时救济与“主诉”分别处于不同的国家时,情况会变得复杂。不同的国家可能会适用不同的临时救济,规定不同的适用条件。实践中,还会出现当事人在不同的国家同时提起平行的临时救济程序的可能性,这会造成对被告的不公平。这些情形都会使国家之间对该措施的协调变得十分必要。[①] 在这些协调措施之中,有关适用临时救济管辖权的协调是最基本的和最重要的步骤。

三、“临时救济管辖权”与“主诉管辖权”

上文分析了临时救济程序和“主诉”程序之间的基本关系问题,也初步探讨了“临时救济管辖权”与“实体管辖权”之间的基本理论和实践问题。然而,“临时救济管辖权”与“主诉管辖权”需要更为深入地探讨,这包括一些特例的考察和相关国家的司法实践。

(一)不同管辖权的区分

有学者将国际民事诉讼中涉及的管辖权分为三类,即“实体管辖权”、“临时救济管辖权”以及“承认和执行外国法院判决的管辖权”。[②] 从广义上来说,司法管辖权可分为三类:涉及案件实体争议的直接管辖权、程序性管辖权和判决据以承认与执行的间接管辖权。涉外保全措施管辖权属于程序性管辖权。《国际私法示范法》第55条“非实体内容管辖权”就是有关涉外保全管辖权的规范。这三类管辖权的划分,依据的是国际民事诉讼所涉及的不同事项或关涉的不同的诉讼阶段。

尽管这三者之间存在明显差别,但它们之间并非完全排斥,尤其是“实体管辖权”与“临时救济管辖权”之间存在极为特殊的关联。正如冯·巴尔(Von Bar)教授指出的,存在绝对的必要以区分基于“扣押”而行使的[实体事项]管

---

① See W. A. Kennett, *Enforcement of Judgments in Europe*, Oxford University Press, 2000, p. 138.

② 参见贺万忠:《临时性海事保全措施国际管辖权研究》,载黄进、肖永平、刘仁山主编:《中国国际私法与比较法年刊》第9卷,法律出版社2007年版,第380页;欧福永:《英国的临时措施管辖权制度初探——兼论我国临时措施管辖权规则的完善》,载李双元主编:《国际法与比较法论丛》第15辑,中国方正出版社2005年版,第690页。

辖权以及基于“紧急情势”的需要而适用的临时救济。① 尽管前者可以同时起到临时保护的作用,然而其着眼点并不在于发挥保护性功能,而在于争夺管辖权本身。后者在功能的定位、性质等方面与前者有着截然的不同。② 我国法律也确认了这一重要的区分。在我国的司法实践中,法院不得以“临时救济管辖权”的行使进而获得对案件“实体问题的管辖权”。③ 出于实践的需要,除西班牙外的所有欧盟成员国均规定,审理案件实体问题的法院具有作出临时救济的管辖权,亦赋予临时救济执行地的法院以管辖权(如被告财产所在地或被告住所地)。④ 不过,在澳大利亚,作出“玛瑞瓦禁令”并不被单独认为是临时救济的管辖权,而是一种并非基于成文法(statue)的管辖权,是法院内在管辖权的一部分——法院可以作出禁制令,以保护其程序的完整性或者支持正当地掌管正义。⑤ 这样一来,“玛瑞瓦禁令”这一特别的临时救济仅依附于主诉程序而适用。不过,在跨国性的临时救济中,被请求法院的“管辖权”和其对案件作出临时救济的充分性之间亦存在难题。⑥

(二)“财产扣押法院”和“财产地法院”的管辖权

在实践中,“实体管辖权”的行使与临时救济功能的实现存在一定的交集。一个典型的例子是:作为一项“实体管辖权”,“扣押财产下的管辖权”(基于“扣押财产”而行使的“实体问题管辖权”)的行使可能会成为最为有效的保护措施。⑦ 换言之,“实体管辖权”的行使在很多情形下可能与“财产的扣押”有关,

---

① See L. V. Bar, *The Theory and Peactioe of Private International Law* (2nd edition), trans. by G. E. Gillespie & Edinburgh, William Geeen & Sons Law Publishers, 1892, p. 913.

② 有关于此的讨论,参见 L. V. Bar, *The Theory and Peactioe of Private International Law* (2nd edition), trans by G. E. Gillespie & Edinburgh, William Geeen & Sons Law Publishers, 1892, p. 913。

③ 参见《最高人民法院关于在经济审判工作中严格执行〈中华人民共和国民事诉讼法〉的若干规定》(已废止)第6条。

④ See Burkhard Hess, *Minimum Procedural Standards for Enforcement of Provisional and Protective Measures at European Level*, in Mads Andenas, Burkhard Hess & Paul Oberhammer eds., Enforcement Agency Practice in Europe, The British Institute of International and Comparative Law, 2005, p. 275.

⑤ See Steven Gee, *Commercial Injunctions*, Sweet & Maxwell, 2005, p. 6 – 8.

⑥ See George A. Bermann, *Transnational Provisional Relief in the Courts*, in Jack L. Goldsmith ed., International Dispute Resolution: The Regulation of Forum Slection, Transnational Publishers, 1997, p. 99 – 102.

⑦ See Laurence Collins, *Provisional and Protective Measures in International Litigation*, Recueil des Cours, Vol. 234, p. 32 (1993).

或者说“实体管辖权”与“临时救济管辖权”之间存在重要的重叠。常见的基于“财产的扣押”或“临时救济管辖权”的行使而建立起的实体性管辖权有两类——“财产扣押法院”的管辖权和“财产地法院”的管辖权。前者涉及的是依据对外国人的财产予以扣押而行使的“有限的”实体管辖权。通常来说,该管辖权仅对所扣押的财产发生效力。与“财产扣押法院”不同,“财产地法院”依据所扣押的财产行使“一般的”实体管辖权,该管辖权的行使不受被扣押财产的限制。依据所扣押的财产而行使管辖权是美国司法实践中的一项重要制度。美国联邦最高法院在 1877 年的“佩诺伊尔诉内夫案”[①]中确立了“财产扣押法院”制度,允许州法院基于对外州人的可扣押的财产行使管辖权,该管辖权使审理法院对案件的实体予以审查,但是法院的裁决仅及于所涉及的财产。

在法国,财产的“扣押”可以在财产所在地实施,并最终由作为被告的债务人、第三人的“居住地”或“被告财产所在地”(在法国无居住地的情况)予以确认。这样一来,法国法院即可作出针对外国人在法国的财产的扣押。法国最高法院采取了类似“财产扣押法院”的做法;法国法院据此行使的管辖权仅限于所扣押的财产的范围。[②] 在“纳西比安诉纳西比安案”[③](Nassibian v. Nassibian)中,法国最高法院主张法国法院可以对在法国作出的扣押措施予以确认,并基于该目的行使对案件的实体问题的管辖权;在随后的“梅里迪安 · 布雷克沃尔特诉科本纳姆案”[④](Mridien Breckwoldt v. Cobenam)中,在不存在一份有关实体问题的外国法院的判决的情况下,法国法院确认一项扣押措施应建立在有关纠纷与法国存在其他管辖权联系的基础之上。

德国法是采取“允许一州法院基于对外州人可扣押的财产行使实体管辖权”的典型代表,即“财产地法院”。经常被学者们援引的著名案例如下:一位俄罗斯运动员因其遗忘在一家柏林旅店的胶套鞋被起诉,并被判决支付 100,000 马克。依据该制度,当事人可以对那些不在德国境内有住所的被告依据其在德国境内的财产(不管价值有多大)提起“对人诉讼”。一旦法院作出判决,判决的效力将不局限于被告在德国境内的财产。也就是说,该管辖权属于

---

① Pennoyer v. Neff, 95 U.S. 714 (1878).

② See Laurence Collins, *Provisional and Protective Measures in International Litigation*, Recueil des Cours, Vol. 234, p. 41 – 43 (1993).

③ Cass Civ I, 6.11.1979, 1980 Clunet 95.

④ Cass Civ 1, 17.01.95 JCP 1995.

"对人的",不受财产价值的限制,所谓的"财产"甚至可以是被告对原告的诉求。[①] 其他国家认为该管辖权为是过度管辖权,因而没有被广泛承认。1968 年的《布鲁塞尔公约》以及取代该公约的《布鲁塞尔条例 I》、《布鲁塞尔条例 I》(修订)均将该管辖权列入"过度管辖权"的范围之内。值得注意的是,1991 年德国联邦最高法院在"穆杜洛格鲁有限公司诉土耳其农业银行案"[②]中裁定,该管辖权只有在"争议与德国存在充分的联系"时方可行使。但是德国联邦最高法院并未对"充分的"联系给予确定性的指引。"财产地法院"管辖权制度在其他欧洲大陆国家也有适用的影子,如 1987 年《瑞士国际私法典》第 4 条规定,"在本法没有规定任何其他可在瑞士行使管辖权的情形下,准予扣押之诉可在扣押地法院提起"。这一根据在《卢加诺公约》中被确认为"过度管辖权"。[③] 在苏格兰,也存在依据对财产的"扣押"而行使的实体管辖权的规定,其同样被认为是"过度的"管辖权根据;而苏格兰法院甚至依据"财产的存在"行使对案件的实体管辖权。

拥有临时救济管辖权的法院并不当然具有对案件的实体问题的管辖权,这在美国的司法实践中得到了充分的体现。在"沙弗尔诉海特纳案"中,原告海特纳(Heitner)向特拉华最高法院提起诉讼;特拉华最高法院根据特拉华州的法律,"扣押"并"暂管"(sequester)了被告偶然处于该州的财产,并据此临时救济对案件的实体行使了管辖权。随后被告向美国联邦最高法院上诉,主张特拉华最高法院依据没有实质联系的扣押行使管辖权违反了《美国宪法》第 14 修正案。美国联邦最高法院在审理该案中指出,任何司法管辖权的行使均应满足"国际鞋业公司诉华盛顿州案"中确立的"最低联系"标准;被告在法院地拥有财产本身不能成为审理与该财产无关诉讼的有效管辖权根据。该案中,特拉华最高法院依据扣押与诉讼无关的财产行使管辖权,不能赋予其"准对物管辖权"。不过,虽然美国联邦最高法院否定了单纯以"财产的存在"作为根据行使管辖权,其却采纳了由冯·梅伦、特劳特曼、比尔和阿扎尔等教授(Von Mehren, Trautman, Beale and Hazard)提出的观点,即"财产的存在"可以使给予临时救

---

① See Laurence Collins, *Provisional and Protective Measures in International Litigation*, Recueil des Cours, Vol. 234, p. 39 (1993); Lawrence Collins, *Essays in International Litigation and the Conflict of Laws*, Clarendon Press, 1994, p. 22 – 23.

② Muduroglu Ltd. v. T. C. Ziraat Bankasi, [1986] QB 1225.

③ Annex I, Convention on jurisdiction and the recognition and enforcement of judgments in civil and commercial matters OJ L 339, 21. 12. 2007, p. 3 – 41.

济获得正当性。在随后1988年的“巴克莱银行股份有限公司诉查科斯案”①中，哥伦比亚地区上诉法院遵循了“沙弗尔诉海特纳案”，尽管扣押财产不可以成为审理案件实体的管辖权根据，但其可以为依据正当程序审理得到的判决执行提供担保。② “巴克莱银行股份有限公司诉查科斯案”具有重要意义，该案鲜明区分了“临时救济管辖权”和“实体管辖权”，在适用有关财产的临时救济中财产所有人无须受制于法院的对人管辖，且有关的财产无须与外国的诉讼标的有关联。③

在“沙弗尔诉海特纳案”之后，基于“扣押”被告的财产而对案件的实体行使“对物的”或“准对物的”管辖权逐渐丧失根据。不过，在一些行使“扣押管辖权”的案件中，法院仍可以对案件的实体事项行使管辖权，即“准对物管辖权”。比如，原告起诉缺席的土地所有者，声称其在该片土地上受伤，被告在该州内的财产的“存在”便可成为在扣押基础上形成“准对物管辖权”的充分根据。然而，对于大多数的“扣押”案件，若扣押的财产与原告的请求毫无关联，法院将无权因“扣押”而审理案件的实体。④ 不过，在更早的“佩诺伊尔诉内夫案”中，美国联邦最高法院指出，要行使“准对物管辖权”，审理法院须在诉讼提起时对有关的财产予以“扣押”或采取其他相等同的行为，以使该财产处于其控制之下。美国联邦最高法院的理论依据在于，法院对财产所有人的义务的调查和裁定对于该财产上的管辖权来说都只是偶然的。因此，即便是在诉讼提起时被告在法院地拥有财产，如果该财产并未事先被“扣押”，“准对物管辖权”也不可行使，且任何因此而作出的判决都会受到美国法上的“间接攻击”⑤(collateral attack)。

---

① Barclays Bank, S. A. v. Tsakos, 543 A. 2d 802 (D. C. 1988).

② See Laurence Collins, *Provisional and Protective Measures in International Litigation*, Recueil des Cours, Vol. 234, p. 46 – 48 (1993).

③ See George A. Bermann, *Transnational Provisional Relief in the Courts*, in Jack L. Goldsmith ed., International Dispute Resolution: The Regulation of Forum Slection, Transnational Publishers, 1997, p. 122.

④ See Rhonda Wasserman, *Procedural Due Process: A Reference Guide to the United States Constitution*, Westport, Conn.: Praeger, 2004, p. 223 – 224.

⑤ “间接攻击或附带攻击”，是指在某一诉讼或程序中对另一诉讼的判决或另一司法程序所作的攻击。它是在具有其独立目的，而非专以质疑或推翻某一判决为目的的诉讼或程序中对该判决提出的攻击，意在撤销或否认该判决的效力。例如，甲在纽约州(New York)获得了该州法院针对乙作出的缺席判决，然后甲想要扣押乙位于加州(California)的财产使判决得到履行，在此，乙可以纽约州法院对自己无管辖权为由对纽约州法院作出的判决进行攻击，此即为间接攻击。参见《元照英美法词典》中的“间接攻击或附带攻击”词条。

(三)临时救济管辖权与其他管辖权

“实体事项管辖权”可表现为诸多形式,而临时救济的适用与这些不同的管辖权形式之间存在特殊关系。比如,作出临时救济的法院与对相关争议存在排他管辖权的法院之间的关系是一个值得特别关注的问题。若当事人约定由某一法院审理他们之间的纠纷,这一约定是否会对适用临时救济的管辖权形成影响?被选择法院之外的法院是否有权作出临时救济?在司法实践中,很多国家允许在当事人排他性选择的法院之外给予临时救济,这在美国、英国以及法国等司法辖区存在诸多案例支持。① 若不存在另行规定的可适用的公约,法国法院主张其有管辖权作出临时救济,即便是当事人双方约定由外国法院审理案件的实体问题,除非当事人约定有权适用临时救济的法院是被选择法院。②

法院没有“实体事项管辖权”未必是其拒绝行使“临时救济管辖权”的根据。比如,尽管双方当事人约定外国法院拥有管辖权,即在“协议管辖”的情形下,英国法院依然可能会给予临时救济。比如,在“罗诉加勒特案”③中,英国上诉法院裁定,尽管存在有利于圣彼得堡商事法院的法院选择条款,条款约定该法院对因合同引起的任何争议具有专属管辖权,但英国法院仍然可以自由裁定采取临时救济,前提是这些临时救济在俄罗斯不可适用。此外,英国上诉法院在“迈克贸易与运输有限公司诉罗曼·帕格南和皮耶特罗·帕格南案”④中采取了与“罗诉加勒特案”相类似的裁判立场。在“‘西斯金娜号’货物所有者诉迪斯托斯航运公司案”中,提单中载明了热那亚(Genoa)法院具有排他管辖权。尽管英国法院认为没有适用临时救济的管辖权,但这并非因为存在当事人事先约定排他管辖的情形,而是因为在该案中并不存在英国最高法院规定的“对人管辖”的根据。在被告受制于英国法院的“对人管辖权”或者被告的船舶在英国被“扣押”的情况下,约定由外国法院管辖的条款本身的存在不能够阻止给予保护措施。不过,该案确立了英国法院只有在“禁制令”与受制于英国法院管辖

---

① See George A. Bermann, *Transnational Provisional Relief in the Courts*, in Jack L. Goldsmith ed., International Dispute Resolution: The Regulation of Forum Slection, Transnational Publishers, 1997, p. 129 – 132.

② See Laurence Collins, *Provisional and Protective Measures in International Litigation*, Recueil des Cours, Vol. 234, p. 61 – 62 (1993).

③ Law v. Garrett, (1878) 8 Ch D 26 (CA).

④ Mike Trading & Transport Ltd. v. C. R. Pagnan & Tratelli (The Lisboa), [1980] 2 Lloyd's Rep. 546.

的主要争议“存在关联”的时候方可作出该临时救济的规则。这一特别立场尤为值得关注。此外,申请人依据1982年《民事管辖权与判决法》提起临时救济申请时,若法院认为适用临时救济不方便,法院可以拒绝作出临时救济以协助其他国家进行的实体审理程序。英国司法实践在一系列的案件中确定了拒绝在此情形下给予临时救济的五点考虑。① 更为显著的是,在“梅赛德斯-奔驰股份公司诉莱杜克案”之后,英国立法机构意识到了对“冻结令”在管辖权行使上予以严格限制所带来的不合理性。于是,1997年的临时救济法修订了1982年《民事管辖权与判决法》:英国法院开始通过签发任何形式的临时救济措施以协助其他国家的诉讼,除非法院认为其对案件没有管辖权的事实使其不便作出该临时救济。② 此外,“全球性的玛瑞瓦禁令”提供了一个英国为外国诉讼的进行提供临时救济协助的极佳例子。当然,若存在当事人事先以协议的方式排除英国法院对当事人之间出现的纠纷的实体管辖权和适用临时救济的管辖权的情形,这种约定应被认为具有约束力,英国法院不应再继续介入。③

对于美国的实践来说,劳伦斯·柯林斯教授认为,当事人约定由外国法院管辖并审理案件的实体问题不是法院不给予临时救济的理由。在当事人约定争议提交仲裁的情形下,仲裁管辖权的确立不妨碍美国法院行使管辖权以作出临时保护措施,尽管美国先前的司法实践中有相反的做法。在双方当事人约定由外国法院专属管辖的情况下,美国法院是否仍然可以作出临时救济,似乎并不存在对此予以明确回应的案例。在“三光轮船株式会社诉纽芬兰炼油有限公司案”④中,案件的实体争议在英国审理,美国法院裁定不给予临时救济的支

① See James J. Fawcett & Paul Torremans, *Intellectual Property and Private International Law*, Oxford University Press, 2011, p. 238.

② 英国确立通过作出临时救济以协助其他国家的诉讼的立场经历了若干年的时间:其从最初的不给予外国诉讼以协助到最后的给予协助。See Nicolò Trocker, *Provisional Remedies in Transnational Litigation: A Comparative Outline of Forms of Judicial Cooperation*, in Rolf Stürner & Masanori Kawano eds., Comparative Studies on Enforcement and Provisional Measures, Mohr Siebeck GmbH KG, 2011, p. 292-294.

③ See Adrian Briggs, *Civil Jurisdiction and Judgments*, Informa Law from Routledge, p. 471-472 (2007).

④ Sanko Steamship Co., Ltd. v. Newfoundland Refining Co., Ltd (S. D. N. Y. 1976), 411 F. Sup. 285.

持。但这没有成为典型的判例,且很可能是错误的。[①] 然而,正如其他学者揭示的,美国法院不情愿作出临时救济以支持外国的实体诉讼。尽管美国法院表现出一定的意愿作出扣押措施以协助外国诉讼,但是该临时救济的作出需要建立在主诉在被请求法院提起或将要被提起的情形上。美国法院奉行传统的判决前被告的财产不得被限制的原则,亦不会为外国诉讼给予临时禁制令的支持。[②]

在德国,法院长期以来因循作出临时救济以支持外国实体诉讼的传统。在其他国家起诉的当事人可以在特定情形下寻求在德国扣押债务人的财产以为外国判决在德国的承认和执行提供担保。在这方面,最具有代表性的案件便是伊朗革命爆发时英国和美国银行在德国申请扣押伊朗国家石油公司在德国银行的存款案。[③]

---

① See Laurence Collins, *Provisional and Protective Measures in International Litigation*, Recueil des Cours, Vol. 234, p. 62 – 65 (1993).

② See Nicolò Trocker, *Provisional Remedies in Transnational Litigation: A Comparative Outline of Forms of Judicial Cooperation*, in Rolf Stürner & Masanori Kawano eds., Comparative Studies on Enforcement and Provisional Measures, Mohr Siebeck GmbH KG, 2011, p. 295 – 299.

③ See Nicolò Trocker, *Provisional Remedies in Transnational Litigation: A Comparative Outline of Forms of Judicial Cooperation*, in Rolf Stürner & Masanori Kawano eds., Comparative Studies on Enforcement and Provisional Measures, Mohr Siebeck GmbH KG, 2011, p. 278 – 279.

第四章 临时救济的执行及其跨国效力

第一节 概 述

毋庸置疑,临时救济已成为国际民事诉讼和其他国际民商事纠纷解决中可资使用的重要方式。临时救济的恰当运用能够有效地增进国际民事诉讼价值的实现和提高国际民商事纠纷解决的效率。在探究临时救济的恰当适用方面,存在诸多值得考量的因素,前文述及的临时救济适用中的管辖权问题即是保障临时救济有效、恰当适用的根本前提性因素。诚然,除了管辖权问题,影响临时救济适用的因素尚有许多。本部分意在从另外一个关键的角度——“临时救济的执行”视角来考察临时救济在国际民事诉讼和国际民商事纠纷解决中可发挥的保障力和应具有的策略性。

临时救济效力的实现方式主要有两种。其一,有些当事人会选择自行遵守法院作出的临时救济;这样一来,临时救济效力的实现便不以法院的执行为前提。实践中当事人主动遵循法院临时救济的原因包括以下一系列因素。比如,当事人可能希望与其对手恢复先前的商业关系或保持缔造这样一种关系的机会,而履行法院作出的临时救济是一种有效修复当事人之间紧张关系的手段;当事人遵守临时救济可能是顾及其在合作伙伴或顾客中的声誉,亦可能出于在“多人诉讼案件”

(multiple cases)中的总体诉讼策略的考量,或是基于其对法治的尊重等。其二,临时救济效力的实现可能需要法院的介入,这就产生了临时救济的执行问题,即对于那些拒绝自愿遵守临时救济的当事人来说,临时救济需要有效的执行机制。无论如何,我们可以合理地认为,相较于效力范围在一国之内的禁制令,在"跨国禁制令"的情形下,当事人自愿遵守禁制令的动机和原因更弱,且不遵守禁制令给申请人造成的困难会更大。[①] "临时救济的执行"是临时救济效力实现的一种基本的、重要的方式。

根据执行国的不同,临时救济可分为"临时救济的内国执行"和"临时救济的域外执行"。通常来说,由于临时救济并不具有一般的民商事实体判决具有的终局效力,其不能满足判决的承认和执行中所要求的"终局性"要件,因此其执行大都是依靠内国执行的。而在临时救济的域外执行中,被请求国法院将先审查临时救济可否被承认,在其被承认的前提下,被请求国方可决定其可否被执行。

第二节　临时救济的内国执行

对于临时救济的内国执行,即临时救济在其作出地的执行,大多数国家通常根据相关的"[终局]判决执行的程序"进行,如意大利、奥地利、荷兰、比利时、法国、德国等,这些国家仅在特定情形下采取适用于临时救济的特别执行程序。这样一来,当事人在寻求临时救济的执行时,其应援引有关终局判决执行的相关规定,法院或执行机构亦应根据相关的终局判决执行规则比照执行临时救济。不容否认,临时救济的执行和终局判决的执行在措施的采取方面有诸多相同之处,如它们都可能会采取"扣押""交付第三人保管"等措施。当然,并非所有的国家都采取这一立场。比如,卢森堡会采用各式各样的专门为执行保护措施而设计的程序。此外,在英国法中,新近的判例亦发展出了完全独立的"财产冻结措施",尽管有关临时禁制令的执行措施仍然适用与判决执行相同的执行机制。[②]

---

① See Marketa Trimble, *Cross-border Injunctions in U. S. Patent Cases and Their Enforcement Abroad*, 13 Marq. Intell. Prop. L. Rev. 331, p. 345 – 346 (2009).

② See W. A. Kennett, *Enforcement of Judgments in Europe*, Oxford University Press, 2000, p. 164 – 165.

然而,依赖一般的"执行终局判决"的规则来执行临时救济可能会使违反临时救济的制裁方式受制于与执行一般的终局判决时相同的法律救济。因此,正如有些国家的法律载明的,如德国,处置"被冻结"的财产的行为对债权人来说可能会被认为是不合法的或无效的。相比之下,根据英国法,依据"冻结令"或"玛瑞瓦禁令",受送达人不可处置争议中的财产,否则其将遭到"蔑视法庭"的指控,进而受"罚金或监禁"惩罚。对被申请人的其他后果,包括其将会被拒绝行使抗辩权。然而,"财产冻结令"的真正价值在于,原告可以依赖于第三人,如银行,遵守该冻结令;第三人若不遵守"冻结令",亦会构成对法庭的蔑视。① 法律为临时救济的执行设定的特殊效力是为了充分实现临时救济的应有效力,而若临时救济的执行完全准用有关终局判决执行的相关规定,临时救济的应有效力可能因此大打折扣。因此,对于临时救济的执行,相关的执行手段应考虑到临时救济效力的实现问题。

从具体的执行程序和执行措施来说,临时救济的执行在各国之间亦存在明显的差异,如各国在执行临时保护措施时存在"执行机构"上的显著区别。在大多数的大陆法系国家,法庭"执达官"负责采取适当的执行措施,而在英国,申请人的"律师"是临时救济执行中的主要人员——向法院提出恰当的申请并安排有关法院令的送达。② 此外,临时救济的"执行结构"在各国之间存在较大的差异。作为作出"冻结令"的前提条件,一些国家,如奥地利和德国,要求申请人明确被扣押的财产;其他国家并没有该要求,而是作出具有广泛适用范围的扣押令,如法国,债权人可以获得针对债务人在银行的所有账户的冻结令。在大多数的国家,临时救济的范围并不仅局限于特定的财产,因此,债务人的所有财产都可成为扣押令的目标。③ 下文便以德国执行临时救济的方式为例考察临时救济的内国执行。

---

① See W. A. Kennett, *Enforcement of Judgments in Europe*, Oxford University Press, 2000, p. 165.

② See W. A. Kennett, *Enforcement of Judgments in Europe*, Oxford University Press, 2000, p. 165.

③ See Burkhard Hess, *Minimum Procedural Standards for Enforcement of Provisional and Protective Measures at European Level*, in Mads Andenas, Burkhard Hess & Paul Oberhammer eds., Enforcement Agency Practice in Europe, The British Institute of International and Comparative Law, 2005, p. 273 - 274.

一、德国法中的临时救济执行

在德国,临时救济的执行采用“两步法”。首先,申请人必须向法院提出有关临时救济的申请,法院据此申请作出相关的临时救济;其次,债权人向相关官员申请执行该法院令。① 从原则上来说,德国法中的两类基本的临时救济——“扣押”和“临时禁制令”适用同样的执行程序;不过,在某些具体的方面,两者之间亦存在细微的差别。

第一,“扣押”是由法院作出的阻止债务人转移其财产的手段。由于“扣押”仅具有一般属性,其效力的发生不以“确定所涉资产”为前提;法院作出的“扣押”裁决通常仅载明——“法院据此裁定扣押债务人的财产”。② 因此,该裁定的内容和效力的实现需要采取具有实质意义上的执行措施,即根据债权人向执达官申请的具体执行方式而定。③ “扣押”的具体执行措施有多种,如“扣押措施”、“财产暂管”、“限制债务人对第三人的权利主张”或“在土地登记簿中予以特别登记”等。④ 为了实现对申请人诉求的有效保护,晚近修改后的德国法规定对债务人银行账户的扣押并不由执达官作出,而直接由作出临时救济的法院签发。⑤ 作出“扣押”的法院亦有权扣押债务人对第三人享有的权利主张;在实践中,法院作出的“扣押”裁决通常伴随对案外债务人的财产扣押。如果寻求

---

① See Burkhard Hess & Marcus Mack, *Germany*, in Mads Andenas, Burkhard Hess & Paul Oberhammer eds., Enforcement Agency Practice in Europe, The British Institute of International and Comparative Law, 2005, p. 186; Peter Schlosser, *Jurisdiction and International Judicial and Administrative Co-operation*, Recueil des Cours, Vol. 284, p. 158 (2000).

② See Burkhard Hess & Marcus Mack, *Germany*, in Mads Andenas, Burkhard Hess & Paul Oberhammer eds., Enforcement Agency Practice in Europe, The British Institute of International and Comparative Law, 2005, p. 186; Peter Schlosser, *Jurisdiction and International Judicial and Administrative Co-operation*, Recueil des Cours, Vol. 284, p. 160 (2000).

③ See Burkhard Hess & Marcus Mack, *Germany*, in Mads Andenas, Burkhard Hess & Paul Oberhammer eds., Enforcement Agency Practice in Europe, The British Institute of International and Comparative Law, 2005, p. 186; Peter Schlosser, *Jurisdiction and International Judicial and Administrative Co-operation*, Recueil des Cours, Vol. 284, p. 158 (2000).

④ See Catherine Kessedjian, *Note on Provisional and Protective Measures in Private International Law and Comparative Law*, Prel. Doc. No 10, para. 72.

⑤ See Burkhard Hess, *Minimum Procedural Standards for Enforcement of Provisional and Protective Measures at European Level*, in Mads Andenas, Burkhard Hess & Paul Oberhammer eds., Enforcement Agency Practice in Europe, The British Institute of International and Comparative Law, 2005, p. 273.

执行债务人的其他财产，那么扣押如同在金钱判决的执行一样由执达官予以执行。根据债权人的请求，扣押令必须由执达官送达债务人，债务人的财产必须在送达后的一个月内扣押。①

在德国法中，不同于英国法中有关“冻结令”的司法实践，“蔑视法庭”在金钱判决和“扣押”的语境下并不存在法律根据；此外，法院令中没有直接提及的当事人不会形成德国法中的“蔑视法庭”。然而，如果第三人（如银行）收到了扣押债务人财产的通知，那么其随后向它的债权人作出的支付以及其他处分行为是无效的；需要注意的是，对案外债务人的财产扣押令只有在对第三人送达后方可生效。② 德国法并没有规定具体的措施以帮助申请人查明债务人或被告财产的组成情况。一个十分有意义的问题是，“临时禁制令”可否被用于该目的；实际上，“禁制令”指向的标的物极为广泛，如当事人负有不得处置特定财产的义务。无论如何，第三人或当事人本人宣誓的书面证词起着极为重要的作用，尽管该措施不可适用于正常的诉讼程序中。③

在德国法中，一方面，法院在作出“扣押”后不得再作出辅助性措施要求被申请人披露其财产。④ 另一方面，执行机构亦无权获得债务人的财产信息，因而其通常并不去调查债务人的财产情况；相应地，债权人需要自己去收集债务人的财产信息。在实践中，“私人调查员”可以用来提供有关债务人所处的位置和财务情况。然而，在执行程序中，如果扣押的财产不足以满足债权人，“执达官”可以询问债务人持有的其对任何第三人的权利主张，且可以把此信息传给债权人；其亦可询问债务人的家庭成员有关债务人的雇主情况，并将此信息转给债权人。不过，第三人没有义务回应这些问题，且执达官须告知第三人有权拒绝回答。只有在扣押的努力不成功或很可能会不成功的情况下，债权人方可请求执达官传唤债务人以庄严声明的方式地披露其财产情况。如果债务人对此有

---

① See Burkhard Hess & Marcus Mack, *Germany*, in Mads Andenas, Burkhard Hess & Paul Oberhammer eds., Enforcement Agency Practice in Europe, The British Institute of International and Comparative Law, 2005, p. 188.

② See Peter Schlosser, *Jurisdiction and International Judicial and Administrative Co-operation*, Recueil des Cours, Vol. 284, p. 160 – 161 (2000).

③ See Catherine Kessedjian, *Note on Provisional and Protective Measures in Private International Law and Comparative Law*, Prel. Doc. No 10, para. 73.

④ See Peter Schlosser, *Jurisdiction and International Judicial and Administrative Co-operation*, Recueil des Cours, Vol. 284, p. 161 – 162 (2000).

异议，负责执行的法院将对此进行听审；而对于拒绝给予庄严声明的债务人，执行法院可以对债务人作出最长6个月的“拘禁”。在实践中，债务人声明的主要功能并不是披露其财产情况，而是为债务人自愿履行提供激励。财产的声明将被记录在由执行法院保管的“债务人登记簿”上，而且任何寻求债务人财务状况的债权人均可查询该登记簿，债务人的信誉情况便因此成为一项公共记录。①

“扣押”的作出意味着被告不得处置所涉及的财产，法院亦有权作出命令，将所采取的涉及不动产，船舶或其他登记财产的临时救济记录于适当的登记处以防止所有权人处置该财产。该项命令可适用于所涉及的第三人。如果第三人违反该义务，其可被要求二次支付。如果所涉及的第三人有义务提供信息，其应当在接到通知后的15天内完成。这一提供信息的义务具有一般的性质，但不得强制执行，尚不存在有效的制裁。② 在德国法中，对动产所实施的扣押是通过“财产扣押”③的方式实现的，④其遵循与其他形式的扣押同样的原则，支配强制执行的规则将“在细节上作适当的变更”（mutatis mutandis）后适用于扣押的执行，除非其他条款另有载明。⑤ 有权作出“扣押”⑥的法院作为执行法院负责对被申请人“应收款项”（receivables）和“金钱”实施“财产扣押”。同时，诉讼过程中债权人因此获得的受益将被“提存”。此外，如果被扣押的财产有严重贬值的风险或对其储存将导致不合理的成本，负责执行的法院基于当事人的申请，亦可将该扣押的实体财产进行拍卖，由此获得的款项应被提存。由于扣押

---

① See Mads Andenas & Renato Nazzini, *Market Integration, the Harmonization Process, and Enforcement Practices in the EU Member States*, in Mads Andenas, Burkhard Hess & Paul Oberhammer eds., Enforcement Agency Practice in Europe, The British Institute of International and Comparative Law, 2005, p. 82 – 83.

② See Peter Schlosser, *Jurisdiction and International Judicial and Administrative Co-operation*, Recueil des Cours, Vol. 284, p. 161 – 162 (2000).

③ 根据布莱克法律词典，“扣押”（attachment）指的是对财产的扣押以为判决提供担保或将财产出卖以实现判决[The seizing of a person's property to secure a judgment or to be sold in satisfaction of a judgment. It is also termed (in civil law) “provisional seizure”], see GARNISHMENT; SEQUESTRATION (1), in Black's Law Dictionary (9th edn.), p. 146。

④ 参见《德国民事诉讼法》第930条。

⑤ 参见《德国民事诉讼法》第928条。

⑥ 根据布莱克法律词典，“seizure”指的是对当事人或有关财产实施的扣押行为(The act or an instance of taking possession of a person or property by legal right or process; esp., in constitutional law, a confiscation or arrest that may interfere with a person's reasonable expectation of privacy), in Black's Law Dictionary (9th edn.), p. 1481 – 1482。

令的最终目的在于确定一定数额的金钱,因此如果被申请人提存该笔数额的金钱,那么扣押令将被中止执行,债务人亦有权申请就已执行的扣押予以撤销。① 值得注意的是,被扣押的财产不需要同将来胜诉债权人的请求权有任何联系。②

若扣押的执行是为了扣押指定的债权人之外的另一债权人,或扣押令的执行针对的是扣押指定的债务人之外的另一债务人,该扣押令的执行需要相关的法院执行许可,并严格遵循有关的执行期间。对于所有的扣押执行申请而言,如果从扣押令作出之日起或扣押令送达申请人之日起逾 1 个月,该扣押令的执行便不再是可资利用的救济。另外,因特殊需要,债权人可以在扣押令被送达债务人之前寻求对该扣押令的执行。然而,如果该扣押令未在执行后的 1 周内,以及在"1 个月"的有效期间内送达被告,[该执行]不发生效力。③

在德国法中,针对注册船舶或建造中的注册船舶实施的"扣押"执行有特别的规定。以船舶登记册中记录的船舶或登记册中记录的正在建造中的船舶为对象而执行的扣押,应按照对动产实施"财产扣押"的有关规则进行,除非有其他的不同规定。该"财产扣押"确立了扣押权利人对所扣押的船舶或正在建造中的船舶的担保权利;该担保权利赋予了债权人一种与海事抵押所能获得的相同权利。依据债权人提起的相应请求,"财产扣押"由作为执行扣押的法院主导;同时,该法院应要求保有登记簿的法院就船舶的登记或处于建造中的船舶的登记标记优先权的通知,该优先权的通知用来确保扣押债权人的担保权利;当对扣押的执行不再是可资利用的救济时,优先权通知即失效。在对船舶或处于建造中的船舶实施"财产扣押"时,法院指定的执达官将对该船舶或处于建造中的船舶予以监管、保管;如果在对船舶或处于建造中的船舶实施扣押时,对船舶或处于建造中的船舶所实施的强制拍卖已经发起,那么对该船舶或处于建造中的船舶的没收应被视为《德国民事诉讼法》第 826 条意义上的首次"财产扣押";财产扣押记录的副本应被提交至执行法院。根据债权人提起的相应申请,扣押债权人的担保权利将在船舶或建造中的船舶的登记簿上记载;依据《德国民事诉讼法》第 923 条确立的金钱数额,将作为船舶或建造中的船舶应负担责任的最大数额。在任何其他方面,除非另有规定,《德国民事诉讼法》第 867(1)

① 参见《德国民事诉讼法》第 923 条。

② 参见沈达明编著:《比较民事诉讼法初论》,中国法制出版社 2002 年版,第 188 页。

③ 参见《德国民事诉讼法》第 929 条。

条、第867(2)条和第870(3)条的规定将在细节上作必要的变更后予以适用。[①]在法院拟通过禁制令对土地登记簿、船舶登记簿,或处于建造中的船舶登记簿作出登记的情形下,法院有权要求土地登记处或保有登记簿的部门记录相应的登记。[②] 当扣押是通过"拘禁"的方式实施时,针对债务人的人身而作出的"拘禁"应根据《德国民事诉讼法》第901条、第904~913条的规定实施;当扣押是通过其他限制债务人的人身自由的方式实施时,负责扣押的法院将作出特殊的法庭命令,这应受到有关对"拘禁"予以限制规则的约束;"拘禁令状"应阐明根据《德国民事诉讼法》第923条而确定的金钱数额。[③]

第二,在德国法中,临时"禁制令"的执行准用"扣押"执行的相关规则,即有关"扣押"的作出和扣押执行的规则将在细节上作必要的变更后适用于"禁制令"以及进一步的程序,除非存在例外的条款有不同的规定。[④] "禁制令"的执行亦适用"两步法";但是在实践中,这两步之间的联系要比在"扣押"情形下的两步之间的联系更为相关。法院有广泛地调整临时"禁制令"的自由裁量权,一方当事人可以被要求做某事或不得做某事,而后者是临时"禁制令"最通常的形式。第三方当事人可被指定为管理员;从理论上讲,并不存在指定某人担任相当于英国法上的"涉诉财产管理人",这在实践中很少出现。[⑤]

不同于判决前"扣押","禁制令"必须具有相当的确定性;应实施的行为或不得实施的行为必须以详尽的方式予以描述,受"禁制令"拘束的当事人亦必须出现在该法院令的介绍性措辞中。"禁制令"的执行方式不受制于法院的自由裁量,其主要是通过授权申请人以被申请人承担费用的方式实施法庭命令,对于"蔑视法庭"的惩罚,只有在法院令不可通过第三方实施时方可作出;[⑥]第三方当事人不可能成为"蔑视法庭"的主体,只有在"禁制令"中指明的被申请人才会受到"蔑视法庭"的限制。不过,申请人可以向法院申请针对"第三人"而作出的"附属法院令"。

---

① 参见《德国民事诉讼法》第931条。

② 参见《德国民事诉讼法》第941条。

③ 参见《德国民事诉讼法》第933条。

④ 参见《德国民事诉讼法》第936条。

⑤ See Peter Schlosser, *Jurisdiction and International Judicial and Administrative Co-operation*, Recueil des Cours, Vol. 284, p. 163 (2000).

⑥ See Peter Schlosser, *Jurisdiction and International Judicial and Administrative Co-operation*, Recueil des Cours, Vol. 284, p. 163 (2000).

二、我国法中的临时救济执行

在我国,国际民事诉讼中临时救济的执行需要依据非涉外保全的执行措施加以实现。由于并不存在专门针对国际民事临时救济执行的特别规定,根据《民事诉讼法》(2023年修正)的相关规定,在涉外民事诉讼程序没有特别规定的情况下需要参考适用非涉外民事诉讼程序的规定,①故非涉外保全的执行措施同样适用于涉外保全的执行。对于我国法中的涉外保全来说,保全措施仅限于请求的范围或者与案件有关的财物、证据等。② 在诉讼实践中,当事人请求保全的范围不得大于诉讼请求的范围;"与案件有关的财物"指的是案件的诉讼标的物,或是与案件有牵连的其他财物。③《最高人民法院关于在经济审判工作中严格执行〈中华人民共和国民事诉讼法〉的若干规定》(已废止)曾规定,案外人的财产以及案外人善意取得的与案件有关的财产在一般情况下也不得被纳入保全的对象范围之内。④ 执行范围的合理框定是保障我国保全合理适用的重要维度。

《民事诉讼法意见》(1992年)曾规定,债务人的财产不能满足保全请求,但其对案外人有到期债权的,人民法院可以依债权人的申请裁定该案外人不得对债务人清偿。该案外人对其到期债务没有异议并要求偿付的,由人民法院提存财物或价款。⑤ 不过,根据现行有效的《民事诉讼法司法解释》(2022年修正)的规定,人民法院对债务人到期应得的收益,可以采取财产保全措施,限制其支取,通知有关单位协助执行。⑥ 这改变了以往人民法院对到期债权不得采取保全措施的规定。⑦ 除此之外,最高人民法院通过一系列司法解释,对特定领域的财产保全作出了专门规定。比如,人民法院审理民事经济纠纷案件,不得对债

① 参见《民事诉讼法》(2023年修正)第270条。

② 参见《民事诉讼法》(2023年修正)第105条。

③ 参见江必新主编:《〈中华人民共和国民事诉讼法〉修改条文解读与应用》,法律出版社2012年版,第184页。

④ 参见《最高人民法院关于在经济审判工作中严格执行〈中华人民共和国民事诉讼法〉的若干规定》(已废止)第14条。

⑤ 参见《民事诉讼法意见》(1992年)第105条。

⑥ 参见《民事诉讼法司法解释》(2022年修正)第158条。

⑦ 参见《最高人民法院关于对案外人的财产能否进行保全问题的批复》(已失效),法释〔1998〕10号。

务人的“封闭贷款结算专户”采取财产保全措施;①且不得对“社会保险基金”采取保全措施。②

对于临时救济的执行,我国现行法律主要对财产保全作出了规定。一般来说,人民法院采取财产保全的方法和措施,需要依照执行程序相关规定办理。③对于财产保全的实施,《民事诉讼法》(2023 年修正)明确规定了法院可以采取“查封”、“扣押”、“冻结”以及法律规定的其他方法。④ 具体来讲,“查封”是指人民法院将相关的财物清点后,加贴人民法院的封条,或就地封存,或在不方便的情况下张贴公告,任何单位和个人不得移动或处分;“扣押”是指把需要保全的财物运到其他便于保存的地方加以扣留,使被申请人不能继续占有、适用和处分,人民法院可以自行保管该扣押财产或委托其他单位或个人予以保管;“冻结”是指对被申请人的存款、资产、债权、股权等采取的保全措施,由人民法院向银行、信用社和有关单位发出协助执行通知书,要求其办理针对被申请人存款、资产、债权、股权等的相关冻结手续。⑤ 除上述基本的保全措施外,相关法律亦对其他可资利用的保全措施作出了规定,如对特殊性质的商品“变卖提存”⑥,担保物权人占有的担保财产的保全⑦等。然而,财产保全措施不具有赋予权利人优于抵押权人、留置权人的受偿权。⑧

对于临时救济的执行,民事诉讼法施加了诸多限制,如人民法院应确保被查封、扣押的财产得以妥善保管,⑨对于已经查封、冻结的财产,不得重复查封、

① 参见《最高人民法院关于执行〈封闭贷款管理暂行办法〉和〈外经贸企业封闭贷款管理暂行办法〉中应注意的几个问题的通知》,法发〔2000〕4 号。

② 参见《最高人民法院关于在审理和执行民事、经济纠纷案件时不得查封、冻结和扣划社会保险基金的通知》,法〔2000〕19 号。

③ 参见《民事诉讼法司法解释》(2022 年修正)第 156 条。

④ 参见《民事诉讼法》(2023 年修正)第 106 条。

⑤ 参见江必新主编:《〈中华人民共和国民事诉讼法〉修改条文解读与应用》,法律出版社 2012 年版,第 186 页;江伟主编:《最新中华人民共和国民事诉讼法释义》,中国法制出版社 2012 年版,第 191 ~ 193 页。

⑥ 参见《民事诉讼法司法解释》(2022 年修正)第 153 条;《民事诉讼法意见》(1992 年)第 99 条。

⑦ 参见《民事诉讼法司法解释》(2022 年修正)第 154 条第 2 款。

⑧ 参见《民事诉讼法司法解释》(2022 年修正)第 157 条;《民事诉讼法意见》(1992 年)第 102 条。

⑨ 参见《民事诉讼法司法解释》(2022 年修正)第 154 条第 1 款。

冻结[①]等。在司法实践中,法院通过司法解释确立了不得“重复查封”与可以“轮候查封”之间的关系。尽管法律禁止保全中的“重复查封”,但是在最高人民法院的一些司法解释中,确立了“轮候查封”制度。[②] 比如,在对土地使用权、房屋进行查封的司法实践中,国土资源、房地产管理部门为首先送达协助执行通知书的人民法院办理查封登记手续后,对后来办理查封登记的人民法院作“轮候查封”登记,并书面告知该土地使用权、房屋已被其他人民法院查封的事实及查封的有关情况;[③]此外,最高人民法院在《最高人民法院关于人民法院民事执行中查封、扣押、冻结财产的规定》中规定,“对已被人民法院查封、扣押、冻结的财产,其他人民法院可以进行轮候查封、扣押、冻结。查封、扣押、冻结解除的,登记在先的轮候查封、扣押、冻结即自动生效”[④]。这一特殊的临时救济执行机制有利于充分地发挥临时救济的效力。

第三节 临时救济的域外承认和执行

从一般意义上来说,有关承认和执行外国法院判决的国际性规则并不能自动扩展适用于临时救济的情形;也就是说,一国法院作出的临时救济可被其他国家的法院承认和执行的程度尚不明朗。国际社会现有的有关判决的承认和执行的努力主要限于对实体性的、终局的判决的承认和执行。就临时救济而言,当下的问题是国际社会是否有必要共同努力以就临时救济的跨国承认和执行作出安排。[⑤] 有一种观点认为,临时救济的性质决定了临时救济主要是由其作出地法院予以执行的,因而并不存在承认和执行外国临时救济的可能性。[⑥]

---

① 参见《民事诉讼法》(2023 年修正)第 106 条第 2 款。

② 关于“轮候查封”,参见胡发富:《轮候查封制度若干法律问题探析》,载中国法院网 2016 年 1 月 28 日,https://www.chinacourt.org/article/detail/2016/01/id/1800964.shtml。

③ 参见《最高人民法院、国土资源部、建设部关于依法规范人民法院执行和国土资源房地产管理部门协助执行若干问题的通知》第 19 条。

④ 参见《最高人民法院关于人民法院民事执行中查封、扣押、冻结财产的规定》(2020 年)第 26 条。

⑤ See Peter L. Murray, *Provisional Measures in U. S. Civil Justice*, in Rolf Stürner & Masanori Kawano eds., Comparative Studies on Enforcement and Provisional Measures, Mohr Siebeck GmbH KG, 2011, p. 238 – 239.

⑥ See Catherine Kessedjian, *Note on Provisional and Protective Measures in Private International Law and Comparative Law*, Prel. Doc. No 10, para. 108.

然而,随着国际民商事交往的日益复杂,一国法院作出的临时救济可能会涉及不同国家的人或物,且若由当事人在不同的国家分别提起临时救济的申请,这不仅损及当事人寻求临时救济的效力和质量,也会极大地影响当事人的纠纷解决成本。鉴于此,随着临时救济在国际民商事纠纷的解决和国际民事诉讼中的重要性日益显著,临时救济的效力实现越来越多地依仗国家间的协作,临时救济的域外承认和执行的必要性不言而喻。其实,我们可以看到国际社会在临时救济的承认和执行中作出的前期努力。比如,国际法协会在《赫尔辛基原则》中便对临时救济的国际协作作了特别构架。具体来说,第一,应一方当事人的请求,法院可以对其他国家作出的临时救济予以考虑;第二,一国法院应在必要的情况下为其他国家的法院作出的临时救济效力的实现提供合作;第三,外国法院的临时救济的"承认"可成为国际司法合作的一项内容,临时救济的"临时性"而非"终局性"的本质不应成为其被承认或执行的障碍。①

一、代表性国家和地区的实践

随着临时救济跨境执行必要性的增强,欠缺确定状态的临时救济并非一律不能获得承认与执行。有若干国家或法域降低外国判决承认与执行的条件,不要求或弱化"确定性要件",这为临时救济的域外承认和执行提供了基础。

法国对外国法院作出的临时救济的态度值得关注。在 1964 年之前,法国不会承认在原审国不是"可执行的"外国判决;但是,不同于很多大陆法系国家将外国判决的承认与执行限定在外国判决不再受制于普通上诉程序的情形,法国法院采取了更为宽松的立场,其在针对外国判决的上诉程序尚未结束时仍可承认外国判决。除此之外,法国法院也愿意承认临时或中加裁决。② 通常意义上来说,"确定性要件"并不是外国判决获得承认与执行的前提条件。③ 法国法

① 参见《赫尔辛基原则》第 18 ~ 20 条。

② See J. K. Grodecki, *Enforcement of Foreign Maintenance Orders: French and English Practice*, The International and Comparative Law Quarterly, Vol. 8:1, p. 32 – 33 (1959).

③ 法国最高法院确立了外国判决在法国寻求承认与执行需满足的五个要件:原审法院有管辖权;外国法院所遵循的程序是充分的;外国法院适用了法国法所指引的法律;符合法国公共政策;不存在与另一判决或未决的法国诉讼程序相冲突的情形。See Norel Rosner, *Cross-border Recognition and Enforcement of Foreign Money Judgments in Civil and Commercial Matters*, S. l.: s. n., 2004, p. 230 – 231; Paul Hopkins, *International Enforcement of Foreign Judgments*, Yorkhill Law Publishing, 2006, p. 194.

亦不区分外国法院作出的是一般性民商事判决还是临时救济，这两类不同的外国裁判适用同样的承认和执行规则。从传统上来说，外国判决要在法国获得承认和执行，不必满足“终局的”要求，但须在原审国是“可执行的”。① 对于外国法院作出的临时救济，法国法院会区分“对人措施”和“对物措施”。外国法院作出的诸如“强制禁制令”“冻结令”可以在法国发生效力，这在司法实践中得到了法国最高法院的支持。对于“扣押”一类的外国法院作出的对物措施，依据《布鲁塞尔条例Ⅰ》(修订)的规定其可在特定条件下被法国法院承认。② 而在德国，依据传统的规则，只有终局的判决方可获得承认和执行。除非依据《布鲁塞尔条例Ⅰ》(修订)或《卢加诺公约》，否则外国的临时救济是不会得到德国法院的执行的。对于当事人而言，其能够做到的则仅限于依据外国的临时救济说服德国法院作出在德国境内执行的一项平行的临时救济。不过，对于只涉及外国临时救济的承认而言，德国的相关法律并不明朗；《德国民事诉讼法》并没有将外国判决的终局性作为承认的前提条件。在《布鲁塞尔条例Ⅰ》(修订)或《卢加诺公约》适用的情况下，欧盟其他成员国或《卢加诺公约》下的其他成员国的临时救济在满足特定条件下是可以在德国获得承认和执行的。③

在英国法中，依据传统的规则，一份外国判决若要得到承认和执行，该判决必须是“终局的”，即其最终裁断了当事人之间的纠纷。因此，由于临时救济的非终局性，其不属于可予以承认和执行的外国判决范围。除非是依据有关的公约，否则当事人不可能向英国法院请求承认和执行外国临时救济。值得特别注意的是，在“瑞士信贷菲德斯信托股份有限公司诉库奥吉案”中，尽管该案并没有直接涉及外国临时救济在英国的承认和执行，但是英国上诉法在该问题上表现出了新的积极性的姿态。米利特(Millett)勋爵指出，“礼让”(comity)要求不同的国家相互尊重彼此的主权完整，但是这并不意味着一国法院不得针对其领域内的财产或人给予另一国法院必要的协助。由此观之，英国法可能会不断地

---

① See Norel Rosner, *Cross-border Recognition and Enforcement of Foreign Money Judgments in Civil and Commercial Matters*, S. l.: s. n., p. 254; Catherine Kessedjian, *Note on Provisional and Protective Measures in Private International Law and Comparative Law*, Prel. Doc. No 10, para. 107.

② See Marie-Elodie Ancel, *France*, in Toshiyuki Kono ed., Intellectual Property and Private International Law: Comparative Perspectives, Hart Publishing, 2012, p. 539.

③ See Peter Schlosser, *Protective Measures in Various European Countries*, in Goldsmith ed., International Dispute Resolution: The Regulation of Forum Slection, Transnational Publishers, 1997, p. 206 – 209.

演化,外国临时救济在英国的承认和执行并非不可能。[①] 在美国,《第二冲突法重述》[Restatement (Second) of Conflict of Laws]指出了美国法在外国临时救济的承认和执行中的不确定性立场,对于外国临时救济能否在美国得以执行不存在确定性的结论;但其同时强调:"外国法院作出的要求或禁止做某事的法院令可以在美国得到执行,如果该执行对于实现外国法院令来说是必要的,该执行不会对美国法院施加不适当的负担,且美国法院认为该法院令符合基本的正义原则和善良风俗。"[②]《第三次对外关系法重述》[Restatement (Third) of Foreign Relations Law]未直接涉及外国临时救济在美国的承认和执行问题,但是其在原则上指出,"尽管《统一外国金钱判决承认法》局限于金钱判决,该法或美国法院的司法实践并未阻止其他类型的判决的承认和执行"[③]。在美国的司法实践中,存在外国法院作出的临时救济的案例。在家庭法的案件中,存在不少外国法院的临时救济获得美国法院执行的裁判,实践也证明了家庭法领域的外国临时救济最容易获得美国法院的执行。在美国的司法实践中,在家庭法之外的外国临时救济也会得到美国法院的支持。[④]

1968 年《布鲁塞尔公约》[⑤]以及取代该公约的 2001 年《布鲁塞尔条例 I》[⑥]和 2012 年修订的《布鲁塞尔条例 I》在外国判决"确定性要件"上的立场一致,即区分外国判决的"承认"与"执行",判决的承认无须满足任何的"确定性要件";对于判决的执行,需满足的"确定性要件"是判决在原审国是"可执行的"。[⑦] 尽管布鲁塞尔体系并未对判决的承认引入明确、一致的确定性要件,然

① See Catherine Kessedjian, *Note on Provisional and Protective Measures in Private International Law and Comparative Law*, Prel. Doc. No 10, para. 34.

② Restatement (Second) Conflict of Laws, § 102, Enforcement of Judgment Ordering or Enjoining Act, Comment g, Foreign nation decrees.

③ Restatement (Third) of Foreign Relations Law of the U. S., § 481, Recognition and Enforcement of Foreign Judgments.

④ See Catherine Kessedjian, *Note on Provisional and Protective Measures in Private International Law and Comparative Law*, Prel. Doc. No 10, paras. 67 – 70.

⑤ The 1968 Brussels Convention on Jurisdiction and the Enforcement of Judgments in Civil and Commercial Matters (consolidated version), OJ C 27, 26. 1. 1998, p. 1 – 27.

⑥ Council Regulation (EC) No 44/2001 of 22 December 2000 on jurisdiction and the recognition and enforcement of judgments in civil and commercial matters, OJ L 12, 16. 1. 2001, p. 1 – 23.

⑦ See the 1968 Brussels Convention, Articles 26 and 31; the Brussels I Regulation, Articles 33 and 38.

而其赋予了被请求国在外国判决处于普通上诉状态时可以暂缓承认的权利。[①] 对外国判决承认阶段确定性要件的删除,布鲁塞尔体系主要是考虑到临时救济程序以及单方诉讼程序中作出的判决仍需域外承认,尽管这类判决并不总是具有既判力等确定性。[②] 1988 年的《卢加诺公约》和 2007 年的新《卢加诺公约》[③] 在外国判决的"确定性要件"方面采取了与 1968 年《布鲁塞尔公约》同样的方式。除了布鲁塞尔体系,在 1928 年《布斯塔曼特法典》中,外国判决的"确定性要件"被规定为"可执行的"。[④] 欧盟 2013 年《关于相互承认民事保护措施的条例》致力于欧盟内临时救济的自由流动,亦提供了各国在临时救济领域承认和执行的典范。

二、域外承认和执行中的主要问题及出路

在国际民事诉讼中,临时救济均为各国法院裁定适用。从严格意义上来说,包括临时救济裁定的所有裁判具有属地性,因此其效力范围仅仅限于临时救济的裁判国之内。然而,若将临时救济的效力范围限于裁判国,其价值在若干场景下将受到较大拘囿。特别是在案涉当事人恶意规避诉讼或转移财产等情境下,涉外临时救济的域外承认和执行将变得尤为必要。因此,对跨国纠纷解决及国际民事诉讼意义日渐凸显的临时救济而言,跨境承认与执行的意义更加突出。从增进国际民事诉讼中临时救济效力实现的角度来说,各国应设计有关临时救济的承认与执行规则。临时救济属于一国判决的一部分,在没有专门适用于外国临时救济承认与执行规则的情形下,应按照外国判决承认与执行的一般规则进行。然而,各国在外国判决承认与执行中的一个基本要求是外国判决应具有终局性或确定性。对于临时救济来说,其仅仅临时性地规范、调整当事人之间的权利义务关系,且临时救济易受到事后撤销、解除等影响,故临时救济的终局性或确定性在一些国家或法域被认为是欠缺的,这样一来,临时救济的跨境承认与执行便无法满足外国判决承认与执行中的终局性或确定性要件。

---

① See the 1968 Brussels Convention, Article 30.

② See P. Jenard, Report on the Convention on jurisdiction and the enforcement of judgments in civil and commercial matters, Official Journal of the European Communities, 5.3.79, No C 59/43.

③ Convention on jurisdiction and the recognition and enforcement of judgments in civil and commercial matters, OJ L 339, 21.12.2007, p.3 –41.

④ 参见《布斯塔曼特法典》第 423 条第 4 款。

而接下来的难题存在于临时救济的域外承认和执行阶段。一方面，被请求国法律中可能没有对应的外国法院作出的临时救济，或被请求国无法对外国法院作出的临时救济予以执行。这根源于各国法律中的临时救济在诸多方面存在的较大差异，尤其是在获得临时救济的前提条件以及界定该类措施的效力方面。具体来说，临时救济的不同效力构造，无论是"对人的"还是"对物的"，[①]抑或是影响债务人的"特定的财产"还是其"所有财产"，均尚未成为欧盟司法区域内承认和执行该类措施的障碍。无论如何，值得注意的是，在司法实践中，英国的"冻结令"（玛瑞瓦禁令）已经在法国、德国以及瑞士获得了承认和执行。"相互信任"成为一个重要原则，且得到了实现。[②] 另一方面，对于依单方申请而适用的临时救济而言，由于这种裁判方式形成了对传统的"正当程序"或"自然正义"的严重挑战，这一类临时救济的跨国承认和执行至少在形式上遇到了严重的障碍。如果一国法律将外国裁判的承认和执行中所要求的"正当程序"不加区分地适用于临时救济的承认和执行，那么临时救济的跨境效力转移便需要超越这一严苛的要件。

尽管临时救济，如"禁制令"的跨境执行存在诸多问题，然而美国和欧盟都有适用"跨境禁制令"的立法和司法实践。[③] 比如，在"证券交易委员会诉王案"[④]中，美国法院依申请作出了针对被申请人在美国某银行的中国香港特别行政区分行的财产的单方临时禁止令，要求冻结被申请人在该分行的财产。无论如何，"禁制令"的跨国执行都会遇到诸多问题，如在判决的承认和执行中通常要求的"终局性要件"会使"临时禁制令"很可能得不到其他国家的承认和执行；即便是对"终局禁制令"而言，这一要件也会使作出国和被请求承认和执行国之间出现效力发生的时间差，进而使"禁制令"应有的效力大打折扣；[⑤]

---

① See, Nicolò Trocker, *Provisional Remedies in Transnational Litigation: A Comparative Outline of Forms of Judicial Cooperation*, in Rolf Stürner & Masanori Kawano eds., Comparative Studies on Enforcement and Provisional Measures, Mohr Siebeck GmbH KG, 2011, p. 283.

② See Burkhard Hess, *Minimum Procedural Standards for Enforcement of Provisional and Protective Measures at European Level*, in Mads Andenas, Burkhard Hess & Paul Oberhammer eds., Enforcement Agency Practice in Europe, The British Institute of International and Comparative Law, 2005, p. 279.

③ See Marketa Trimble, *Cross-border Injunctions in U. S. Patent Cases and Their Enforcement Abroad*, Marquette Intellectual Property Law Review, Vol. 13, p. 331 (2009).

④ Securities and Exchange Commission v. Wang, 699 F. Sup. 44 (1998).

⑤ Securities and Exchange Commission v. Wang, 699 F. Sup. 44 (1998), p. 347 – 348.

“禁制令”的跨国执行可能会导致出现“禁制令”的内容与外国法或外国执行机构的执行能力相左的局面。① 包括“禁制令”在内的临时救济的域外承认和执行是个两难的问题：一方面，拒绝承认外国临时救济的效力有益于司法稳定性——可以避免法律关系上的复杂化或因实体判决与临时救济间的差别导致的困难；另一方面，在主诉和有关临时救济的诉讼需要在不同国家提起时，拒绝承认外国临时救济的效力会使当事人面临沉重的负担，也会使需要紧急救助的案件，如跨国抚养费的支付或基于儿童福利的返还等案件，得不到应有的关注。②

“蔑视法庭令”的执行仍然存在终局性问题，更为重要的是公共政策问题：外国法院可能会认为该类法庭令具有刑罚性质而拒绝对其承认和执行。③ “蔑视法庭令”的作出国对该法庭令民事性质或刑事性质的认定似乎并不能支配被请求国对该法庭令的定性。在“职业挥杆公司诉埃尔塔高尔夫公司案”④中，尽管美国法律区分民事的和刑事的“蔑视法庭令”，且即便美国依据美国法，一项蔑视法庭令被认为是民事的，其在加拿大亦是一项具有“准刑事”意义上的“蔑视法庭令”。

从总体上来说，围绕临时救济而进行的跨国合作的形式包括：(1)一国法院可否为其他国家作出的判决的执行签发任何的临时救济。(2)临时救济可否或应否在其他国家获得承认和执行。(3)临时救济应随主诉程序的进行予以调整；在作出临时救济的法院不同于主诉程序的法院的情况下，如何协调这两个法院之间的关系以避免给任何一方当事人带来过度的困难。⑤

作为一般性原则，临时救济通常在作出时便具有执行力。然而，各国在对该措施的细节方面的描述存在巨大的差异，尤其是在临时救济是否会确定要扣押的具体财产，还是仅以一般的方式指出需要对财产进行扣押上。这些差异关

---

① Securities and Exchange Commission v. Wang, 699 F. Sup. 44 (1998), p. 348 – 349.

② See Masaaki Haga, *Current Problems of Provisional Measures in Japan*, in Rolf Stürner & Masanori Kawano eds., Comparative Studies on Enforcement and Provisional Measures, Mohr Siebeck GmbH KG, 2011, p. 228.

③ See Masaaki Haga, *Current Problems of Provisional Measures in Japan*, in Rolf Stürner & Masanori Kawano eds., Comparative Studies on Enforcement and Provisional Measures, Mohr Siebeck GmbH KG, 2011, p. 351 – 352.

④ Pro Swing Inc. v. Elta Golf Inc., [2006] 2 S. C. R. 612, 2006 SCC 52.

⑤ See Peter Schlosser, *Jurisdiction and International Judicial and Administrative Co-operation*, Recueil des Cours, Vol. 284, p. 173 et seq (2000).

系临时救济的执行方式。大多数国家将执行判决的规定适用于执行临时救济；不过，临时救济的执行止于对债务人财产的扣押，债权人诉求的实现建立在其获得实体性的判决的基础之上。①

临时救济可能会成为实践中被告寻求阻碍实体判决的承认和执行的理由。在"加拿大帝国商业银行美隆信托公司诉莫拉酒店公司案"②中，为阻止英国判决在美国的承认和执行，被告提出英国法院作出的"披露令"以及"玛瑞瓦禁令"违反了美国法中的"正当程序"要求；然而，纽约上诉法院以及美国联邦最高法院均认为英国法院的临时救济程序尽管不同于美国法中的相关诉讼程序，但英国法院的诉讼程序仍然是中立和公正的，英国法院在采取上述临时救济后作出的实体判决符合"正当程序"标准，可被承认和执行。③ 此外，在"雅虎公司诉反种族主义和反犹太主义联盟案"④中，法国法院作出的两份临时裁定寻求在美国的承认和执行；地区法院以该裁定违反《美国宪法》第5修正案为由拒绝承认，而美国第九巡回上诉法院依据其他理由推翻了地区法院的裁定。⑤

三、外国临时救济在我国的承认与执行

我国现行司法实践中尚未出现外国临时救济的承认和执行，然而，随着该类救济在涉外纠纷解决中的重要性日益凸显，其跨境承认与执行亦应成为我国立法和司法实践规范的对象。《民事诉讼法》(2023年修正)载明了外国判决在我国承认与执行的一般规范体系，⑥该体系在内容上比以往规定更加完善。对于何为"外国判决"，《民事诉讼法》(2023年修正)并未界定。从理论上来说，该

---

① See Burkhard Hess, *Minimum Procedural Standards for Enforcement of Provisional and Protective Measures at European Level*, in Mads Andenas, Burkhard Hess & Paul Oberhammer eds., Enforcement Agency Practice in Europe, The British Institute of International and Comparative Law, 2005, p. 272.

② CIBC Mellon Trust Co. v. Mora Hotel Corp. N. V., 100 N. Y. 2d 215 (2003).

③ See Symeon C. Symeonides, *American Private International Law*, Kluwer Law International, 2008, p. 343.

④ Yahoo! Inc. v. La Ligue Contre Le Racisme et L'Antisemitisme, 169 F. Sup. 2d 1181 (N. D. Cal. 2001).

⑤ See Symeon C. Symeonides, *American Private International Law*, Kluwer Law International, 2008, p. 348.

⑥ 参见《民事诉讼法》(2023年修正)第298～303条。

法有关外国判决承认与执行的规定原则上适用于包括外国临时救济在内的所有外国判决在我国的承认与执行。要寻求外国临时救济在我国的承认与执行，需要证明外国临时救济是“发生法律效力的”，也就是满足外国判决承认与执行的“终局性要件”。从整体上来说，外国判决在中国的承认与执行分为两种路径。

一是基于互惠原则的国内法路径。在没有任何国际公约或双边条约的情况下，承认与执行外国判决必须基于互惠原则下的中国国内法，主要规则来自《民事诉讼法》(2023 年修正)。《民事诉讼法》(2023 年修正)是外国判决在中国的承认与执行的规则基点，该法规定了外国判决在中国承认与执行的国内路径。《中华人民共和国企业破产法》(2006 年)和《海事诉讼特别程序法》(1999 年)对破产、海事诉讼等领域的特殊规则予以规定，最高人民法院发布的若干司法解释也对具体的司法实践操作提供指引，建立起了国内法框架下的“互惠承认”体系。在没有国际公约或双边条约的情况下，外国判决在中国的承认与执行必须依据中国国内法，并依赖于互惠原则而非条约规则。这种国内法路径适用于大多数外国判决在中国的承认。

从规范沿袭的角度来说，《民事诉讼法》关于在中国承认与执行外国判决的一般规则自 1991 年以来变化较小。值得注意的是，2023 年《民事诉讼法》的修正案则在拒绝理由和起诉管辖权方面引入了新的规则。《民事诉讼法》(2023 年修订)第 298 条规定了外国判决在中国承认与执行的程序要求，申请人可以向有管辖权的中级人民法院申请承认和执行。第 299 条规定了承认的实质要件，外国判决要在中国得到承认，必须：(1)具有法律效力；(2)得到国际条约或互惠原则的支持；(3)不违反中国的公共政策。第 300 条规定了拒绝承认理由的新规则。第 301 条进一步规定了判断外国法院在中国法院看来是否具有间接管辖权。第 302 条规定了如何处理外国判决在中国承认与执行和相同争议正在中国进行诉讼程序之间关系的问题。

二是国际条约路径。在国内立法之外，如果所涉国家之间有双边司法协助协定或者国际公约，当事人也可以参照执行其中有关承认与执行外国判决的规定。截至目前，中国已缔结 39 项双边民商事司法协助协定，其中 35 项规定了承认与执行外国法院判决。① 这些双边协定包含了相对详细的关于承认判决的规则。自 1987 年中国与法国缔结第一个双边条约以来,②其条款已经发生了变化。例如,中国和埃塞俄比亚之间的最新双边条约严格遵循 2019 年《海牙判决公约》的形式和内容,包括可承认判决的范围③、可以申请承认与执行的当事人④、必须提交的文件⑤、间接的规定管辖权⑥、承认程序⑦、拒绝承认的理由⑧以及承认的效力⑨。此类双边协定提供了比中国《民事诉讼法》更详细、更现代的承认框架,同时避免了中国国内法规定的严格互惠要求。中国第一批成功的承

---

① 35 个国家和条约缔结日期为:法国(1987 年)、波兰(1987 年)、蒙古国(1989 年)、罗马尼亚(1991 年)、意大利(1991 年)、西班牙(1992 年)、俄罗斯(1992 年)、土耳其(1992 年)、乌克兰(1992 年)、古巴(1992 年)、白俄罗斯(1993 年)、哈萨克斯坦(1993 年)、保加利亚(1993 年)、埃及(1994 年)、希腊(1994 年)、塞浦路斯(1995 年)、匈牙利(1995 年)、摩洛哥(1996 年)、吉尔吉斯斯坦(1996 年)、塔吉克斯坦(1996 年)、乌兹别克斯坦(1997 年)、越南(1998 年)、老挝(1999 年)、突尼斯(1999 年)、立陶宛(2000 年)、阿根廷(2001 年)、朝鲜(2003 年)、阿拉伯联合酋长国(2004 年)、科威特(2007 年)、秘鲁(2008 年)、巴西(2009 年)、阿尔及利亚(2010 年)、波斯尼亚和黑塞哥维那(2012 年)、埃塞俄比亚(2014 年)和伊朗(2016 年)。与伊朗的条约尚未批准且尚未生效。中国还与比利时(1987 年,尚未生效)、泰国(1994 年)、新加坡(1997 年)和韩国(2003 年)缔结了司法条约,但这些条约没有规定承认判决。

② See Wenliang Zhang, *Recognition and Enforcement of Foreign Judgments in China: Rules, Practice and Strategies*, Kluwer Law International, 2014, p. 206; King Fung Tsang, *Chinese Bilateral Judgment Enforcement Treaties*, Loyola of Los Angeles International and Comparative Law Review, Vol. 40, p. 10 – 30 (2017).

③ 参见《中华人民共和国和埃塞俄比亚联邦民主共和国关于民商事司法协助的条约》第 21 条。

④ 参见《中华人民共和国和埃塞俄比亚联邦民主共和国关于民商事司法协助的条约》第 22 条。

⑤ 参见《中华人民共和国和埃塞俄比亚联邦民主共和国关于民商事司法协助的条约》第 23 条。

⑥ 参见《中华人民共和国和埃塞俄比亚联邦民主共和国关于民商事司法协助的条约》第 25 条。

⑦ 参见《中华人民共和国和埃塞俄比亚联邦民主共和国关于民商事司法协助的条约》第 26 条。

⑧ 参见《中华人民共和国和埃塞俄比亚联邦民主共和国关于民商事司法协助的条约》第 24 条。

⑨ 参见《中华人民共和国和埃塞俄比亚联邦民主共和国关于民商事司法协助的条约》第 27 条。

认案件就是在此类文件下提起的。[①] 但截至目前,只有少数国家与中国签署了双边司法协助协定。中国与美国、日本、韩国、德国、英国和澳大利亚等较大的贸易伙伴之间不存在此类协定。

在多边公约方面,近年来中国一直积极参加海牙国际私法会议(Hague Conference on Private International Law, HCCH)的活动和项目,推动中外判决认可的单方举措与国际措施相协调。中国于 2017 年签署了 2005 年《选择法院协议公约》,且很可能会批准 2005 年《选择法院协议公约》。另外,中国还积极参与了 2019 年《海牙判决公约》的谈判。该公约已经成为中外最新双边司法协助条约(《中国—伊朗双边司法协助协定》)判决条款的蓝本。2019 年《海牙判决公约》中的管辖理由在中国现行法律中基本可以接受,拒绝承认与执行的理由也符合现有中外双边司法协助协定中关于承认与执行判决的规则。《海牙判决公约》中的保留机制也为中国加入公约增强了信心。尽管中国短期内可能不会加入《海牙判决公约》,但从长远来看,中国很可能接受 HCCH 主持通过的有关外国判决承认与执行的国际公约。

然而,临时救济不同于一般的判决,临时救济的"临时性"使该救济的终局性产生较大争议,这主要是由于各国法律及外国判决承认与执行的条约通常要求外国判决是终局的或确定的。"确定的判决",是指已发生法律效力的终局性(final)判决。一般应依原判决国法院所属的法律来确定有关判决是否已发生法律效力。外国法院的判决必须是已经确定的判决,这几乎是所有国家法律和有关国际公约规定的承认与执行外国法院判决的最基本条件。所谓确定的判决,就是指根据判决作出国法律已经发生法律效力或具有执行力的判决。

任何判决都具有一定的状态;根据判决作出地法律,某一判决所处的状态可能是"最终的"、"再审中的"或"临时的",抑或是"可执行的",甚至是"处于上诉中的"或"存在上诉可能性的"等。通常来说,一国判决若要发生其国内法规定的完全效力,则必须具有"确定性"状态。类似地,在外国判决的承认与执行语境下,被请求国亦通常要求外国判决应具备适宜的状态——"确定性"或

---

① 中国最早承认外国判决是在 21 世纪初根据双边条约进行的。例如,佛山法院于 2000 年承认了意大利的判决,广州法院于 2005 年承认了法国的判决,两者都是根据双边条约。相比之下,所有来自与中国没有双边条约的国家的外国判决均被拒绝承认。See Wenliang Zhang, *Recognition and Enforcement of Foreign Judgments in China: A Call for Special Attention Paid to Both the "Due Service Requirement" and the "Principle of Reciprocity"*, Chinese Journal of International Law, Vol. 12:1, p. 160 – 163 (2013).

“适宜”外国判决。对外国判决已经“确定”或“适宜”的要求便是外国判决承认与执行中的“确定性要件”。具体来说，外国判决的“确定性要件”，是指由被请求国的国内法或有关国际性法律文件规定的，外国判决寻求承认与执行时应具有的“适宜”的拘束力或确定性状态，该要件旨在确保已被承认或执行的外国判决不因其状态在原判决国之变化而被撤销承认以及执行回转。[①] 不过，对于临时救济的域外承认与执行来说，并不存在专门的法律规范。在此情境下，有关临时救济的域外承认与执行问题，则需依据域外判决承认与执行的一般规则审查。

对于在我国寻求承认与执行的外国判决来说，《民事诉讼法》(2023 年修正)要求外国判决必须“具有法律效力”。《民事诉讼法司法解释》(2022 年修正)确认了外国判决必须具有法律效力才能得到承认的要求，但未界定何为“具有法律效力”。对于依据哪一国法律确定外国判决是否“发生法律效力”，我国《民事诉讼法》没有明确规定。因此，有两种基本解释是可能的：首先，如果外国判决根据判决国法律被认为具有法律效力，则该判决在中国得到承认时可以被视为“具有法律效力”。根据这一解释，外国判决即使在判决国仍可上诉，也可能满足“法律生效”的要求。其次，如果外国判决符合《民事诉讼法》对中国判决具有法律效力的要求，则该外国判决可以被视为“具有法律效力”，以在中国得到承认。《民事诉讼法》第 158 条明确规定，中国的判决在最高人民法院作出、不得上诉或上诉期限届满时“发生法律效力”。简言之，中国的判决只有在不能再上诉时才“具有法律效力”。除《民事诉讼法》(2023 年修正)外，《中华人民共和国企业破产法》(2006 年)、《最高人民法院关于中国公民申请承认外国法院离婚判决程序问题的规定》(2020 年)等法律规范亦规定了特殊类型的外国判决(如破产判决)在我国寻求承认与执行时的“确定性要件”就是“发生法律效力”。对于外国离婚判决的承认与执行，我国法律规定的“确定性要件”也是“发生法律效力”。[②] 总的来看，我国法律中的“确定性要件”是外国判决“发生法律效力”，但是对于何为“发生法律效力”不存在相关规定。

在我国与诸多国家缔结的双边司法协助条约中，外国判决“确定性要件”的

---

① 参见张文亮：《论外国判决承认与执行中的“确定性要件”》，载《武大国际法评论》2020 年第 2 期。

② 参见《最高人民法院关于中国公民申请承认外国法院离婚判决程序问题的规定》(2020 年)第 11 条。

表述不同于《民事诉讼法》等国内法之规定；相反，绝大多数表述为“已经确定”，或“已经生效”，或“已经生效和可以执行”，或“终局的和可以执行的”，以及“终局和具有执行力的”。一方面，对于这些双边条约采取相互之间差异较大的“确定性要件”之表述，并不存在显在的合理理由；另一方面，对于这些双边条约采取与我国《民事诉讼法》等国内法中“确定性要件”相去甚远的表述，亦难以解释。在我国现行法律框架下，尚不存在相关法律对这些差别予以区分和阐明，这容易引起条约适用中的不确定性。对于这些双边条约中的“确定性要件”，最基本的一个问题是所采用的术语“已经确定”“已经生效和可以执行”“终局的和可以执行的”等是否等同于我国《民事诉讼法》中的“发生法律效力”。

值得注意的是，我国和新加坡达成的判决承认与执行安排对如何定义外国判决“具有法律效力”的问题给出了具体解释。根据最高人民法院与新加坡最高法院之间的一份不具有法律约束力的备忘录——《中华人民共和国最高人民法院和新加坡最高法院关于承认与执行商事案件金钱判决的指导备忘录》，在新加坡执行的中华人民共和国法院的判决必须是终局性和确定性的判决。当对请求新加坡法院执行的中华人民共和国法院作出的判决的终局性和确定性存在争议时，应当根据中国法律确定。[①] 根据该备忘录，新加坡判决的终局性和确定性“应根据中国法律确定”，并且“待上诉或正在上诉的判决不是最终的和确定性的”。尽管该备忘录中没有使用“具有法律效力”一词，但新加坡判决的终局性和确定性仍然按照中国“具有法律效力”的标准来确定。

① 参见《中华人民共和国最高人民法院和新加坡最高法院关于承认与执行商事案件金钱判决的指导备忘录》第 19 条。

第五章　临时救济的国际协调及统一

第一节　引　　言

临时救济的国别差异与价值倚重是寻求临时救济的协调及统一的重要动因。在临时救济的国家间协调及统一中，立足于各国家、诸法系在临时救济体系设计上的横向比较与借鉴，以及在国际组织的介入下纵向协调与统一，是完善（国际）民事诉讼中“临时救济体系”的重要途径，也是国际社会持续推进“临时救济体系”架构和适用的重要出路。与此同时，各国共同探讨临时救济在当前时代背景下应采取的具体的体系架构，应成为探讨临时救济适用的困境的根本性任务。

临时救济体系的国际协调及统一，必须虑及各国临时救济的具体类型和管辖权行使条件。由于临时救济具有的域外效力，国际民事诉讼中临时救济发挥作用的范围在于国际社会，而非仅限于一国之内。根植于“临时救济体系”中的一些基本性问题，如临时救济的“目的定位”问题、“类型划分”问题、“标准设定”问题、“效力赋予”问题、“执行方式”问题等，在各国、各法系和各国际组织的目标体系之间尚存在或大或小的差异；这些差异不能抹杀它们之间亦存在的重要关联和共通之处，正如德国法中的“临时禁制令”与英国法中的“临时禁制令”有明显的共同点。① 实际上,各国的临时救济在目的定位上具有较大的共通性,它们大都围绕“现状的维持”和“保障最终判决效力的实现”,这就为临时救济的国家间协调及统一提供了重要基础。

此外,各国的具体临时救济在一些方面亦表现出某些相似性或共同性。比如,英国“衡平法”中的“禁制令”具有罗马法中“禁令”的性质。罗马法中的“禁令”在三种不同但相互关联的意义上适用。在罗马法中,“禁令”是裁判官(praetor)据以直接命令何事应为或应不为的裁决(decree),特定案件以敕令(edict)决定。禁令尤其用于涉及占有或准占有的案件,其可分为三类:禁止禁令(prohibitory)、出示禁令(exhibitory)与复原禁令(restorative)。作为一种救济方式,禁令曾较诉讼更广为使用,但后来使用渐少,优士丁尼时期已基本废止。现代民法中,禁令可视为与诉讼相同,尽管它们引起的是“简易程序”。早期学者将英国法中作出“禁制令”的情形列举为以下几类:限制转让财产、限制浪费、限制妨害、限制侵害,以及阻止不可弥补的损害行为。② 不容否认,英国法中的“禁制令”与罗马中的“禁令”在诸多方面存在相似之处,如目的定位、适用方式的选择等。凡此种种,都为临时救济的国家间协调及统一提供了有利的条件。

第二节 国际组织的协调与努力

鉴于临时救济在国际民事诉讼中发挥着越来越重要的作用,国际社会在整体或局部上持续推进统一或协调临时救济。在国际民事诉讼临时救济的协调及统一中,发挥重要作用的既有海牙国际私法会议等政府间国际组织,也有国际法协会等非政府间国际组织;既有国际统一私法协会等全球性国际组织,也有欧盟等区域性国际组织。

一、国际法协会

(一)背景

早在1996年8月17日国际法协会第67届会议通过“国际民事诉讼中的临

---

① See Jens Grunert, *Interlocutory Remedies in England and Germany: A Comparative Perspective*, Civil Justice Quarterly, Vol. 15, p. 21 (1996).

② See A. E. Randall & Joseph Story, *Commentaries on Equity Jurisprudence*, Sweet and Maxwell, 1920, p. 368.

时和保护措施原则”(《赫尔辛基原则》)之前,第64届国际法协会在涉及规避性和欺诈性的被告时,已经考虑到讨论国家间协调及统一临时救济适用的必要,且将国际诉讼中的临时和保护措施列为其应着手进行的第二项研究领域。

国际法协会下设的国际民事诉讼委员会充分意识到原告会经常遭遇“不道德的”(unscrupulous)被告,这些被告在判决前偷偷地转移财产,使原告通过民事诉讼追偿债务的努力前功尽弃。如果不为此提供有效的救济,那么法律制度的实践目的本身便会落空。这一难题在国际语境下尤为引人关注。隐匿财产的最好手段莫过于将财产转移到审理国之外。现代化的资金转账方式,以及因国际“遗产计划”(estate planning)①所带来的一系列复杂的制度给债务人提供了很多机会。《赫尔辛基原则》意在增进对债权人的保护;由于各国在法律、程序和实践中的差异会吸引债务人转移其财产,尤其是银行储蓄,以挫败将来的判决,这会极大地引致债权人面临在国际层面的风险。

基于比较法的研究,国际民事诉讼委员会阐述了《赫尔辛基原则》,认可各国在国际民事司法实践中的临时救济所具有的“保护财产”与“维持现状”的功能。不过,该类措施的性质和适用情况千差万别;一些国家主要依赖“玛瑞瓦禁令”(“冻结令”),而另一些国家强调“保全扣押”(saisie conservatoire)。国际民事诉讼委员会希望引起国际社会对这些差别在实践中导致的问题的关注,并促进各国内立法和国际立法的改革。正如该委员会的报告人坎贝尔(Campbell)指出的,国际民事诉讼委员会考虑到了不同国家及法律体系下学者的观点,国内以及国际层面的法律改革者很有可能接受《赫尔辛基原则》,尤其可能吸收到海牙国际私法会议主持的全球性的《判决草案公约》中。②

(二)《赫尔辛基原则》的具体设计

为拟定《赫尔辛基原则》,国际民事诉讼委员会调查了代表性国家的法律,这些法律中均有关于“临时和保护措施”的规定。具体来说,就是各国均存在审判前对被告在银行账户里的存款予以冻结的规定。虽然各国面临的问题是一致的,但各国在临时和保护措施的性质和内容上存在很大的不同。比如,法国、

---

① “遗产计划”,是指考虑到有关遗嘱、税收、保险、财产、信托等法律的规定,对某人的财产作出安排,以便在其死后按照其意愿处分财产时得以取得法律上的最大利益。释义来自《元照英美法词典》。

② See F. K. Juenger, *The ILA Principles on Provisional and Protective Measures*, The American Journal of Comparative Law, Vol. 45:4, p. 941 (1997).

德国、瑞士和美国的临时保护措施，在内容和性质上均存在很大的不同，这会导致在国际民事诉讼中极为不同的后果。

《赫尔辛基原则》就国际民事诉讼中有关临时救济适用的重要问题依次作了界定；该原则涉及的问题主要包括：范围、性质、附属程序、属地范围、跨国承认与国际司法协助[①]、“财产扣押法院”和“财产地法院”，以及“临时支付”[②]等。临时救济的主要功能被定位于两个方面，即在庭审解决所有事项之前维持现状，或者为最终判决的实现提供财产上的担保。该原则在国际民事诉讼中具有一般的适用性；但是在起草时，“国际民事诉讼委员会”对被告在第三方当事人——“银行”中的“银行储蓄”实施的“财产扣押”予以了特别的考量，并作为一种“范例情形”。

为对最终判决的实现提供财产担保，各国应“无歧视地”提供临时和保护措施。该措施的适用应以法院的自由裁量权为基础，并应建立在以下两个条件之上：(1)作出临时救济时要求的对案件实质的证明标准应低于依据应当适用的法律对案件实质的证明标准；(2)能够证明对原告的潜在损害超过对被告造成的潜在损害。被告不应有权依托公司面纱或其他花招隐藏其财产；原告亦应确保被告能够被迅速地告知有关的临时保护措施；被告有权在合理的时间内参与听审以及反对已作出的临时保护措施；法院有权要求原告为被告或第三人因临时救济的适用遭受的损害提供担保或其他条件；各国应制定有关法律，为在适当的情形下依凭法律或法院令获取被告的财产信息提供依据，以协助临时救济的实施。[③]

二、国际统一私法协会

(一)背景介绍

作为协调和统一各国间法律的著名国际组织，国际统一私法协会(The International Institute for the Unification of Private Law, UNIDROIT)与美国法律协会(American Law Institute, ALI)共同起草并通过了《跨国民事程序原则》

---

① 依据《赫尔辛基原则》的整体设计，临时救济适用中通常存在的“三元主体关系”变成了“四元主体关系”，即申请人、被申请人、临时救济的作出法院以及承认和执行临时救济的法院或主诉法院。随着介入临时救济适用主体的增多，相互之间关系的平衡更为复杂。

② 依据《赫尔辛基原则》，“临时支付”不是国际民事诉讼中可予适用的临时救济。参见《赫尔辛基原则》第22条。

③ 参见《赫尔辛基原则》第3~9条。

(Principles of Transnational Civil Procedure),希望为国际商事交往提供一套“通用的”程序性“原则体系”,并借此降低当事人在不熟悉的环境中进行诉讼面临的不确定性,以及促进司法程序中的公正性。

除了《跨国民事程序原则》,美国法律协会最早着手的计划是为国际民事诉讼的进行提供一套《跨国民事程序规则》(Rules of Transnational Civil Procedure);该规则是《跨国民事程序原则》的前提基础。尽管修订后的《跨国民事程序规则》未被国际统一私法协会与美国法律协会共同通过,但其为各国提供了一个实施《跨国民事程序原则》的具体模范性“规则体系”;而《跨国民事程序原则》可被看作是对《跨国民事程序规则》的一般化或抽象化,是两大法系在发展协调国际民事程序规则方面的折中性努力。①

国际统一私法协会与美国法律协会协调与统一国际民事程序法的这次努力源于1997年两位美国律师杰弗里·哈扎德(Geoffrey Hazard)和米歇尔·塔鲁福(Michele Taruffo)的提议。美国法律协会据此提议而着手一项宏大的跨国民事程序规则计划——“美国法律协会计划”,这是从具体的规则开始勾勒的。后来,国际统一私法协会加入了该计划,但其提议的是对跨国民事程序的原则予以架构;而最终为国际统一私法协会与美国法律协会所共同批准的是《跨国民事程序原则》。《跨国民事程序规则》则被视为《跨国民事程序原则》如何在某一具体的国家或地区实施的模式。② 由此观之,《跨国民事程序原则》还主要是依托《跨国民事程序规则》而形成的,对这两个文件之间的解释亦应保持一致。而值得注意的是,《跨国民事程序原则》受到了积极接纳,在若干国家被作为改革其国内程序法体系的起点。

(二)《跨国民事程序原则》与《跨国民事程序规则》

《跨国民事程序原则》第8条以“临时和保护措施”为标题,就“临时和保护措施”的一般原则作出了如下三个方面的规定:

(1)当有必要为确保最终判决效力的实现或者维持或调整现状时,法院可以作出临时性救济。临时救济的适用受“平衡原则”(the principle of proportionality)

---

① See Geoffrey C. Hazard, Jr., Michele Taruffo, Rolf Sturner & Antonio Gidi, *Principles and Rules of Transnational Civil Procedure: Introduction to the Principles and Rules of Transnational Civil Procedure*, New York University Journal of International Law and Politics, Vol. 33:3, p. 769 (2001).

② See Jorge Sánchez-Cordero Dávila, *Preface to ALI/UNIDROIT Principles of Transnational Civil Procedure*, Cambridge University Press, 2004, p. xxxi.

的支配。(2)只有在紧急需要且考虑到双方当事人公平的情形下,法院无须通知对方当事人即可以作出临时救济措施。申请人必须充分地披露“法院应恰当地知晓的”事实和法律问题。被采取单方临时救济措施的一方当事人必须有机会在最早的可行时间回应所采取的临时救济措施的适当性。(3)如果法院事后裁定认为所采取的临时救济措施本不应被给予,通常来说,临时救济的申请人有责任赔偿被采取临时救济的当事人的损失。在适当的情形下,法院必须要求申请临时救济的申请人提供保证金(bond)或正式地承诺赔偿责任。

与《跨国民事程序原则》第8条相对应,《跨国民事程序规则》第17条为“临时和保护措施”拟定了具体性的规则,具体表现为以下六个方面:

(1)当有必要为确保最终判决效力的实现或者维持或调整现状,法院可以作出临时救济以限制或要求一方当事人或其他人为一定行为。临时救济的作出或范围受“平衡原则”的支配。法院可以要求披露当事人位于任何地方的财产。(2)只有在紧急需要且公平考虑的优势情形下,法院方可在对方当事人有机会对临时救济措施予以回应之前作出该措施。申请人必须充分地披露“法院应恰当地知晓的”事实和法律问题。(3)被采取单方临时救济措施的一方当事人必须有机会在最早的可行时间回应所采取的临时救济措施的适当性。(4)在对各相关当事人予以听审后,法院可以签发、解除、更新或修改其法院令。(5)如果法院事后裁定认为所采取的临时救济措施本不应被给予,临时救济的申请人有责任赔偿被采取临时救济的当事人的损失。法院可以要求申请临时救济的申请人提供保证金或正式地承诺赔偿责任。(6)对临时救济的给予或拒绝受制于即刻的上诉审查。①

对比《跨国民事程序原则》与《跨国民事程序规则》,我们可以发现两者在条款的设计上基本一致,对有关概念的理解似乎无实质性差别;后者仅在具体细节上与前者有细微的差别。② 不过,《跨国民事程序规则》作为依托美国法架构的临时救济体系,其与抽象化的代表各国、各法系的《跨国民事程序原则》在

---

① See Rule 33.2 of Rules of Transnational Civil Procedure, which provides for appellant review of interlocutory orders, as an exception to Rule 33.1.

② See Michele Taruffo, *Harmonisation in a Global Context: The ALI/UNIDROIT Principles*, in X. E. Kramer and C. H. van Rhee eds., Civil Litigation in a Globalising World, T. M. C. Asser Press, The Hague, 2012, p. 215.

某些方面依然有深刻的差别。具体来说,《跨国民事程序原则》和《跨国民事程序规则》中的临时救济均包括"禁制令"这一临时救济形式。法院可予作出的临时救济包括"肯定性的"(affirmative)以及"否定性的"(negative)临时救济两类;前者要求履行一定的行为,而后者则禁止某一特定的行为。《跨国民事程序原则》和《跨国民事程序规则》言及的"临时救济"是在最一般的意义上使用的,不仅包括"临时禁制令",还包括"财产扣押"、"财产暂管"以及其他的法院令。对现状的调整这一概念包括采取措施缓解潜在的争议,如在诉讼期间对合伙人之间的合伙企业的经营进行监管。当然,具体可予适用的临时救济,如财产扣押或财产暂管,应由法院地法来决定,包括可予适用的国际法原则。特别值得一提的是,法院也可以作出"财产披露"的命令,而不管财产位于什么地方。[①]同时,依据《跨国民事程序规则》,法院可以在通知临时救济指向的当事人的前提下,要求诉讼中的第三方遵守该临时救济,保持诉讼争议中关涉的资金或财产权。

(三)三方主体之间关系的架构

《跨国民事程序原则》与《跨国民事程序规则》对法院在临时救济适用中的"平衡"地位的架构,充分体现在无通知情形下申请人获得"单方"临时救济的设计中。法院若要作出"单方"临时救济,则需要存在"紧急的需要",且要建立在"公平考虑"的平衡之上。这些公平考虑的因素包括:(1)原告的请求在实质上的强度;(2)相关的公共利益(如果存在的话);(3)需要临时救济的紧急性;(4)源于该救济措施的实践中的负担。

申请人负有证明作出单方法院令的义务。申请人应当合理且明确地证明其所寻求的临时救济是为了阻止有关情势的不可弥补的恶化,且若在对方当事人被听审之后作出该救济措施将显得不明智。同时,申请单方临时救济的申请人应披露所有相关的法律争议点与事实,包括对其本身有利和不利的方面;申请人未能作出该披露是法院撤销已作出的临时救济的根据,且可能是向申请人承担损害赔偿责任的依据。[②] 为确保被申请人能够在错误签发临时救济而遭受损失的情形下获得赔偿,法院可以要求申请人提供担保;赔偿的具体细节应由

---

① See ALI/UNIDROIT, *Principles of Transnational Civil Procedure*, Cambridge University Press, 2004, p. 26.

② 在一些国家,对因错误签发临时救济所致损失的评估不一定反映着对主要实体的恰当解决;即便申请人获得了最终的胜诉判决,其仍可能会因为申请错误而赔偿被申请人。

法院地法决定;赔偿义务应当是明示的,不可仅仅是默示的,可以通过第三人签署保函的方式予以正式化。

被申请人应在实践允许的最早时间收到通知,并有权向法院申请对作出的临时救济予以即刻的、全面的重新考量,还可提出新的证据。通过对包括被申请人在内的相关当事人的听审之后,法院可以作出、解除、更新或修改其法院令;如果在"申请人"的单方申请中法院拒绝作出临时救济,法院亦可以在此阶段作出听审后的临时救济令。在许多国家,依据该原则作出的临时救济受到即刻的上诉审查的限制,这对于临时救济是在单方申请下作出的情形而言显得尤为必要。不过,这一上诉审查机制会导致大量的时间花费以及程序上的滥用。而对于平衡当事人之间的程序地位而言,这又是十分必要的。

三、海牙国际私法会议

(一)海牙判决计划

1. 判决(管辖权)草案公约

海牙国际私法会议是当前推进国家间程序法协调和统一、增进国际司法合作的最重要的国际组织之一。作为"海牙判决计划"[①]的重要步骤,2000 年海牙国际私法会议提交各成员讨论的《判决草案公约》[②]对"临时和保护措施"作了专门的规定,即《判决草案公约》第 13 条——有关临时救济的管辖权行使的规定。一方面,该草案公约确立了国际民事诉讼中行使"临时和保护措施"管辖权的一般原则,即根据草案公约第 3 条的管辖权规则而享有实体管辖权的法院有权作出"临时和保护措施"。另一方面,该草案公约又载明了其他两种可予行使"临时和保护措施"管辖权的情形:(1)"财产所在地"的法院有权就该财产作出任何的"临时和保护措施";(2)不具有前述作出"临时和保护措施"管辖权的缔约方法院,若某一临时或保护措施的实施仅局限于该缔约方之内,且其目的在于临时性地保护请求方当事人已经提起的或将要提起的在实体上的诉求时,该缔约方法院亦可以作出"临时和保护措施"。[③] 应当说,《判决草案公约》引入了

① See HCCH, The Judgments (Jurisdiction) Project, https://www.hcch.net/en/projects/legislative-projects/jurisdiction-project, last visited on April 10, 2024.

② See Preliminary Draft Convention on Jurisdiction and Foreign Judgments in Civil and Commercial Matters Adopted by the Special Commission, Prel. Doc. No 11, August 2000.

③ See Preliminary Draft Convention on Jurisdiction and Foreign Judgments in Civil and Commercial Matters Adopted by the Special Commission, Article 13.

甚为灵活,有利于临时救济适用的管辖权规则,这与其增进国际民事司法协助,保障国际民事诉讼的目的相一致。《判决草案公约》在引入灵活性的管辖权规则体系的同时,保持了较为谨慎的态度,即非基于一般管辖权规则而作出的临时救济的效力范围受到严格的限制,以降低国家间司法协作过程中可能会出现的摩擦。

《判决草案公约》在规范临时和保护措施方面的另外一个重要特征在于,临时和保护措施属于其界定的应予承认和执行的"判决"范围;这样的安排使临时救济的域外效力得到了最大的保障。该草案公约第23(b)条载明,"[本章所言之判决]包括[各成员]根据第13条第1款而作出的临时和保护措施裁定"。这样一来,某一成员法院依据第13条第1款的规定作出的临时和保护措施,将会得到其他成员的承认。不容否认,一旦临时救济被纳入"判决"的范围,且与"判决的承认和执行"结合起来,其效力将得到极为有力的拓展。

《判决草案公约》的报告人彼得·尼格(Peter Nygh)教授和福斯托·波卡尔(Fausto Pocar)教授在界定该草案公约下的临时救济的目的时,援引了前述国际法协会在《赫尔辛基原则》中对临时救济目的的框定:(1)为最终判决的实现提供临时性的财产保障的方式;(2)在纠纷审理之前维持现状。值得特别注意的是,该报告明确地指出了两类不属于该草案公约中的临时救济:一是那些主要目的在于为案件的审理获取证据的救济措施不属于临时救济的范围,"海牙判决计划"的"特别委员会"并没有采纳将有关证据的发现或保护的措施纳入临时救济的范畴的建议;二是"禁诉令"关涉的是管辖权问题,其并不涉及对诉讼中争议事项的现状维持。①

《判决草案公约》是"海牙判决计划"的重要组成部分,其中有关"临时和保护措施"的条款是海牙国际私法会议在充分地综合各国国内法中有关临时和保护措施的基础上草拟的。该草案公约对临时和保护措施的条款设计,主要是在成员之间作出临时和保护措施的管辖权分配,而无意就临时和保护措施进行统一的界定,②亦无意引入特定的临时和保护措施类型,或引入统一的实施条件等。这凸显了两个基本问题:一是鉴于临时和保护措施在国际民事诉讼中的重

---

① See Preliminary Draft Convention on Jurisdiction and Foreign Judgments in Civil and Commercial Matters Adopted by the Special Commission, Prel. Doc. No 11, August 2000.

② See Report of the Special Commission Preliminary Draft Convention on Jurisdiction and Foreign Judgments in Civil and Commercial Matters drawn up by Peter Nygh and Fausto Pocar.

要地位,海牙国际私法会议对该问题予以了充分的重视;二是由于临时和保护措施的国别差异尚且过大,而且国际司法合作的程度尚未充分地发展,海牙国际私法会议暂且无法提供一套普遍适用于各缔约方的统一的临时和保护措施方案,很难消弭在临时和保护措施实施中的纷乱局面,临时和保护措施的性质交由各国国内法决定。值得特别注意的是,尽管该草案公约最终未获通过,但其确立的有关临时和保护措施的原则在很大程度上被晚近以来的学者提出的立法建议所采纳。① 然而,"海牙判决计划"工作组在 2015 年 2 月 3 日至 6 日的第四次会议通过的《临时判决计划草案》②,又将临时救济排除在"判决"的概念之外。③

2. 选择法院协议公约

作为海牙国际私法会议近些年来一直大力推进的"判决计划"的阶段性成果,2005 年《选择法院协议公约》回避了对临时救济的适用予以统一的规定,且有关的临时救济不是该公约所涵盖的"判决"(judgment)的范围;④临时救济不受该公约调整,但是该公约既不要求亦不排斥缔约方作出、拒绝或终止临时保护措施,也不影响当事人是否申请或法院是否作出、拒绝或终止该类措施。⑤ 因此,若要作出临时救济,各缔约方只能依据其本国法进行。⑥

(二)有关儿童保护的国际公约

海牙国际私法会议就儿童保护问题已经通过了若干国际公约,而这些公约大都包含有关临时和保护措施的条款。这方面的公约主要有 1996 年《有关父母责任和儿童保护措施的管辖权、准据法、承认、执行和合作公约》、2007 年《跨国追索儿童抚养费以及其他形式的家庭抚养费公约》以及 1961 年《关于未成年人保护的管辖权和法律适用公约》等。

在 1996 年《有关父母责任和儿童保护措施的管辖权、准据法、承认、执行和

---

① See Toshiyuki Kono ed., *Intellectual Property and Private International Law: Comparative Perspectives*, Hart Publishing, 2012, p. 123.

② Preliminary Draft Text of the Working Group on the Judgments Project Emanating from Its Fourth Meeting, http://www.hcch.net/upload/wop/gap2015pd07b_en.pdf, last visited on April 10, 2024.

③ See Preliminary Draft Text of the Working Group on the Judgments Project Emanating from Its Fourth Meeting, Article 3(1).

④ See Convention of 30 June 2005 on Choice of Court Agreements, Article 4.

⑤ See Convention of 30 June 2005 on Choice of Court Agreements, Article 7.

⑥ See Explanatory Report on the 2005 Hague Choice of Court Agreements Convention by Trevor Hartley & Masato Dogauchi, para. 161.

合作公约》中，临时和保护措施被大量地涉及。该公约所确立的一般原则是，对于非法迁移或扣留儿童的案件，被迁移或被扣留儿童最近一次惯常居所地的缔约方拥有管辖权；不过，儿童被迁移或被扣留地的缔约方有权采取为保护儿童的人身或财产的“紧急措施”；①在所有“紧急”的案件中，儿童或属于儿童的财产所在地的缔约方有权采取任何的“保护措施”，该临时救济在根据该公约的有关规定对案件有管辖权的法院采取相关措施后即失效，且该临时救济的效力局限于采取该措施的缔约方境内。② 儿童惯常居所地之外的缔约方可以依凭居住在该国之内的一方父母为寻求有关获得或维持探视权的请求，收集有关该请求的信息或证据，而依据该公约对案件有管辖权的法院在作出裁定前应承认并考虑该信息、证据或裁断。③ 此外，该公约就缔约方之间在临时和保护措施的实施方面应予以协助作出了若干规定。④

然而，该公约并未对“紧急”予以界定。根据该公约的专家报告，如果通过该公约规定的正常途径寻求的救济可能会给儿童带来“无法挽回”的损害，则“紧急”的情形将被认为存在；基于该“紧急”情形的管辖权是对该公约一般原则的偏离，但其同样是为了使对儿童的保护不打折扣，因此出现了“平行管辖”的情形；这种“平行管辖”的情形，如未在其惯常居所地且需要紧急手术的儿童需要代理，或者需要迅速地处理儿童所有的易腐烂的货物等。⑤

在2007年《跨国追索儿童抚养费以及其他形式的家庭抚养费公约》中，临时救济成为债权人可资利用的重要措施。在申请追索抚养费的过程中，被请求

---

① See Convention of 19 October 1996 on Jurisdiction, Applicable Law, Recognition, Enforcement and Co-operation in Respect of Parental Responsibility and Measures for the Protection of Children, Article 7.

② See Convention of 19 October 1996 on Jurisdiction, Applicable Law, Recognition, Enforcement and Co-operation in Respect of Parental Responsibility and Measures for the Protection of Children, Articles 11 and 12.

③ See Convention of 19 October 1996 on Jurisdiction, Applicable Law, Recognition, Enforcement and Co-operation in Respect of Parental Responsibility and Measures for the Protection of Children, Article 35.

④ See Convention of 19 October 1996 on Jurisdiction, Applicable Law, Recognition, Enforcement and Co-operation in Respect of Parental Responsibility and Measures for the Protection of Children, Articles 34 and 35.

⑤ See Explanatory Report on the Convention of 19 October 1996 on Jurisdiction, Applicable Law, Recognition, Enforcement and Co-operation in Respect of Parental Responsibility and Measures for the Protection of Children by Paul Lagarde, para. 68.

国应发起或协助发起旨在获得必要临时救济的程序。[①] 作出该临时救济的国家除了被申请国,债务人财产所在地国亦有管辖权。可适用的临时救济包括阻止财产灭失的措施,或者阻止债务人离开其管辖范围而避开有关法律程序的措施;对债务人的财产冻结可能是最普遍适用的临时救济。不过,该临时救济具有临时性和属地性质,且其目的是协助正在进行的抚养费申请。"临时性"是指临时的或暂时的,"属地性"是指该措施的效力应被局限于被请求国的领域或该公约有关条款确定的领域之内,而且临时救济依其性质仅具有有限的存续期。[②]

临时救济应通过便捷的方式获得,如有需要可在单方程序中作出。在抚养费案件中,救济速度是保护在外国的财产的必要条件。[③] 该公约对临时救济的作出设置了限制,如有"必要"为抚养费追索申请提供担保,而且追索抚养费的申请需要"正在进行中"。[④] 此外,值得特别注意的是,即便追索抚养费的申请尚未提起,根据该公约的有关条款,[⑤]临时救济亦可以被采取。[⑥]

在 1961 年《关于未成年人保护的管辖权和法律适用公约》中,未成年人惯常居所地的主管机关可以在未成年人的人身或财产受到"严重威胁"[⑦]时采取保护措施;[⑧]在"紧急"情形下,未成年人或其财产所在的国家的主管机关亦可以采取必要的保护措施,该保护措施的效力应在依据该公约而享有管辖权的国家采取相应的措施后终止。[⑨] 此外,依据 1980 年《有关国际儿童诱拐的民事事

---

① See Convention of 23 November 2007 on the International Recovery of Child Support and Other Forms of Family Maintenance, Article 6(2).

② See Explanatory Report on the Convention on the International Recovery of Child Support and Other Forms of Family Maintenance by Alegría Borrás & Jennifer Degeling, para. 176 – 177.

③ See Explanatory Report on the Convention on the International Recovery of Child Support and Other Forms of Family Maintenance by Alegría Borrás & Jennifer Degeling, para. 177.

④ See Explanatory Report on the Convention on the International Recovery of Child Support and Other Forms of Family Maintenance by Alegría Borrás & Jennifer Degeling, para. 178.

⑤ See Convention of 23 November 2007 on the International Recovery of Child Support and Other Forms of Family Maintenance, Article 7(1).

⑥ See Explanatory Report on the Convention on the International Recovery of Child Support and Other Forms of Family Maintenance by Alegría Borrás & Jennifer Degeling, para. 179.

⑦ See Rapport explicatif sur la Convention-Protection des mineurs de 1961, Ⅷ(b).

⑧ See Convention of 5 October 1961 concerning the powers of authorities and the law applicable in respect of the protection of infants, Article 8.

⑨ See Convention of 5 October 1961 concerning the powers of authorities and the law applicable in respect of the protection of infants, Article 9.

项的公约》，各国中央机关应相互配合以确保儿童的迅速交还；其中，各国中央机关应采取的措施之一，便是通过采取或推动采取临时救济以阻止对儿童的损害或对利害当事人的侵害。①

（三）其他公约

除前述"海牙判决计划"以及"有关儿童保护的国际公约"较多地涉及"临时和保护措施"外，海牙国际私法会议亦在其通过的其他一些国际公约中涉及"临时和保护措施"的适用。比如，在 1958 年《有关国际货物销售案件中选择法院的管辖权公约》中，有关临时和保护措施的条款亦有所提及，即该公约第 4 条之前的条款不会阻碍缔约方法院在临时和保护措施上的管辖权。②

除此之外，1965 年《选择法院公约》也涉及临时和保护措施。根据该公约，当事人选择法院的协议并不排除未被选择的法院基于临时和保护措施的目的而行使管辖权。③ 这一立场也在2000 年的《判决草案公约》中得到了遵循，即依据《判决草案公约》第 13 条第（1）款和第（2）款，被选择法院之外的法院可以作出临时救济。④ 在 1971 年《民商事判决承认和执行公约》中，临时和保护措施被明确地排除在该公约的适用范围之外；⑤但是，该公约考虑到了平行诉讼中的一方驳回或中止其诉讼程序时可以作出临时和保护措施的情形，⑥授权缔约方根据该公约第 21 条的规定订立补充协定以将该公约适用于有关临时和保护措施。⑦ 由此来看，该公约仍然将临时和保护措施视为各缔约方国内法上的事项，尽管其在一定程度上允许成员通过补充性的协议偏离该公约的规定。

---

① See Convention of 25 October 1980 on the Civil Aspects of International Child Abduction, Article 7; Explanatory Report on the 1980 Hague Child Abduction Convention by Elisa Pérez-Vera, para. 91.

② See Convention du 15 avril 1958 sur la compétence du for contractuel en cas de vente à caractère international d'objets mobiliers corporels, Article 4.

③ See Convention of 25 November 1965 on the Choice of Court, Article 6.

④ See Report of the Special Commission Preliminary Draft Convention on Jurisdiction and Foreign Judgments in Civil and Commercial Matters drawn up by Peter Nygh and Fausto Pocar.

⑤ See Convention of 1 February 1971 on the Recognition and Enforcement of Foreign Judgments in Civil and Commercial Matters, Article 2(1).

⑥ See Convention of 1 February 1971 on the Recognition and Enforcement of Foreign Judgments in Civil and Commercial Matters, Article 20.

⑦ See Convention of 1 February 1971 on the Recognition and Enforcement of Foreign Judgments in Civil and Commercial Matters, Article 23.

四、欧盟

(一)概述

1. 历史沿革

从对临时救济的宏观架构上来说,欧盟已经先后在一系列的欧共体或欧盟法律文件中阐明了"临时和保护措施"的重要性及实施问题。早在1999年的《坦佩雷计划》中,①欧洲理事会约请欧盟理事会和欧盟委员会为欧盟区域内的跨国案件设计新的程序性立法做准备,尤其是关于推进顺利开展"司法协助"和增进"接近法律"(access to law)的立法工作,涉及的领域主要包括"保护措施"(provisional measures)、"取证"(taking of evidence)等。在《坦佩雷计划》中,"相互承认原则"被确立适用于"审前法院令"(pre-trial orders),尤其是包括使有权机关迅速地保存"证据"和"易移走的财产"的法院令。②

在2009年《斯德哥尔摩计划》中,③欧洲理事会指出了建立一个"欧盟司法区域"给欧盟公民带来的利益,其中要求进行经济性的活动,因此其再次约请欧盟委员会评估临时和保护措施的必要性及可行性,以防止出现如在一项诉求执行前财产已灭失的情形。④ 欧盟委员会在2009年就"程序法最低限度的标准"这一课题公开招标;在此招标公告中,临时救济是欧盟委员会涉及的内容,欧盟委员会指出了重新对现行欧盟法律体系中临时救济的适用作进一步研究的必要。⑤

此外,2011年欧盟委员会提出了一项立法提议,寻求在民事事项中作出的保护措施能够实现在成员国之间的承认和执行。⑥ 然而,欧盟的所有努力一直围绕着并受制于"法律体系和临时救济的多样性"这一基本事实,其讨论的重心在于临时和保护措施的功能,应满足的最低限度的条件,即"辩论程序要件"

---

① Tampere European Council 15 and 16 October 1999 Presidency Conclusions.

② Tampere European Council 15 and 16 October 1999 Presidency Conclusions, para. 36.

③ European Council, The Stockholm Programme-An Open and Secure Europe Serving and Protecting Citizen, OJ C 115/01, 4. 5. 2010.

④ European Council, The Stockholm Programme-An Open and Secure Europe Serving and Protecting Citizen, OJ C 115/01, 4. 5. 2010, para. 3. 4. 3.

⑤ European Commission, Open invitation to tender JLS/2009/JCIV/PR/0012/E4 – Study on minimum standards of procedural law, Brussels, 06/06/2009, JLS/E4-AB/jbg-D (2009) 8087.

⑥ Proposal for a Regulation of the European Parliament and of the Council on mutual recognition of protection measures in civil matters, COM/2011/0276 final-COD 2011/0130.

(adversary procedure requirement),临时救济的可执行性和可能的救济措施等。①

2. 欧盟临时救济体系

从目前的情形来看,在欧盟内部,尚不可能出现欧洲统一化的临时救济取代各成员国的临时救济的局面。对欧盟各国法中的临时救济,设定最低的共同标准是不可能的,各成员国尚缺乏放弃内国临时救济的动力。又如,欧盟成员国对申请人获得临时救济是否需要以提供"担保"为前提有不同的规定,而此规定将会对临时救济作出的频率以及执行该措施的文化背景产生深刻的影响。具体来说,对于是否要求申请人在获得任何临时救济之前都必须提供损害赔偿的"担保",德国法院在此方面有很大的自由裁量权;而在法国,作出该类措施通常不需要提供"担保"。这些国家在关于赔偿被告人的损害方面的规定亦有诸多不同。很有必要加强法院间以及其他司法部门之间的协作,而审理案件实体的法院处于监督临时救济适用的最好位置。当事人在案件的实体审理中的"诉求被支持的强度",是法院裁量是否给予、改变或撤销临时保护措施方面的重要考量因素,而审理案件实体的法院能够很好地监控所涉案件的实体情况。申请人有义务告知法院在不同的成员国所获得的临时保护措施。司法机关之间的直接沟通也是十分必要的。每一国家指定专门的负责处理跨境保护措施的法院,将有益于形成有关该问题的共享文化。②

尽管如此,欧盟可以在宏观的框架上对欧盟域内适用的临时救济予以架构。欧盟委员会在 1997 年 11 月的一份通讯中,将其讨论的临时救济归类为以下几个问题:(1)临时救济发挥的功能;(2)辩论程序要件;(3)临时救济的执行力;(4)可能的救济程序;(5)受制于临时救济的财产类型;(6)临时救济程序和案件实体程序之间的关系。关于临时保护措施的功能,除了国际法协会通过的《赫尔辛基原则》包含的"维持现状"和"保存财产",其他功能还包括"保存证据""为诉讼费用提供担保""提供临时支付"等。③

---

① Towards greater efficiency in obtaining and enforcing judgments in the European Union, Commission Communication to the Council and the European Parliament, COM (97) 609 final, Brussels, 26. 11. 1997, para. 26.

② See W. A. Kennett, *Enforcement of Judgments in Europe*, Oxford University Press, 2000, p. 152 – 156.

③ See W. A. Kennett, *Enforcement of Judgments in Europe*, Oxford University Press, 2000, p. 156 – 157.

在欧盟现行的程序法体系下,“临时和保护措施”占据着极为重要的位置。欧盟法律体系对欧盟区域内进行的跨国民商事诉讼中“临时和保护措施”的调整,主要是依托“布鲁塞尔体系”以及其他的有关民事诉讼程序的条例或指令实现的。作为欧盟“临时和保护措施”的主要载体,“布鲁塞尔体系”是由诸多有关管辖权、承认与执行判决的法律文件以及“欧盟法院”(Court of Justice of the European Union, CJEU)的判例所支撑起来的欧盟程序法体系,其肇始于1968年《布鲁塞尔公约》①;在经历了50余年的发展之后,如今其已经演变成一个主要由欧盟法所架构起来的管辖权与判决承认和执行体系。② 目前,“布鲁塞尔体系”的主要构成法律文件是《布鲁塞尔条例Ⅰ》(修订);③该条例构成“布鲁塞尔体系”下“临时和保护措施”适用的基础性文件。

2001年《布鲁塞尔条例Ⅰ》及其前身1968年《布鲁塞尔公约》对有关“临时和保护措施”的规定并无区别,均载明,“(当事人或利害关系人)可以向某一成员国(缔约国)的法院申请该国法律中可资利用的临时性的,包括保护性的措施,即便是依据该条例(公约),另一成员国(缔约国)的法院对案件的实质问题有管辖权”④。除此之外,2001年《布鲁塞尔条例Ⅰ》与1968年《布鲁塞尔公约》均涉及一国法院裁定对其他成员国(缔约国)的判决予以承认和执行时,可以采取的“临时和保护措施”;⑤不过,这两个欧盟法律文件对“承认和执行判决的过

---

① The 1968 Brussels Convention on Jurisdiction and the Enforcement of Judgments in Civil and Commercial Matters (consolidated version), OJ C 27, 26.1.1998, p.1 –27.

② 参见张文亮:《评欧盟布鲁塞尔判决体系的新近发展》,载《人大法律评论》2012年第2期。

③ Council Regulation (EC) No.44/2001 of 22 December 2000 on jurisdiction and the recognition and enforcement of judgments in civil and commercial matters, OJ L 12, 16.1.2001, p.1 –23.

④ See Article 24, The 1968 Brussels Convention on Jurisdiction and the Enforcement of Judgments in Civil and Commercial Matters (consolidated version), OJ C 27, 26.1.1998, p.1 –27; Article 31, Council Regulation (EC) No 44/2001 of 22 December 2000 on jurisdiction and the recognition and enforcement of judgments in civil and commercial matters, OJ L 12, 16.1.2001, p.1 –23.

⑤ 值得特别注意的是,丹麦2005年通过与欧盟订立协议将《布鲁塞尔条例Ⅰ》推广适用于丹麦,并于2007年1月18日正式批准该协议,《布鲁塞尔条例Ⅰ》自此也正式适用于丹麦,而1968年《布鲁塞尔公约》在欧盟境内已不再适用。See Agreement between the European Community and the Kingdom of Denmark on jurisdiction and the recognition and enforcement of judgments in civil and commercial matters, OJ L299/62, 16.11.2005.

程中"可资利用的临时救济的规定有所区别。[①] 十分重要的一个方面是，无论是2001年《布鲁塞尔条例Ⅰ》还是其前身1968年《布鲁塞尔公约》，它们仅允许各成员国依据其各自的国内法适用临时救济，而非赋予各成员国作出临时救济的权力。[②]

依据"布鲁塞尔体系"的相关规则，申请人或判决债权人可以在三个阶段申请保护措施：(1)判决前；(2)判决后但是在获得"判决的承认和执行"(exequatur)前；(3)获得判决的承认和执行后，以及针对承认和执行的上诉时。《布鲁塞尔公约》第24条[《布鲁塞尔条例Ⅰ》(修订)第31条]针对前两种情况；《布鲁塞尔公约》第39条[《布鲁塞尔条例Ⅰ》(修订)第47条]针对最后一种情形。《布鲁塞尔公约》订立后，若干国家陆续加入该公约，对保护措施的依赖越来越深，重要性越来越大。[③] 然而，由于法院裁定承认和执行判决阶段的临时和保护措施属于执行措施的范围，因而本书不再对其予以讨论。除了欧盟的基本法律文件——《布鲁塞尔条例Ⅰ》(修订)，欧盟法院亦针对布鲁塞尔体系中的临时和保护措施条款的适用作出了若干重要的裁决，这些裁决亦构成该措施在"布鲁塞尔体系"中适用的重要法律渊源。

除了"布鲁塞尔体系"，欧盟亦在其他一系列的条例、指令、计划或通讯中规整临时救济的实施，如《欧盟知识产权实施指令》(Directive 2004/48/EC of the European Parliament and of the Council of 29 April 2004 on the enforcement of intellectual property rights)。[④] 依据该指令，临时救济可以用来：(1)保存证

---

① See Article 39, The 1968 Brussels Convention on Jurisdiction and the Enforcement of Judgments in Civil and Commercial Matters (consolidated version), OJ C 27, 26.1.1998, p.1－27; Article 47, Council Regulation (EC) No 44/2001 of 22 December 2000 on jurisdiction and the recognition and enforcement of judgments in civil and commercial matters, OJ L 12, 16.1.2001, p.1－23.

② See Trevor C. Hartley, *Jurisdiction in Conflict of Laws-Disclosure, Third-party Debt and Freezing Orders*, Law Quarterly Review, Vol.126:2, p.213(2010).

③ See W. A. Kennett, *Enforcement of Judgments in Europe*, Oxford University Press, 2000, p.130.

④ Directive 2004/48/EC of the European Parliament and of the Council of 29 April 2004 on the enforcement of intellectual property rights, OJ L 195, 2.6.2004, p.16－25.

据;[①](2)阻止将要发生的知识产权侵权或禁止对知识产权的持续侵权;(3)命令提交有知识产权侵权嫌疑的货物;(4)在侵权达到商业规模时,法院可以命令扣押侵权人的动产和不动产,包括冻结其银行账户和其他财产。[②] 尤为值得关注的是,欧盟各成员国依据《欧盟知识产权实施指令》在作出有关知识产权的临时救济时,应要求申请人提供任何可以合理取得的证据,以充分的确定性证明申请人是权利持有人,且申请人的权利正被侵犯或侵犯迫在眉睫。[③] 然而,正如有学者指出的,对于欧盟是否有权力就临时救济引入统一的标准,存在合理的怀疑,因为欧盟尚未取得统一民事诉讼程序领域的立法权力。[④] 又如,在《欧共体商标条例》[⑤]中,各国法院及欧共体商标法院可以作出临时救济,即便其对案件的实体没有管辖权。[⑥]

3. 欧盟学者的重要贡献

在欧盟的大力支持下,一些欧洲学者很早就为统一或协调欧洲民事程序法作了诸多努力,而有关"临时和保护措施"的内容便是其中极为重要的部分。在这方面,极具代表性的早期努力是斯托姆(Storme)教授主持的"协调欧盟司法法"的项目(Rapprochement du droit judiciaire de l'Union européenne,

---

① Article 7, Directive 2004/48/EC of the European Parliament and of the Council of 29 April 2004 on the enforcement of intellectual property rights, OJ L 195, 2.6.2004, p.16 – 25. 根据该条的规定,当事人可以在案件的实体诉讼程序启动之前,在存在有合理的证据支持其知识产权被侵犯或将要被侵犯诉求的情况下,请求法院作出及时的、有效的临时救济以保存其主张的侵权的有关证据。该类措施包括对侵权物品,以及在适当的情形下,对生产或分销这些物品的材料和工具与有关的文件,予以详细的描述,或进行实物扣押。若有需要,这些措施应在不通知另一方当事人的情况下采取,尤其是在任何的延迟可能会导致权利所有者的不可弥补的损害或存在证据证明存在证据被破坏的风险。此外,该指令就对另一方当事人的权利保障,该措施的被撤销、终止等作出了规定。

② Directive 2004/48/EC of the European Parliament and of the Council of 29 April 2004 on the enforcement of intellectual property rights, OJ L 195, 2.6.2004, p.16 – 25, Article 9(1) and Article 9(2).

③ Directive 2004/48/EC of the European Parliament and of the Council of 29 April 2004 on the enforcement of intellectual property rights, OJ L 195, 2.6.2004, p.16 – 25, Article 9(3).

④ See Gerhard Wagner, *Harmonisation of Civil Procedure: Policy Perspectives*, in X. E. Kramer & C. H. van Rhee eds., Civil Litigation in a Globalising World, T. M. C. Asser Press, The Hague, 2012, p.104 – 106.

⑤ Council Regulation (EC) No 40/94 of 20 December 1993 on the Community trade mark, Official Journal L 011, 14/01/1994 P.0001 – 0036.

⑥ Council Regulation (EC) No 40/94 of 20 December 1993 on the Community trade mark, Official Journal L 011, 14/01/1994 P.0001 – 0036, Article 99.

Approximation of Judiciary Law in the European Union,以下简称“斯托姆报告”)。[①] 在“斯托姆报告”中,临时救济被作为重要的内容加以探讨。[②] 在学者们依据该报告而草拟的条款(“草案条款”)中,对于临时救济来说,除法院为保护某一特定的权利而作出的诸如“财产保全”或“扣押令”、“暂管令”,禁止对紧邻原告的财产施工以避免对其造成损害的“禁令”外,法院应有权根据具体的情况就保护任何权利而给予一项救济。[③] 在“斯托姆报告”中,临时救济被定位于:(1)维持当事人之间的现状;(2)全部或部分地满足诉求;(3)对不受特定法院令限制的判决的执行提供在先的、临时性的执行。[④] 相应的具体措施包括:以存款方式的支付、交付货物、禁止性或强制性的禁制令、不干涉令、监护人或管理员的指定,或保证的设立。[⑤] 此外,“草案条款”又对临时救济的作出条件、听审权、管辖权、救济、执行等进行了详细规定。[⑥]

此后,欧洲学者们围绕协调和统一欧洲程序法作出了诸多努力,有关临时救济的内容亦是一个极为重要的部分。尼尔·安德鲁斯(Neil Andrews)教授勾勒了“欧洲保护令”(European protective order)的基本框架,就该保护令的范围、标准格式、管辖权、财产保护令的性质、被申请人的合法开支、单方性质、法院和申请人的职责、赔偿被申请人、赔偿第三人以及申请人的其他义务、实质问题标准、作出保护令的“迷你听审”证据、作出保护令的适当性、财产披露令、针对第三方当事人的法院令的效力等诸多问题进行了界定。作为一个一般性术语,“保护令”包括如下几种类型:“财产保护令”(asset preservation order)、“财产披

---

① See Marcel Storme ed., *Rapprochement du Droit Judiciaire de l'Union Européenne — Approximation of Judiciary Law in the European Union*, Kluwer Antwerpen, Martinus Nijhoff Publishers Dordrecht, 1994.

② See Marcel Storme ed., *Rapprochement du Droit Judiciaire de l'Union Européenne — Approximation of Judiciary Law in the European Union*, Kluwer Antwerpen, Martinus Nijhoff Publishers Dordrecht, 1994; Article 10, Draft Rules of Rapprochement du Droit Judiciaire de l'Union Européenne — Approximation of Judiciary Law in the European Union.

③ See Article 10.1.1, Draft Rules of Rapprochement du Droit Judiciaire de l'Union Européenne — Approximation of Judiciary Law in the European Union.

④ See Article 10.1.2, Draft Rules of Rapprochement du Droit Judiciaire de l'Union Européenne — Approximation of Judiciary Law in the European Union.

⑤ See Article 10.1.3, Draft Rules of Rapprochement du Droit Judiciaire de l'Union Européenne — Approximation of Judiciary Law in the European Union.

⑥ See Article 10.2 – 10.8, Draft Rules of Rapprochement du Droit Judiciaire de l'Union Européenne — Approximation of Judiciary Law in the European Union.

露令”(asset disclosure order)、“证据保存令”(evidence preservation order)或“临时支付”(interim payments)、“关于外国财产的特殊法院令”(special orders concerning foreign assets)、“人身限制令”(personal restraint orders)。[①]

另外,肯内特(W. A. Kennett)教授也对勾勒统一的“欧洲保护措施”提出了诸多建设性的意见,指出统一的“欧洲保护措施”可以建立在国际法协会于1996年通过的《赫尔辛基原则》之上,并梳理了“欧洲保护措施”应具有的特征:(1)在案件的实体程序启动前,可以申请临时保护措施,前提是实体程序会在随后的合理时间内启动。(2)作出临时保护措施是法院自由裁量的结果。(3)在给予该类措施方面,不应予以歧视。(4)若给予临时保护措施,应有证据表明:①对案件实质证明的标准应当低于实质程序将适用的法律;但是应表明存在一个“在法律上有充分理由的、可以争辩的案件”;②在情形“紧急”的情况下,法院需要作出该措施以保护申请人的地位;③对原告造成的潜在损害超过对被告造成的潜在损害。(5)应载明获致被告人财产信息的规定。[②] (6)被告不应有权依靠“公司面纱”(corporate veil)隐藏其财产。(7)原告应确保被告及时地被告知法院作出的临时救济。(8)被告应有权在合理的时间内被听审,以及对已作出的临时保护措施提出反对。(9)临时救济应在特定的时间期限内有效,可以根据案件的进展作出更新。(10)法院应有权要求原告就被告或第三人可能因临时救济的作出所造成的损害提供担保或施加其他条件。

伯克哈德·赫斯教授在其主持的《欧盟域内司法裁决更为有效执行的研究报告》中,对当时欧盟15个成员国[③]法律中的临时救济作了深入的比较研究;并倡议完善临时救济的适用,建立诸如“欧盟保护令”(European Protective Order)

---

① See Neil Andrews, *Towards a European Protective Order in Civil Matters*, in M. Storme ed., Procedural Laws in Europe: Towards Harmonisation, Maklu Publishers, 2003, p. 267 - 304.

② 起诉没有赔偿能力的被告是徒劳的;在提起诉讼前,原告需要获知被告的财产、资源等信息,以决定是否提请诉讼。但这并不能为践踏被告的隐私权提供正当性。通常来说,原告要启动该程序,就必须证明没有该强制程序其便无法获得必要的信息。原告有机会获得该信息但没有这样去做,便丧失了诉诸该程序的基础。对于合同性纠纷,双方当事人存在事先了解对方财产状况的选择;若在磋商订约阶段当事人未曾提及,应视为默示放弃该权利。但是在侵权伤害中,则不存在这样的问题。简言之,要侵入被告的隐私,必须证明如果不采取该措施,被告将获得极为不公正的优势。当然,这也会对被告造成不公正,如原告可能会利用其获得的信息威胁贫穷的被告。See A. A. S. Zuckerman, *Interlocutory Remedies in Quest of Procedural Fairness*, The Modern Law Review, Vol. 56:3, p. 338 - 340 (1993).

③ 欧盟成员国现已扩大至27个。

等逐步统一化的临时救济。[①] 对于跨境扣押中的“欧盟保护令”，伯克哈德·赫斯教授提出了具体的架构思路，并将其作为推进欧盟临时救济体系建设的重要内容。跨境扣押债务人银行账户的“欧盟保护令”是增进《布鲁塞尔条例Ⅰ》(修订)对债权人保护的重要步骤，亦是欧盟采取的处理执行问题的一个部分。该保护令的架构亦应建立在“相互信任原则”之上。对于跨境保护令，一个极为重要的内容是成员国法院之间的协调与合作。从一般意义上来讲，对实体问题有管辖权的法院亦对临时救济的适用负有广泛的责任，其作出的临时救济应在其他成员国自由流动。申请人应在提供担保的基础上获得临时救济，而临时救济的作出应通常在对被申请人予以听审之后作出；临时救济的裁定应送达被申请人，被申请人依凭“欧洲财产声明”(European Assets Declaration)披露其财产；而债务人账户所在的银行亦有义务通过“欧洲第三债务人财产声明”(European Third Debtor's Assets Declaration)提供有关债务人账户的信息。[②]

在2013年10月，欧洲法学会(European Law Institute)在《跨国民事程序原则》之上通过了《欧洲民事程序规则》(European Rules of Civil Procedure)。这是欧洲法学会与国际统一私法协会联合启动的一项工程，意在实现从《跨国民事程序原则》到《欧洲民事程序规则》的转化。在起草《欧洲民事程序规则》的过程中，对三项主题予以了特别关注，这三项主题是在欧盟内部推进司法合作的最重要事项，包括诉讼程序通知的送达、临时和保护措施，以及获取信息和证据。很明确的是，临时救济的协调和统一成为欧洲法学会在《欧洲民事程序规则》的项目中特别关注的一个方面。

(二)统一临时和保护措施的方案

1. 内国法与统一法的并立

“布鲁塞尔体系”中有关“临时和保护措施”制度的一个重要特征在于，欧盟法本身并没有为各成员国设计一套独立的、完整的临时救济体系。在依据“布鲁塞尔体系”开展的国际民事诉讼中，对临时救济的适用应主要地借助于各

---

① See Burkhard Hess, Study No. JAI/A3/2002/02 General Report on making more efficient the enforcement of judicial decisions within the European Union: Transparency of a Debtor's Assets and Attachment of Bank Accounts, Version of 2/18/2004, p. 141 et seq.

② See Burkhard Hess, *Minimum Procedural Standards for Enforcement of Provisional and Protective Measures at European Level*, in Mads Andenas, Burkhard Hess & Paul Oberhammer eds., Enforcement Agency Practice in Europe, The British Institute of International and Comparative Law, 2005, p. 281 – 285.

成员国的国内法体系；欧盟法在临时救济的协调或统一方面的努力，主要是围绕各成员国在适用临时救济中的“管辖权分配”、临时救济的“效力界定”等。因此，有关临时救济的作出标准、类型、执行方式等，均在很大程度上由被请求的成员国的国内法决定。在临时救济的适用条件这一关键性问题上，“布鲁塞尔体系”最大限度地尊重各成员国国内法的规定。比如，对于“紧急性”要件，在一些成员国是作出临时和保护措施的必要条件，但布鲁塞尔体系并未对此予以规定，而是交由各国国内法决定。①

欧洲大陆学者通常将临时救济分为三类：(1)用以保障实体裁决执行的保护措施；(2)用以维持现状或实现某种临时性安排的规范措施；(3)作出类似于主诉程序中的诉求的预先性措施，如“临时支付”。尤其是对预先性措施来说，欧洲各国之间的差别相当大。② 不过，值得注意的是，欧盟委员会在2001年《布鲁塞尔条例Ⅰ》出台之前的一份立法建议中，明确限定了临时和保护措施的类型，即包括保护措施在内的临时救济指的是为审查一项纠纷而可利用的紧急性措施，这是为了在判决前或执行前保存证据或财产，或为了保存某一事实情形或法律情形或在该情形下进行和解，以便为向审理案件实体事项的法院请求承认的权利提供保障。③

尽管《布鲁塞尔条例Ⅰ》(修订)第31条似乎是将临时救济适用的大多数事项完全交由各成员国的国内法决定，但是由于临时保护措施可能会影响实体诉讼的进展，尤其是存在可能因过度地诉诸各成员国国内法的管辖权体系，包括一系列的过度管辖权根据，从而将《布鲁塞尔条例Ⅰ》(修订)中的管辖权体系瓦解的危险。④ 正如有的学者明确指出的，长期以来，《布鲁塞尔公约》第24条中的临时和保护措施被认为是游离于布鲁塞尔管辖权体系之外，这会导致

---

① See Marta Pertegás Sender, *Cross-border Enforcement of Patent Rights: An Analysis of the Interface between Intellectual Property and Private International Law*, Oxford University Press, 2002, p. 139 – 141.

② See X. E. Kramer, *Harmonisation of Provisional and Protective Measures in Europe*, in M. Storme ed., Procedural Laws in Europe: Towards Harmonisation, Maklu Publishers, 2003, p. 306.

③ See Article 18(a), Proposal for a Council Act establishing the Convention on jurisdiction and the recognition and enforcement of judgments in civil and commercial matters in the Member States of the European Union, the Council of the European Union.

④ See Marta Pertegás Sender, *Cross-border Enforcement of Patent Rights: An Analysis of the Interface between Intellectual Property and Private International Law*, Oxford University Press, 2002, p. 129.

在依赖该条款时的混乱与不平等。更重要的是,有些国家的保护措施可能会使案件的实质审理变得多余。因此,该条款有可能会瓦解布鲁塞尔体系。鉴于此,欧洲法院在一系列的案件中开始对该条款的适用予以合理限制,如"范乌登海事有限公司(以范乌登非洲航线名义经营)诉德科－莱恩有限合伙公司及其他案"(Van Uden Maritime BV, trading as Van Uden Africa Line v. Kommanditgesellschaft in Firma Deco-Line and Another)。① 此外,欧盟法院亦在若干方面对其适用作了统一的限定,主旨在于确保所采取的临时保护措施不会致使实体问题的管辖权被架空。②

2. 欧盟临时救济的间接统一

如前所述,《布鲁塞尔条例Ⅰ》(修订)并未提供一套完全独立于各成员国的国内法的具有欧盟统一法意义上的临时救济体系;然而,该条例在诸多方面就欧盟区域内临时救济的适用作出了重要规定,通过间接的方式,在一定程度上促进了欧盟区域内临时救济适用的协调或统一。该条例对临时救济的调整是基于欧盟成员国法院审理的欧盟区域内的跨国民商事案件。本部分主要就《布鲁塞尔条例Ⅰ》(修订)对临时和保护措施的统一规整所体现出的几个主要方面予以阐述。

第一,申请临时和保护措施的时间。根据《布鲁塞尔条例Ⅰ》(修订)的规定,临时和保护措施申请的提起可以在实体诉讼启动之前或进行之中;而当某一成员国就案件作出实体判决之后,任何其他法院则无权再根据《布鲁塞尔条例Ⅰ》(修订)第31条的规定作出临时救济。在"马里奥·赖克特、汉斯－海因茨·赖克特和英格堡·科克勒诉德累斯顿银行股份公司案"③中,欧盟法院将临时和保护措施适用于有关实体问题的诉讼程序正在进行中的情形,即为了对在其他地方寻求的权利提供保障;④如果行使临时救济管辖权的法院的目的在于为当事人于其他地方寻求的权利提供保障,我们可以认为《布鲁塞尔条例Ⅰ》

---

① See W. A. Kennett, *Enforcement of Judgments in Europe*, Oxford University Press, 2000, p. 131.

② See Marta Pertegás Sender, *Article* 31 *of Brussels I Regulation*, in Ulrich Magnus & Peter Mankowski, Brussels I Regulation, Sellier European Law Publishers, 2012, p. 616.

③ Case C－261/90, Mario Reichert, Hans-Heinz Reichert and Ingeborg Kockler v. Dresdner Bank AG, European Court reports 1992, p. I－02149.

④ Case C－261/90, Mario Reichert, Hans-Heinz Reichert and Ingeborg Kockler v. Dresdner Bank AG, European Court reports 1992, p. I－02149, para. 34.

(修订)第31条的规定应当适用于实体诉讼已经提起至相应的判决作出前。[①]然而,这一解释被认为过于狭窄,欧盟法院在新近的案例法中不再要求“同时性”要件。[②] 与此不同的情形是,在当事人申请涉外执行实体判决的情形,其可以根据该条例第47条的规定申请判决执行中的临时和保护措施。

第二,临时救济的管辖权。对某一案件的实体问题是否享有《布鲁塞尔条例Ⅰ》(修订)规定的管辖权并不是各成员国行使临时和保护措施管辖权的根据。一方面,受理有关案件的实体问题的法院有绝对的作出临时和保护措施的管辖权。另一方面,其他各成员国均可根据《布鲁塞尔条例Ⅰ》(修订)第31条的规定本身行使临时和保护措施的管辖权,即便对案件的实体享有管辖权的法院所行使的是一种“专属管辖权”或“约定管辖权”。也就是说,《布鲁塞尔条例Ⅰ》(修订)第31条中有关临时和保护措施的管辖权构成一项独立的管辖权根据。[③]

欧盟法院在涉及“布鲁塞尔体系”下适用“临时和保护措施”的最重要案件——“范乌登海事有限公司(以范乌登非洲航线名义经营)诉德科-莱恩有限合伙公司及其他案”[④]中确认了在当事人将争议提交仲裁的情形下,成员国法院亦保有根据其国内法作出临时和保护措施的管辖权。在该案中,欧盟法院对临时和保护措施的适用作了进一步的解释:《布鲁塞尔公约》[《布鲁塞尔条例Ⅰ》(修订)]对临时和保护措施的规定主要着眼于申请该措施的“权利主张”(subject matter)是否属于该公约(条例)的适用范围,而非关注于当事人解决其纠纷所采用的方法或案件的实体。[⑤] 从原则上来讲,临时救济并不从属于仲裁程序,其可由法院在平行的程序中作出,为仲裁提供支持措施;临时救济关注的

① See Marta Pertegás Sender, *Article 31 of Brussels I Regulation*, in Ulrich Magnus & Peter Mankowski, Brussels I Regulation, Sellier European Law Publishers, 2012, p. 616.

② See Marta Pertegás Sender, *Article 31 of Brussels I Regulation*, in Ulrich Magnus & Peter Mankowski, Brussels I Regulation, Sellier European Law Publishers, 2012, p. 616.

③ See Marta Pertegás Sender, *Cross-border Enforcement of Patent Rights: An Analysis of the Interface between Intellectual Property and Private International Law*, Oxford University Press, 2002, p. 130 – 132.

④ Case C – 391/95, Van Uden Maritime BV, trading as Van Uden Africa Line v. Kommanditgesellschaft in Firma Deco-Line and Another, [1998] ECR I – 07091.

⑤ See Marta Pertegás Sender, *Article 31 of Brussels I Regulation*, in Ulrich Magnus & Peter Mankowski, Brussels I Regulation, 2nd edition, Sellier European Law Publishers, 2012, p. 614.

不是仲裁,而是对广泛意义上的权利的保护。① 临时救济在《布鲁塞尔公约》[《布鲁塞尔条例Ⅰ》(修订)]的地位不是由其性质决定的,而是由其所保全的权利的性质决定的。②

在该案中,欧盟法院对与临时救济相关的其他两个方面作了进一步的阐明:(1)临时救济的适用并非无条件的,其特别是要受到临时救济的权利主张和被请求法院的属地管辖之间存在"真正的连结因素"这一条件的限制。③ (2)从原则上来讲,一般意义上的"临时支付"(interim payment)并不是《布鲁塞尔公约》[《布鲁塞尔条例Ⅰ》(修订)]意义上的临时救济,除非"临时支付"的作出建立在两个条件之上,即①如果原告在实体诉求上败诉,存在偿还被告的担保;②所寻求的措施仅涉及被告在被请求法院范围之内的特定财产。④ 依据欧盟法院在"范乌登海事有限公司(以范乌登非洲航线名义经营)诉德科－莱恩有限合伙公司及其他案"中的裁决,任何旨在为其他成员国进行的主诉提供支持的临时救济(在该案中是"临时支付")存在如下假定,即在作出临时救济的法院的管辖权范围之内存在财产。"临时救济令"仅可处置被告位于该法院令作出国内的财产。⑤ 然而,这一限制并没有排除临时救济可以在其他成员国执行这一可能性,如果在其他成员国存在可扣押的财产。但无论如何,依据一国管辖权根据而作出的临时救济的主要效力应具有严格的"属地性",即在被告财产所在地或临时救济执行地。⑥ 值得注意的是,在"梅奈凯蒂诉新斯特凡诺和朱塞佩纳冶金学会案"(Menegatti v. Soc. Metallurgica Nova Stefano e Giuseppina)中,巴黎上诉法院拒绝依据《布鲁塞尔公约》第 24 条作出"临时支付"(référé-

---

① Case C – 391/95, Van Uden Maritime BV, trading as Van Uden Africa Line v. Kommanditgesellschaft in Firma Deco-Line and Another, [1998] ECR I – 07091, para. 33.

② Case C – 261/90, Reichert and Kockler v. Dresdner Bank [1992] ECR I – 2149, para. 32.

③ Case C – 391/95, Van Uden Maritime BV, trading as Van Uden Africa Line v. Kommanditgesellschaft in Firma Deco-Line and Another, [1998] ECR I – 07140.

④ Case C – 391/95, Van Uden Maritime BV, trading as Van Uden Africa Line v. Kommanditgesellschaft in Firma Deco-Line and Another, [1998] ECR I – 07140, para. 47; Case C – 99/96, Hans-Hermann Mietz v. Intership Yachting Sneek BV, European Court reports 1999 p. I – 02277.

⑤ See Trevor Hartley, *International Commercial Litigation: Text, Cases and Materials on Private International Law*, Cambridge University Press, 2009, p. 337.

⑥ See Burkhard Hess, *Minimum Procedural Standards for Enforcement of Provisional and Protective Measures at European Level*, in Mads Andenas, Burkhard Hess & Paul Oberhammer eds., Enforcement Agency Practice in Europe, The British Institute of International and Comparative Law, 2005, p. 277 – 278, 281.

provision)。不过,其理由并非基于“临时支付”不是该条款意义下的临时救济,而是依据“意大利法官处于裁定该类请求的更有利位置”。这一方式接近于“不方便法院原则”。①

“简易程序”中的“临时支付”引起了最大的争议。关于该类措施是否可被纳入“布鲁塞尔体系”中,学者之间存在广泛的争论。② 正如有些学者指出的,存在强烈的事由将“临时支付”排除在《布鲁塞尔条例Ⅰ》(修订)第31条的适用范围之外,主要缘由在于该类措施的功能不仅是为了保护债权人在将来能有效地实现判决,而且在于代替漫长且耗时的主诉程序。③ 在许多欧盟成员国,该类措施不被认为是临时救济,而是“简易程序”的一种形式,因此,“临时支付”应与其他“简易程序”联系起来。④ 对“临时支付”管辖权的行使应依据《布鲁塞尔条例Ⅰ》(修订)中的相关管辖权规定,由此一来,“范乌登海事有限公司(以范乌登非洲航线名义经营)诉德科－莱恩有限合伙公司及其他案”所确立的申请人“提供担保”这一要件便可去除。⑤ 而对“真正的连结因素”的界定,也是一件充斥着法院自由裁量的行为,因此成员国法院亦很难把握。在当事人向法院所寻求的措施将在法院的管辖范围内执行的情况下,该处所要求的连结因素无疑是存在的。而当法院要作出的临时和保护措施部分地需要在法院地之外执行时,这一标准将变得很难判断。正如学者们主张的,只要受理临时和保护措施申请的法院与所申请的临时和保护措施之间的关联不是人为的或微不足道

① See Laurence Collins, *Provisional and Protective Measures in International Litigation*, Recueil des Cours, Vol. 234, p. 62 (1993).

② See W. A. Kennett, *Enforcement of Judgments in Europe*, Oxford University Press, 2000, p. 132.

③ 值得注意的是,卢森堡上诉法院在1991年主张“临时支付”(référé-provision/ interim payment)不能被认为是《布鲁塞尔公约》第24条或《布鲁塞尔条例Ⅰ》第31条意义上的“临时救济”。See Burkhard Hess, Study No. JAI/A3/2002/02 General Report on making more efficient the enforcement of judicial decisions within the European Union: Transparency of a Debtor's Assets and Attachment of Bank Accounts, Version of 2/18/2004, p. 139－140, 280.

④ See Mads Andenas, *National Paradigms of Civil Enforcement: Mutual Recognition or Harmonization in Europe?*, in Mads Andenas, Burkhard Hess & Paul Oberhammer eds., Enforcement Agency Practice in Europe, The British Institute of International and Comparative Law, 2005, p. 21.

⑤ See Burkhard Hess, *Minimum Procedural Standards for Enforcement of Provisional and Protective Measures at European Level*, in Mads Andenas, Burkhard Hess & Paul Oberhammer eds., Enforcement Agency Practice in Europe, The British Institute of International and Comparative Law, 2005, p. 280.

的,"范乌登海事有限公司(以范乌登非洲航线名义经营)诉德科－莱恩有限合伙公司及其他案"所确立的标准应当被认定为满足;而在所申请的临时和保护措施将全部在法院作出地之外执行时,或仅依据原告的住所而采取的临时和保护措施的情形下,这种联系则被认为太微弱。①

除此之外,若申请人在一个对案件的实体并没有管辖权的法院先于主诉而提起临时救济的申请,如何协调已作出的临时救济与主诉之间的关系?一方面,各国会依据其国内法决定临时救济的作出,并根据国内法规范临时救济的效力。根据大多数欧盟成员国的程序法,申请人在获得临时救济之后必须在法院确定的一定时间内(通常是 2 个星期或 1 个月)提起主诉。随之而来的问题是,临时救济申请人是否必须遵守该规定在其他国家提起主诉。② 另一方面,申请人需要遵循欧盟相关法律,在对案件的实体有管辖权的法院提起主诉。那么申请人是否必须在此期间内向对案件的实体有管辖权的法院起诉?答案应是肯定的。申请人需要依据临时救济作出国法律规定的时间期限启动主诉,否则该临时救济的效力便不复存在。③ 而在主诉启动之后,如何协调尚处于有效期间的外国临时救济和主诉之间的关系,是一个更为复杂的问题。在欧盟层面上,实践中协调临时救济和主诉之间的关系问题被证明是一个极为困难的问题,这是因为《布鲁塞尔条例Ⅰ》(修订)并没有解决临时救济的管辖权问题,而仅仅是规定由各成员国的国内法确定,且各国的国内法中存在"过度管辖权根据"。④

第三,依据《布鲁塞尔条例Ⅰ》(修订)(或 1968 年《布鲁塞尔公约》)作出的

① See Marta Pertegás Sender, *Article* 31 *of Brussels I Regulation*, in Ulrich Magnus & Peter Mankowski, Brussels I Regulation, Sellier European Law Publishers, 2012, p. 619 - 620.

② 在爱马仕国际公司诉 FHT 营销选择公司案(Hermes International v. FHT Marketing Choice BV,[Case C－53/96])中,欧盟法院在其临时裁决(preliminary ruling)中肯定了适用《TRIPS 协定》第 50(6)条时,申请人在荷兰法院所获得"简易程序"临时救济后,应根据《TRIPS 协定》中的有关规定提起主诉。

③ See Burkhard Hess, *Minimum Procedural Standards for Enforcement of Provisional and Protective Measures at European Level*, in Mads Andenas, Burkhard Hess & Paul Oberhammer eds., Enforcement Agency Practice in Europe, The British Institute of International and Comparative Law, 2005, p. 274 - 275.

④ See Burkhard Hess, *Minimum Procedural Standards for Enforcement of Provisional and Protective Measures at European Level*, in Mads Andenas, Burkhard Hess & Paul Oberhammer eds., Enforcement Agency Practice in Europe, The British Institute of International and Comparative Law, 2005, p. 276.

临时和保护措施的域外效力或该措施的效力可否被其他成员国承认和执行的问题。对于该问题,我们需要从条例整体来认识。这一问题从实质上来讲就是临时和保护措施是否可被纳入该条例意义上的"判决"的范围之内。《布鲁塞尔条例Ⅰ》(修订)在对"判决"(judgment)这一概念予以界定时使用了极为概括性的术语,因而从理论上来讲,没有理由将临时救济排除在该条例第Ⅲ部分的涵摄范围之内。

在欧盟的司法实践中,欧盟法院依据"伯纳德·德尼劳莱尔诉库歇兄弟公司案"(Bernard Denilauler v. SNC Couchet Frères),对某一成员国法院依据1968年《布鲁塞尔公约》第24条或2001年《布鲁塞尔条例Ⅰ》第31条作出的临时和保护措施的域外效力这一问题,给予了肯定性的答复;[①]不过,该案也确立了一个承认和执行临时救济时的例外,即如果作出临时和保护措施的司法裁决是在措施指向方未被传唤出庭的情况下被作出的且该措施意在无在先送达时被执行,那么该类措施便不属于该条例第Ⅲ部分载明的承认和执行的体系范围。[②]在"伯纳德·德尼劳莱尔诉库歇兄弟公司案"之后,"单方的"裁决不得在欧洲司法区域内被承认和执行;然而,该立场不断受到学者们批评:允许跨境承认和执行包括临时救济在内的裁决,应成为欧盟司法区域内"相互信任原则"推进的重要部分。[③] 更有学者明确指出,由于欧盟法院判例法和相关立法的发展,加之国际诉讼实践经历的巨大变化,放弃欧盟法院在30年前作出的这一裁定的时机已到。[④] 在后来的"范乌登海事有限公司(以范乌登非洲航线名义经营)诉德科-莱恩有限合伙公司及其他案"中,欧盟法院又默示地确认了临时和保护措

---

① See Marta Pertegás Sender, *Cross-border Enforcement of Patent Rights: An Analysis of the Interface between Intellectual Property and Private International Law*, Oxford University Press, 2002, p. 137 - 138.

② See Patrick Wautelet, *Article 32 of Brussels I Regulation*, in Ulrich Magnus & Peter Mankowski, Brussels I Regulation, Sellier European Law Publishers, 2012, p. 628; Case 125/79, Bernard Denilauler v. SNC Couchet Frères, European Court reports 1980, p. 01553.

③ See Burkhard Hess, *Minimum Procedural Standards for Enforcement of Provisional and Protective Measures at European Level*, in Mads Andenas, Burkhard Hess & Paul Oberhammer eds., Enforcement Agency Practice in Europe, The British Institute of International and Comparative Law, 2005, p. 278 - 279; W. A. Kennett, *Enforcement of Judgments in Europe*, Oxford University Press, 2000, p. 150.

④ See Katarzyna Szychowska, *Jurisdiction to Grant Provisional and Protective Measures in Intellectual Property Matters*, in Arnaud Nuyts ed., International Litigation in Intellectual Property and Info Technology, Kluwer Law International, 2008, p. 212.

施的域外效力，如果所寻求的措施与临时救济作出国有充分的联系。①

欧盟法院一直强调，《布鲁塞尔条例Ⅰ》（修订）为判决的自由流动所确立的体系仅在被告被赋予充分的保障时方为合理。根据欧盟法院，要使成员国判决的承认和执行成为可能，判决的作出必须经历“双方的”而非“单方的”程序，或者存在双方程序的可能性，但是被告选择不出庭。尽管依据单方程序作出的判决不适用该条例，其是否可以诉诸欧盟成员双方的承认和执行计划，或根据各成员国的国内法来实现流动，并不存在明确的答案。此外，单方作出的临时法院令是否会因被告事后寻求撤销该法院令而可依循该条例获得承认和执行，亦不存在一致做法。②

在“伯纳德·德尼劳莱尔诉库歇兄弟公司案”之后，从原则上来说，依据“单方程序”作出的判决不能够在成员国之间流动；后续的欧盟法院及欧盟各成员国在司法实践中存在的不少案例对此予以支持。由于在“单方程序”中作出的保护措施不被纳入该条例的范围之内，在该程序中作出的诉讼费用负担亦不应根据该条例而获得承认和执行。③ 然而，对于在“单方程序”中作出的临时和保护措施，若被告在该措施获得执行力之前有机会行使抗辩，该临时和保护措施便可以依据该条例获得承认和执行。④ 正如有的学者明确指出的，欧盟法院的判决默示地认可了《布鲁塞尔条例Ⅰ》（修订）第 31 条（《布鲁塞尔公约》第 24 条）构成各成员国法院可作出一项在其他成员国获得执行的措施的管辖权根据。⑤

第四，探究《布鲁塞尔条例Ⅰ》（修订）中临时和保护措施的目的是一个十分关键的问题，因为该条例未明确可予适用的临时和保护措施的类型；对该条例下的临时和保护措施目的的理解应成为判断各成员国的国内法中的临时和

---

① See Marta Pertegás Sender, *Cross-border Enforcement of Patent Rights: An Analysis of the Interface between Intellectual Property and Private International Law*, Oxford University Press, 2002, p. 138.

② See Patrick Wautelet, *Article* 32 *of Brussels I Regulation*, in Ulrich Magnus & Peter Mankowski, Brussels I Regulation, Sellier European Law Publishers, 2012, p. 628.

③ See Patrick Wautelet, *Article* 32 *of Brussels I Regulation*, in Ulrich Magnus & Peter Mankowski, Brussels I Regulation, Sellier European Law Publishers, 2012, p. 628 – 629.

④ Case C – 474/93, Hengst Import BV v. Anna Maria Campese, European Court reports 1995, p. I – 02113, para. 14.

⑤ See Marta Pertegás Sender, *Article* 31 *of Brussels I Regulation*, in Ulrich Magnus & Peter Mankowski, Brussels I Regulation, Sellier European Law Publishers, 2012, p. 619.

保护措施是否属于该条例意义下的临时和保护措施的重要判定标准。

《布鲁塞尔条例Ⅰ》并未明确界定临时和保护措施的目的；不过，在“马里奥·赖克特、汉斯－海因茨·赖克特和英格堡·科克勒诉德累斯顿银行股份公司案”中，有涉及“布鲁塞尔体系”下的临时和保护措施目的的阐释：“临时和保护措施”这一术语应被理解为，对那些被1968年《布鲁塞尔公约》（2001年《布鲁塞尔条例Ⅰ》）涵盖的事项提供一种保全“事实上的或法律上的状况”的措施，以保障当事人向那些对有关事项的实质问题有管辖权的法院主张权利。① 因此，欧盟法院在圣保罗乳业公司案（St. Paul Dairy Industries）中明确指出，依据荷兰法对潜在的证人进行临时性的询问以确定诉求是否存在的临时救济并不是“马里奥·赖克特、汉斯－海因茨·赖克特和英格堡·科克勒诉德累斯顿银行股份公司案”确定的欧盟法意义上的临时救济。② 随后在“范乌登海事有限公司（以范乌登非洲航线名义经营）诉德科－莱恩有限合伙公司及其他案”中，欧盟法院进一步扩大了临时和保护措施的目的：所有为案件的实体提供担保的措施都可被纳入临时和保护措施的范围。这样一来，要求作出某种行为或支付一定数额的金钱的法院令都可被纳入临时和保护的范围，如果该措施的临时性质能够得到保障。③

除了“临时性”，“保护性”也是欧盟法强调的一个重要方面。正如有的学者指出的，1968年《布鲁塞尔公约》第24条（2001年《布鲁塞尔条例Ⅰ》第31条）在引入临时救济时使用了术语——“临时性的，包括保护性的，措施”，欧洲法院似乎是要求所采取的临时救济既是“临时性的”，又是“保护性的”；也就是说，所采取的措施必须是临时的，且必须是意在最终判决作出之前保存现状。④

基于欧盟法院在“马里奥·赖克特、汉斯－海因茨·赖克特和英格堡·科克勒诉德累斯顿银行股份公司案”中对《布鲁塞尔条例Ⅰ》中临时和保护措施

---

① Case C－261/90, Mario Reichert, Hans-Heinz Reichert and Ingeborg Kockler v. Dresdner Bank AG, European Court reports 1992, p. I－02149, para. 34.

② See Nicolò Trocker, *Provisional Remedies in Transnational Litigation: A Comparative Outline of Forms of Judicial Cooperation*, in Rolf Stürner & Masanori Kawano eds., Comparative Studies on Enforcement and Provisional Measures, Mohr Siebeck GmbH KG, 2011, p. 285.

③ See Marta Pertegás Sender, *Cross-border Enforcement of Patent Rights: An Analysis of the Interface between Intellectual Property and Private International Law*, Oxford University Press, 2002, p. 137.

④ See Trevor Hartley, *International Commercial Litigation: Text, Cases and Materials on Private International Law*, Cambridge University Press, 2009, p. 337.

目的的界定,诸如对货物予以“扣押”的临时性措施应当满足该案确立的临时和保护措施的目的;此外,“保存证据”的临时性措施,如“搜查和扣押令”(或类似的证据保全令)亦应属于该条例(公约)指称的临时和保护措施,只要保全证据的目的在于为实体诉讼提供可以使用的证据。比利时法律中关于专利侵权中搜寻和扣押相关货物的措施,被认为属于临时保护措施的范畴;而对于各成员国国内法中载明的不受特定条件限制,且意在对独立于主诉讼程序的证人或专家予以听审的临时性措施,如德国法中的独立证据程序(Selbstandiges Beweisverfahren),则不属于该条例涵盖的范畴。欧盟法院明确地指出,独立的庭前证人听审程序并不是在寻求1968年《布鲁塞尔公约》(2001年《布鲁塞尔条例Ⅰ》)为临时和保护措施所设定的目的,因而不属于该公约(条例)意义上的临时和保护措施。① 而对于“预见性的”措施(anticipative measures),即对申请人的实体权利予以临时的评估之后所采取的临时救济,亦可以是《布鲁塞尔条例Ⅰ》第31条意义上的临时和保护措施,这受制于一个前提条件——该措施对于确保案件的实体判决的效力来说是必要的,如限制不正当竞争行为或知识产权侵权的临时禁制令;而如果该类措施不可逆转地改变了被告财产的法律现状,则其已经超出了临时救济法院的界限,如法国法中的保罗②(Paulienne)措施。③

3.“欧盟账户保存令”与欧盟统一性的临时救济

协调或统一临时救济是欧盟从整体上推进区域内司法协作进程的重要组成部分。从宏观上来看,2009年欧盟通过的《斯德哥尔摩计划》勾勒了为欧盟公民提供“正义、自由和安全”的基本蓝图,强调欧盟司法区域应致力于为单一市场中的经济活动提供支持,并约请欧盟委员会为此提出恰当的提案;其中的一项重要内容便是增进在欧盟内部针对“银行账户”和“债务人财产”的判决执行效率的提案。

为实施《斯德哥尔摩计划》,欧盟委员会的执行方案确认了该项政治性指

① See Marta Pertegás Sender, *Article* 31 *of Brussels I Regulation*, in Ulrich Magnus & Peter Mankowski, Brussels I Regulation, Sellier European Law Publishers, 2012, p. 618.

② Action en réparation de préjudice que les créanciers pouvaient intenter contre un débiteur frauduleux.

③ See Marta Pertegás Sender, *Article* 31 *of Brussels I Regulation*, in Ulrich Magnus & Peter Mankowski, Brussels I Regulation, Sellier European Law Publishers, 2012, p. 618.

示,并提议订立在欧盟内部增进判决的执行效力的条例:"银行账户"的扣押。[①]这是在欧盟范围内推进适用临时救济的重要政治基础和统领方案。

4. 欧盟临时救济体系的发展趋向

无论如何,欧盟对各成员国在跨国民商事诉讼中的临时和保护措施适用的协调或统一已经成为欧盟立法的一个重要方面,尤其是鉴于临时救济在司法实践中的重要性。欧盟通过立法以及欧盟法院的司法判例,不断地完善、规范有关临时救济的管辖权规则;而有关临时和保护措施的承认和执行则成为欧盟面临的巨大挑战。尽管临时救济是欧盟各成员国广泛适用的措施,但是在具体的规则设计以及实践中的实施方面存在巨大的差异。因此,学者们所讨论的以及欧盟所考虑的建立统一的"欧盟保护令",或者在更深、更广的程度上协调各成员国的临时救济成为必要。要真正地协调各国临时救济的适用,组建专门的负责临时救济实施的"专家法官"是一个很好的建议。"专家法官"群体的建立将有助于在作出临时和保护措施的过程中培育经验和信任,且能更公正地对待被告的需要。[②]

在《布鲁塞尔条例Ⅰ》(修订)中,欧盟引入了有关临时救济的若干重要的新规定:(1)进一步澄清了该条例意义上的临时救济的概念。临时救济包括那些意在获得信息或保存证据的法院令,如法院依据《欧盟知识产权实施指令》第6条和第7条作出的裁定;然而,临时救济不包括命令证人听审等这一类不具有保护性质的措施。[③] (2)界定了临时救济在该条例中的地位。修订后的条例明确指出,对案件的实体问题具有管辖权的法院作出的临时救济是该条例意义上的"判决",其可以像该法院作出的实体判决一样在成员国之间自由流动;不过,被告的"听审权"应当得到保障,否则该临时救济不应被视为该条例意义上的"判决"。此外,对案件的实体问题没有管辖权的法院作出的临时救济的效力应

---

① See the Explanatory Memorandum, Proposal for a Regulation of the European Parliament and of the Council Creating a European Account Preservation Order to facilitate cross-border debt recovery in civil and commercial matters.

② See W. A. Kennett, *Enforcement of Judgments in Europe*, Oxford University Press, 2000, p. 171.

③ Recital 25, Regulation (EU) No 1215/2012 of the European Parliament and of the Council of 12 December 2012 on jurisdiction and the recognition and enforcement of judgments in civil and commercial matters (recast).

严格地局限于该临时救济作出国。①

五、小结

程序法并不是轻而易举便可适用或移植的规则,而是"文化性的产品"。程序法的形式、结构和内容是历史的、政治的、机构的、伦理的和经济的发展的综合产物。这就是无法在欧洲内部乃至世界范围内将程序法规则统一为一部单一的"民事程序法典"的主要原因。② 作为民事诉讼(包括国际民事诉讼)中的重要部分,临时救济同样受到这一根本性的限制,国际社会在协调或统一有关"程序性规则"时会面临着诸多困难。这也解释了全球性的或区域性的国际组织在推进协调或统一临时救济过程中采取的迂回路线,诉诸的主要是间接的、不全面的临时救济适用规则。

在国际社会协调或统一临时救济的过程中,妥协将不可避免。然而,妥协的产生也会导致其他一系列的困境。比如,作为国际社会协调或统一"程序性规则"的先锋,海牙国际私法会议历经诸多阻难抛出了《判决草案公约》,但在"临时和保护措施"的界定上,该草案公约采取了交由各成员国决定的方式,而这很可能会产生极其不利的后果。英国法中的"玛瑞瓦禁令"的适用可以提供一个极好的例子。该临时救济在英联邦国家广泛适用,某些法院会在与其仅有"微弱联系"的案件中适用"玛瑞瓦禁令"。当"玛瑞瓦禁令"与更为宽松的管辖权根据相结合的时候,如"多名被告管辖权"的情形,"玛瑞瓦禁令"将可能成为有力的、被滥用的武器。而一旦"强制执行"的机制被加入进来,《判决草案公约》将不可避免地缔造了进行"核打击"的元素。③

不过,作为浸透着"文化性"因素的临时救济,其仍然可以在不同的国家、法

---

① Article 2(a), Regulation (EU) No 1215/2012 of the European Parliament and of the Council of 12 December 2012 on jurisdiction and the recognition and enforcement of judgments in civil and commercial matters (recast); Recital 33, Regulation (EU) No 1215/2012 of the European Parliament and of the Council of 12 December 2012 on jurisdiction and the recognition and enforcement of judgments in civil and commercial matters (recast).

② See Michele Taruffo, *Harmonisation in a Global Context: The ALI/UNIDROIT Principles*, in X. E. Kramer & C. H. van Rhee, Civil Litigation in a Globalising World, T. M. C. Asser Press, The Hague, 2012, p. 209.

③ See Linda J. Silberman, *Can the Hague Judgments Project Be Saved?: A Perspective From the United States*, in John. J. Barceló Ⅲ & Kevein M. Clermont, A Global Law of Jurisdiction and Judgments: Lessons from The Hague, The Hague: Kluwer law international, 2002, p. 188.

系之间相互影响、借鉴。一方面,英国法中的“玛瑞瓦禁令”与大陆法系国家的“财产保全”措施(如德国的“扣押”以及法国的“保全措施”)有些许不同。另一方面,“临时救济”是大陆法系法律文化中法律遗产的组成部分,英国的“玛瑞瓦禁令”是未实现的“法律吸收”的最好例子;尽管“玛瑞瓦禁令”通常被认为是英国的创造,其在事实上只不过是英国民事诉讼法的“欧洲化”。①

各国、各法系在临时救济的体系架构和适用中的异同,使国际社会的整体或局部推进临时救济的协调或统一的努力成为必要和可能。重要的全球性的或区域性的国际组织充分地注意到了这一现实,其在临时救济的协调或统一方面的努力大都是从宏观的视野出发,梳理临时救济适用的原则体系,探究临时救济在各国适用的交集,以寻求临时救济在国际民事诉讼中的价值的有效实现。

《赫尔辛基原则》是“国际法协会”主导下的协调或统一临时救济的早期的重要努力,该原则建立在考究主要国家的临时救济适用的基础之上,凝练了基本的、共通的临时救济适用规范,是国际社会的整体或局部推进后续的临时救济协调或统一的重要借鉴和基础。②《跨国民事程序原则》是美国法律协会与国际统一私法协会在推进全球性“程序规则”的协调或统一计划的一个方面;其对临时救济予以了特别关注,但涉及的仅是临时救济的一些重要方面:适用标准和赔偿救济等。海牙国际私法会议是目前国际范围内最重要的推进程序法的协调或统一的全球性政府间国际组织,其在推进临时救济协调或统一方面的方案有良好的实施基础。从目前来说,海牙国际私法会议在临时救济方面的努力和贡献主要体现在对有关国际民事诉讼的“管辖权”与“外国判决的承认和执行”规范的架构中。作为区域性的政府间国际组织,欧盟有广泛的推进区域内“程序规则”,包括“临时救济规则”协调或统一的权限或基础。相对来说,欧盟在这方面的成效最为显著:除在有关的“管辖权”与“域内判决的承认和执行”领域就临时救济的适用进行了部分的协调或统一外,欧盟亦着手在欧盟“程序法”的协调或统一的过程中对临时救济的域内适用予以更深入的协调或统一。欧盟学者在此方面的努力也十分显著。

---

① See Jens Grunert, *Interlocutory Remedies in England and Germany: A Comparative Perspective*, Civil Justice Quarterly, Vol. 15, p. 19 (1996).

② 比如,海牙国际私法会议的“判决草案公约”的报告中,就充分肯定了《赫尔辛基原则》的重要性和基础地位。参见前文判决(管辖权)草案公约。

第三节　“支持—协调—统一”的进路模式

尽管国际社会的整体或局部在临时救济的协调或统一方面作了诸多重要的尝试和努力，当前的基本事实仍然是各国垄断了临时救济在国际民事诉讼中的适用。为促进临时救济在国际民事纠纷解决中的协调或统一，各国在临时救济的适用和改革中应秉持一种开放的心态，支持国际民事诉讼和国际民商事纠纷解决的姿态，对待临时救济适用中的问题。

各国及各法系在适用临时救济中表现出诸多鲜明的差异。在此方面的一个鲜明例子是，作为大陆法系代表的德国和作为普通法系代表的英国在涉及“财产”的临时救济的适用中显示了重要不同。德国的“扣押”针对债务人的财产，产生的是“对物”的效力；而英国的“冻结令”虽然同样地关注债务人的财产，但该措施的实施针对的是债务人的人身，产生的是“对人”的效力，而非直接地对其关注的财产产生效力。[①] 然而，我们不能否认不同国家的临时救济之间存在同源性。比如，荷兰民事诉讼法中的临时救济——“简易程序”实际上是从法国法中的“紧急审理程序”直接翻译并引荐过来的，只是“紧急审理程序”在法国未发展成为一种简易的诉讼模式。“简易程序”在荷兰的发展是由于一些“司法企业家”的活动而逐渐演变而来的。[②] 同源性的存在为临时救济的协调或统一奠定了重要基础，尽管各国和各法系独特的社会文化和社会制度使具有同源性的临时救济朝着不同的方向发展。

大陆法系和英美法系国家的临时救济体系均包含支持外国诉讼的具体的临时救济架构，如法国的“保全扣押”和英国的“全球性的玛瑞瓦禁令”；美国的“财产扣押”亦具体划分为“为本地法院诉讼扣押财产”和“为外国法院诉讼扣押本地财产”。这有利于各国临时救济的跨国输出，进而有助于提升各国临时救济的国际认知度；但是，该实践可能会造成临时救济作出国对他国司法主权的侵犯，且临时救济的跨境输出受到其他国家，如被申请人住所地国、财产所在

① See Jens Grunert, *Interlocutory Remedies in England and Germany: A Comparative Perspective*, Civil Justice Quarterly, Vol. 15, p. 20 (1996).

② See Erhard Blankenburg, *Civil Justice: Access, Cost and Expedition. The Netherlands*, in Zuckerman ed., Civil Justice in Crisis: Comparative Perspectives of Civil Procedure, Oxford University Press, 1999, p. 446.

地国等国家法律的限制,也可能会产生司法协作的困境。临时救济的跨国输出需要建立在各国之间对彼此临时救济的支持和信任的基础上,因此探索临时救济的司法协助机制成为必要。尤以德、法为代表的大陆法系国家的临时救济通常并不伴随辅助性的执行措施。比如,在德国的司法实践中,在寻求“扣押”时,当事人无权申请披露令;类似的情况也出现在法国,严格意义上的辅助性的财产披露令并不存在。这在过去可能不是一个值得特别关心的问题,然而,在当前全球性的货币市场的条件下,国际资金的转移是实时的,债务的规避变得十分容易,这就使无有效的信息工具协助的扣押措施的效力大打折扣。正如在“伯纳德·德尼劳莱尔诉库歇兄弟公司案”①中,主诉是在法国提起,而原告不得不到法国之外的英国寻求有关财产信息的“披露令”;同样的情况出现在X与Y案以及“瑞士信贷菲德斯信托股份有限公司诉库奥吉案”中。② 这样一来,英国法院为在大陆法系的法国、瑞士等国进行的实体诉讼提供了有利的临时救济支持。

---

① Case 125/79, Bernard Denilauler v. SNC Couchet Frères, European Court reports 1980, p. 01553.

② See Nicolò Trocker, *Provisional Remedies in Transnational Litigation: A Comparative Outline of Forms of Judicial Cooperation*, in Rolf Stürner & Masanori Kawano eds., Comparative Studies on Enforcement and Provisional Measures, Mohr Siebeck GmbH KG, 2011, p. 288 - 291.

第六章 临时救济的未来发展

临时救济的适用已经成为各国以及国际社会共同关注的重要课题。无论是在各国国内立法层面还是在其司法实践中,临时救济在国际民事诉讼中的位置日渐凸显并得以不断强化,继而成为国际社会的整体或局部推进国际司法合作、寻求协调或统一国际民事诉讼程序的一个关键领域。而对于国际民商事主体来说,临时救济的适用已成为在涉外纠纷解决中的重要考量,已成为国际纠纷解决或预防中可资适用的极具策略或战略性的机制。在当前的国际民事诉讼中,临时救济适用的基本事实和根本前提是该机制主要由相互分立的各国国内法主导,临时救济的地域性和文化性仍然根深蒂固。对于当前国际民事诉讼中临时救济的适用而言,在尚欠缺统一或协调的国际性临时救济体系和有效的国家间司法合作的情况下,其在国际民事诉讼中遇到的困境重重,而破解这些困境是当前各国在重构其各自的临时救济体系时应秉持的基本方向。对于我国国际民事诉讼中适用的临时救济来说,未来制度完善需要充分虑及现有的立法体系与司法实践,在此基础之上探求我国临时救济的未来发展。

第一节　国际大环境下临时救济的适用困境

随着跨国民商事交往在深度与广度方面的不断拓展,当前各国涉外临时救济的立法和司法实践受制于突出的时代困境。一方面,临时救济已成为诉讼中适用极为普遍的救济机制,甚至成为国际社会公认的法律原则;另一方面,尽管存在诸多共性,临时救济在各国及法系间的适用具有明显的差异性和局限性,临时救济的传统体系已不能有效应对当今涉外纠纷解决的现实。这两个方面的基本事实决定了涉外临时救济体系的发展必须建立在考察并回应涉外临时救济的适用困境的基础之上。

一、法律传统或文化的困境

作为程序法上的机制,临时救济仍然深受各国文化性因素的影响;相较于国家之间在实体法领域的协调或统一之成效,国际社会在程序法领域的司法合作成果尚微。① 架构国家间统一的临时救济体系的愿景虽好,但远未可行,而部分统一或协调的努力亦收效甚微,这在很大程度上归因于临时救济的地域性、程序性及其因此而伴随的文化性。作为程序法领域协调或统一的集大成者,欧盟在布鲁塞尔体系中涉及临时救济的协调或统一,但仍然在整体上采取交由各成员国支配临时救济适用的路径。②

临时救济在“不同法系”下的国家之间存在诸多差别,有根深蒂固的缘由:普通法系的律师惯常以具体的眼光审视问题,而大陆法系的律师则以抽象的视角看待案件的事实;普通法系的律师将先前案件中获得的经验以法律的形式适用于后续的案件从而实现个案正义,而大陆法系的律师却从一个普通的定论(法律条文)出发为个案的裁决寻求根据;普通法系的律师践行从实例到原则的推理方式,而大陆法系的律师采取从原则到实例的推理方式;当新的问题出现时,普通法系的律师会问“上次我们是怎么做的?”,而大陆法系的律师会问“这

---

① 海牙国际私法会议在该领域的努力与成效的对比即为例证。

② Article 35, Regulation (EU) No 1215/2012 of the European Parliament and of the Council of 12 December 2012 on jurisdiction and the recognition and enforcement of judgments in civil and commercial matters (Brussels I Regulation Recast), OJEU, L 351/1, 20.12.2012.

次我们应当做什么?”。[1] 诸如此类的问题深刻地影响着诉讼程序的设计和适用,而临时救济的适用亦不可能免受该类影响。从宏观上来看,临时救济深深地根植于各国民事诉讼法律体系及法律文化之中,其性质和内容在各国之间存在极大的差异。尽管各国通过借助临时救济解决的难题在本质上是一致的,但各国在适用临时救济之间的差异绝不仅是形式上的差异,这些差异在本质上影响了适用临时救济的情形及前提条件。[2] 如同“梅赛德斯-奔驰股份公司诉莱杜克案”所显示,各国国内法中的临时救济在性质上的差异可能会在国际民事诉讼中导致极为不同的后果。

凡此种种差异对(国际)民事诉讼中临时救济的适用产生着深刻的影响。比如,大陆法系国家有关临时救济的规定主要见于成文法,而英美法系国家中的临时救济的适用则更多地依赖于判例法体系。[3] 具体来说,这些差异会使各法系国家的临时救济在适用条件的设定、举证责任的分配等方面存在显著不同。不过,这些差异以及因这些差异所带来的临时救济在适用中的不同只是一个方面。除了这些差异,不同法系下的国家在临时救济的适用中亦表现出诸多相同或相似之处:它们在适用临时救济的过程中都会面临一些相似的困境;它们同样需要平衡双方当事人的利益;申请人均需要尽可能快地获得救济,而被申请人需要特别的保护等。[4] 这些异同使国家间、法系间在临时救济上的协调或统一的司法合作成为必要和可能。不过,从整体上来看,囿于各国程序法的内在文化性,各国间、各法系间的临时救济在协调或统一中遇到的障碍仍然十分强大;要突破这一宏观上的障碍,各国际组织所倡导和践行的建构基本的原则体系作为各国推进临时救济改革的模式,似乎是目前最为可行的方案。

---

① See Thomas Mackay Cooper, *The Common and the Civil Law-A Scot's View*, Harvard Law Review, Vol. 63: 3, p. 470 - 471 (1950); Jens Grunert, *Interlocutory Remedies in England and Germany: A Comparative Perspective*, Civil Justice Quarterly, Vol. 15, p. 19 (1996).

② Second Interim Report-Provisional and Protective Measures in International Litigation, the Committee on International Civil and Commercial Litigation of International Law Association, 1996.

③ See Jens Grunert, *Interlocutory Remedies in England and Germany: A Comparative Perspective*, Civil Justice Quarterly, Vol. 15, p. 19 (1996).

④ See Jens Grunert, *Interlocutory Remedies in England and Germany: A Comparative Perspective*, Civil Justice Quarterly, Vol. 15, p. 19 - 20 (1996).

二、临时救济的理论困境

临时救济是在不完整的事实或证据基础之上作出的法院裁断。① 在临时救济的适用中，申请人或原告只可能是“潜在的”债权人或权利人；也就是说，临时救济所保护的“权利”仅仅是一种潜在的且处于不确定状态的权利。这种将临时救济的适用建立在漂浮不定的权利之上的架构模式是架构临时救济的内在逻辑体系的最根本症结。对于当事人之间不确定的权利状态而言，无论是否适用临时救济都有可能对其中一方或双方产生损害，而对于“依单方申请”而适用的临时救济而言，这种困境更为突出。其中，《欧洲人权公约》形成对临时救济适用于“单方程序”的重大考验，而《布鲁塞尔条例Ⅰ》（修订）也对在单方程序下作出的临时救济施加了较大限制。简言之，临时救济适用中所谓的“权利”或“权利人”都处于一种假定状态，这也是传统上许多国家的法院拒绝在终局判决前赋予当事人有关财产冻结的临时救济的根本缘由。比如，英国法传统上并不准许“冻结令”，该救济是在20世纪70年代之后的英国司法实践中逐渐形成并得以发展起来的。② 从整体上来说，该理论架构之困境曾经并仍然在某种程度上深层次地影响着临时救济的体系架构。为应对该困境，各国在临时救济的适用中引入了诸多限制或条件。然而，这些限制或条件在诸多情形下又桎梏着临时救济的时代发展。

临时救济适用的诸多领域见证了该理论困境，而其实践上的难题印证了该理论困境。比如，对于终局裁判之前的“临时支付”③来说，其在很多案件中会产生终局效力，因为被申请人可能届时无法向贫穷的申请人追偿先行支付的抚养费或医疗费用，即便法院在后来的实体审理中确定申请人无权获得支付或赔偿。又如，司法实践中不乏错误或恶意诉诸临时救济的情形，致使被申请人的财产状况或声誉等遭受不可弥补的损失。诚然，法院可以要求申请人就将来可

---

① 参见张文亮：《论临时救济中的第三人——以我国涉诉民商事临时救济为视角》，载《现代法学》2016年第1期。

② 1975年英国法院的日本邮船株式会社诉卡拉乔吉斯案〔Nippon Yusen Kaisha v. Karageorgis, [1975] 1 W. L. R. 1093 (CA)〕以及玛瑞瓦船舶公司诉国际散货船公司案（Mareva Compania Naviera SA v. International Bulk Carriers SA, [1975] 2 Lloyd's Rep. 509）确立了冻结令（玛瑞瓦禁制令）的适用。

③ 在我国，该临时救济形式被称为“先予执行”。参见《民事诉讼法》（2023年修正）第110条。

能出现的费用返还或损害赔偿等提供担保。然而,这又产生两个方面的问题:首先,担保本身未必充分,如作为民事诉讼“核武器”①的财产冻结令,其威慑力和效果远远超出财产保全的效果,在迫使被告和解、让步甚或致使被告破产等方面有重大影响;其次,担保的提供可能会导致临时支付适用下的另一种尴尬或矛盾,即该类案件中的当事人通常无能力为此提供担保,而且无能力提供担保是其最初申请该类临时救济的重要原因。② 诸如此类的实践难题清晰地展示了临时救济的理论困境之弊病;这种困境是内在的,是与该机制如影随形的难题。随着国际民商事交往与司法实践之情形的日益复杂,这种理论困境因其内在实践与合作等困境更加凸显,成为临时救济机制的架构中不可回避的根本问题。

此外,临时救济的适用中还存在法官是否需要对相关的案件进行“实体审查”的抉择问题。诚然,临时救济适用中的实体考察可以有效地降低前述错误给予救济的风险,但其同时会引致对将来案件的实体审理形成“预断”的风险,亦会损及当事人之间的纠纷解决安排。还有,临时救济的适用程序应设计为“单方程序”还是“对席听审程序”,临时救济的适用是否须以“担保的提供”为前提,以及如何判定临时救济适用中“难以弥补的损害”等棘手的问题,都是临时救济机制架构中面对的内在的、具体的困境。任何国家在架构临时救济机制中都必须合理地、有效地应对这些基本的困境。

三、国际民事交往语境下的临时措施实践困境

作为重要的程序性机制,临时救济的适用如今仍然主要由各国国内法管辖,通常架构为国内民事诉讼中的一项特别机制。随着国际民商事交往的不断深化,国际民事诉讼作为一种跨国民商事纠纷解决方式日益盛行;于此背景下,临时救济的价值和必要性更为凸显,发挥作用的空间更大。在多元纠纷解决的大背景下,临时救济成为提升当前国际民事诉讼之活力与吸引力的重要筹码。然而,由于缺乏一套专门适用于国际民事诉讼的临时救济体系,国际民事诉讼

---

① Bank Mellat v. Nikpour, [1985] F. S. R. 87, 92 (C. A.).

② See Peter Gottwald, *Civil Justice Reform: Access, Cost, and Expedition: The German Perspective*, in A. A. S. Zuckerman et al. eds., Civil Justice in Crisis: Comparative Perspectives of Civil Procedure, Oxford University Press, 1999, p. 209; Lawrence W. Newman, *Attachment of Assets. Question* 8, Juris Publishing Inc., 2014.

的进行尚需依托国内民事诉讼架构起来的临时救济体系，且各国之间在该领域的协调或统一之成效甚为有限，跨国语境下的临时救济面临严重的实践困境。[①] 临时救济是包括国际民事诉讼在内的民事诉讼链条上的一个具体问题，也是一个极为重要且日趋关键的问题。在当前的国际民事诉讼中，主要依托各国国内法适用的临时救济表现出"支离破碎"的现状——根植于各国诉讼中的独特性文化背景，国际民事诉讼尚没有可予直接援引的统一实践；这与临时救济在持续推进的国际民事诉讼中日益显现的重要实践和理论价值形成鲜明的对比，该现状使对临时救济予以协调或统一的探讨变得十分重要。

首先，各国在临时救济的界定、适用程序、条件和效力等方面存在重大差别，该国别差异使当事人在涉外诉讼中处于不平等地位并导致临时救济适用的不确定性。具体来说，各国国内法中的临时救济并不共享统一的精确定义，亦不存在可被广泛接受的概念；[②]甚至同一个国家的法院在其司法实践中对临时救济的称呼也不尽一致。[③] 在适用程序上，有些国家允许临时救济可独立于主诉而提起，不以主诉是否已提起为根据；[④]有些国家则不然。[⑤] 有些国家将临时救济的适用主要限定于对席审理程序，而有些国家更多是采取单方听审程序。[⑥] 在适用要件上，有些国家要求临时救济适用存在较为严格的实体审查标准，[⑦]而有些国家对此方面的规定较为松散。[⑧] 在效力层面上，有些国家的临时救济产

---

① See George A. Bermann, *Provisional Relief in Transnational Litigation*, Columbia Journal of Transnational Law, Vol. 35:3, p. 554 - 555 (1997).

② See Ali Yesilirmak, *Provisional Measures in International Commercial Arbitration*, Kluwer Law International, 2005; Gebreyesus Abegaz Yimer, *Standards for Provisional and Protective Measures in Civil Litigation: What Ethiopian Courts May Learn from Us Courts*, African Journal of International and Comparative Law, Vol. 24:3, p. 329 (2016).

③ See Arthur D. Wolf, *Preliminary Injunctions: The Varying Standards*, Western New England Law Review, Vol. 7:2, p. 173 - 238 (1984 - 1985).

④ 大多数国家采取该立场，如英国、法国、德国等。

⑤ 如在美国，扣押措施的适用必须以诉讼的提起为前提。See Rule 65(1), Federal Rules of Civil Procedure; Catherine Kessedjian, *Note on Provisional and Protective Measures in Private International Law and Comparative Law*, Prel. Doc. No 10, October 1998, para. 37.

⑥ 在这一方面，如英国和德国法中临时救济的适用。See Catherine Kessedjian, *Note on Provisional and Protective Measures in Private International Law and Comparative Law*, Prel. Doc. No 10, October 1998, para. 78.

⑦ 在这方面，参见英国法中冻结令适用的实体要件。

⑧ 如在我国，相关法律并未规定保全适用的实体要件。

生“对人的”拘束力,[①]而有些国家的临时救济产生“对物的”拘束力。[②] 诸如此类的不同使当事人在不同国家可获得不同的临时救济,诱导当事人在不同法域内的临时救济选择,进而加剧当事人之间的不平等以及纠纷解决的不确定性。

其次,在跨国民商事交往的语境下,临时救济的特征更加彰显,[③]涉外纠纷之解决对临时救济的倚重日益突出,而临时救济效力的实现亦越来越多地需要溢出国界。然而,“国界”的存在使临时救济的价值经受着巨大的挑战。一方面,在不断翻新的通信方式与支付手段等因素的影响下,临时救济的执行和效力的实现等在一国疆界之内尚经受着严峻挑战。另一方面,随着国际交往的不断拓展以及技术的持续更新,临时救济在跨国大背景下遭遇的困境将会不断凸显和放大。尤其是在现代化的跨国支付媒介的影响下,传统的以各国国内救济为导向的架构无法有效地应对债务人采取的各式各样的规避策略。比如,对于大多数国家有关财产的临时救济来说,其须以相关法域存在可追索的财产为前提,[④]而财产的域外或跨境转移会使该救济的价值荡然无存。同时,国际民商事交往主体的活动半径大为延展。在便捷的通信、运输方式,以及电子银行的蓬勃发展的有力支撑下,国际民商事活动得到了极大的促进,然而这同时带来了全球化的弊病,如有偿付能力却故意利用现代化的手段逃避债务的债务人,或不守道德底线或挑战法律权威的国际民商事交往参与者。这为临时救济的介入提供了重要的合理性支撑,同时为临时救济的失灵埋下了伏笔:临时救济适用的地域性与民商事交往和纠纷解决的国际性形成了巨大反差。

四、合作困境:国际司法合作的僵局

在持续深化的国际民商事交往大环境下,临时救济的适用具有了越来越多的涉外因素和国际性内涵。由于涉外因素的存在以及当事人诉讼或纠纷解决中的策略性考量,临时救济的价值和效用不断放大,且源于各国以非涉外诉讼

---

① 比如,英国法中的冻结令和民事搜查令。

② 比如,德国法中的扣押和我国法中的财产保全。

③ See Gerry Maher & Barry J. Rodger, *Provisional and Protective Remedies: The British Experience of the Brussels Convention*, International and Comparative Law Quarterly, Vol. 48:2, p. 303 (1998).

④ 除英国等普通法系国家赋予有关财产的临时救济以对人效力之外,大多数的国家,如大陆法系的德国和法国等国,有关财产的临时救济之对物效力的实现须以财产的存在为适用前提,我国的财产保全制度亦如此。

为导向的临时救济之体系架构,其功用的实现越来越多地依赖于国家间合作。然而,各国之间并不存在协调或统一的临时救济体系,有关临时救济的国际民商事司法协作远未完善,从目前来看,统一的临时救济体系的形成尚存在很长一段路要走。且国家之间的临时救济体系尚存在诸多差别,司法协助和司法互信尚未建立,国际民事诉讼中临时救济的适用不可避免地遇到困境。显然,由于国际民事诉讼中临时救济的适用仍然几乎完全地交由各国国内法决定,且国内法对临时救济体系的架构大都欠缺对国际民事诉讼情形的考虑,因此在含有"涉外因素"的情境下适用临时救济很可能会遇到纷杂的难题,这些难题在没有国际协作的情形下会变得十分明显。在国际社会形成统一的可予适用的临时救济体系之前,国家间进行协调的路径以及各国保持积极的态度甚为重要。总的来说,在对临时救济的适用形成统一的实体标准之前,有关临时救济的"管辖权"以及临时救济的"承认和执行"的问题是各国应着力解决的难题。当然,在国际民商事交往的大环境下,临时救济适用中的"法律适用"问题亦值得考虑。若当事人在一国提起的临时救济申请是为了支持在另一国进行或将要启动的实体诉讼,且被申请国将临时救济的适用建立在案件的实体审查基础之上,那么在当事人实体权利的判断中,外国法的适用可能是十分重要的问题,而这对被申请法院需要在较短的时间内作出裁决来说,可能会遇到明显的困境。[①] 在目前的司法实践,临时救济作为一项程序性机制,法院即便进行实体审查,适用外国法的趋向也不甚明显,但这不应是临时救济架构的初衷和发展趋势之所在。

近年来,重要的国际组织一直倡议并大力推进临时救济的国家间协调或统一,但是国际社会目前在该领域取得的成绩甚为有限,国际组织给予的特别关注及保障力度亦远远不够。在缺乏强有力的如欧盟等区域性国家组织的保障下,国际社会的整体或局部协调或统一临时救济的困难重重,这在很大程度上制约着临时救济在当前纠纷,尤其是跨国纠纷解决中价值的实现。比如,作为国际社会协调与统一程序法的先遣——海牙国际私法会议历经诸多阻难抛出了《判决草案公约》,但囿于司法合作大环境远未成熟,该草案公约在临时救济

---

① See Catherine Kessedjian, *Note on Provisional and Protective Measures in Private International Law and Comparative Law*, Prel. Doc. No 10, para. 141 – 144.

的界定上采取了交由各成员决定的方式;[①]若适用临时救济,各缔约方只能依其本国法进行。[②] 海牙国际私法会议主导的2005年《选择法院协议公约》及其"判决计划"2016年方案[③]均因循了传统的立场,避免碰触临时救济这一复杂的司法协作领域。同样地,海牙国际私法会议通过的2019年《承认与执行外国民商事判决公约》将临时救济排除在可予承认和执行的"判决"之外。[④] 简言之,围绕临时救济的国际组织之保障尚严重缺失,这加剧了各法域之间有关临时救济的合作缺失,因此临时救济的适用面临更为严重的困境。

第二节　临时救济的未来发展路径

如前所述,在国际民商事交易环境持续复杂的形势下,价值日益凸显的临时救济适用遇到了四个层面的明显困境——文化、理论、实践及合作困境。对这些困境的有效回应理应成为临时救济未来发展的基本方向。与此同时,在涉外民商事因素不断增强的大背景下,破除这些困境是临时救济实现其应有的时代价值的必然要求。总体来说,为应对前述困境,首先,需要厘清临时救济的应对思路,从宏观上把握临时救济发展的整体脉络;其次,需要引入临时救济未来发展的举措。

一、临时救济困境的应对思路

从成因上来说,前述种种困境相互之间是独立的,但它们之间同时又存在密切的联系。面对临时救济在当前国际化大环境下的困境,临时救济的重构须考虑以下基本问题。

首先,立足于临时救济根植于国内法的事实,各国探寻在国内法的环境下

---

① See Article 13, Report by Peter Nygh and Fausto Pocar on Preliminary Draft Convention on Jurisdiction and Foreign Judgments in Civil and Commercial Matters.

② See Explanatory Report on the 2005 Hague Choice of Court Agreements Convention by Trevor Hartley & Masato Dogauchi, para. 161.

③ See 2016 preliminary draft Convention, HCCH-"The Judgments (Jurisdiction) Project", https://www.hcch.net/en/projects/legislative-projects/jurisdiction-project, last visited on April 10, 2024.

④ Convention of 2 July 2019 on the Recognition and Enforcement of Foreign Judgments in Civil or Commercial Matters, Article 3(1).

架构完善的临时救济体系是目前推进国际民事诉讼中临时救济适用的根本条件和最可行的途径。由本书第四章可得知，各国国内法大都对临时救济予以了规范，但在有关临时救济的具体制度的设计中表现得千差万别。各国国内法中的临时救济体系不仅在临时救济的类型、适用条件，而且在临时救济的效力、救济机制等诸多方面存在显著的不同。这些不同或许是源于各国深厚的社会文化背景差异，抑或是由于迥异的法律传统。临时救济作为民事诉讼中的一项重要机制，从本源上即具有诉讼程序内在的地域性和文化性，而这种内在的地域性和文化性是国际社会推进临时救济适用的协调或统一的最根本性障碍。临时救济在具体制度设计上的差异性展示了临时救济适用的“多样性”，以及“可塑性”。

在合理构建临时救济体系时，需要聚焦于两个基本方面：一是双方当事人的“地位平衡”，二是三方主体的“相互制衡”。作为临时救济适用中的直接利害关系方，双方当事人——“申请人”和“被申请人”是临时救济适用的主要推动力。临时救济介入双方当事人之间的诉讼或纠纷的解决，是出于该机制能够平衡双方之间的地位，在诉讼或纠纷解决中引入“平衡机制”。临时救济的初衷是解决因“被申请人”的“强势地位”而造成双方当事人之间的“失衡”局面，而在该临时救济的介入下，天平又可能向“申请人”倾斜，进而造成“被申请人”的“失衡”困境。因双方当事人各自的砝码众多，维持天平平衡的过程是极为困难的；梳理双方当事人各自的砝码，确立一个“基本原则”和“浮动标准”是最可能实现天平平衡的可行路径。三方主体——“申请人”、“被申请人”和“受理法院”，构成临时救济适用中的制衡机制。在法律为双方当事人引入一种“平衡设计”之后，三方主体在临时救济的具体适用中则成为有效的“制衡机制”。该机制是在动态地适用临时救济的过程中，寻求双方当事人之间“平衡”局面。当然，临时救济适用中第三人作用的界定和权利的保障也是一个极为重要的问题。

其次，着眼于临时救济的国际法远景，国际社会缔造一套共同的、有效的临时救济体系，从长远来讲是国际民事诉讼机制趋向完善的题中之义。国际社会的整体或局部在一些重要的国际组织的引领下，已经就统一或协调临时救济体系作出了若干重要的前期努力，只不过这些努力大都尚未转化为有效的临时救济规范。不过，处于持续推进中的诸方协调或统一有关临时救济的努力是实现架构统一的临时救济体系的重要步骤。

在国际社会协调或统一临时救济的过程中，我们需要搭建一种四角间的

"稳定平衡"。具体来说,申请人、被申请人、临时救济作出国和第三国,是国际范围内实现协调或统一临时救济的基本构造方。在"跨越国界"的因素介入的情况下,双方当事人之间"平衡"的缔造更为复杂和困难。作为实现该目标的有效途径之一,各国可以在国际组织的先期努力和勾勒的蓝图的基础之上推进各自的临时救济体系的架构,以间接地达成最终的协调或趋同;而各国间自发的,或借助国际组织的介入,寻求直接地协调或统一临时救济体系的努力,是更为有效和必要的方式。

在现有法律框架下,国际民事诉讼中临时救济的恰当运用主要取决于以下几个因素:(1)当事人对临时救济的领悟以及应当具备的策略性思维;(2)有关法院对临时救济所抱持的态度及相关的司法实践;(3)各国国内立法对临时救济的立法架构;(4)国家间的司法协作开展情况。诚然,要架构国际民事诉讼中的临时救济机制,需要各国立法机关完善立法、司法机关有效司法,以及国际社会深化、推进整体协作,这些都可能是一个较为缓慢的过程。毋庸置疑,当事人是国际民事诉讼和国际民商事纠纷解决中的最大利益关涉者;然而,其在临时救济机制的内国架构和国家间协调等方面所能发挥的作用甚为有限,因此,对当事人来说,最为可取的方案便是充分理解各国现行的临时救济体系、相关的司法运作以及各国间司法协作的现状,以最理性化地选择可介入国际民事纠纷解决的临时救济。在当前的国际民事诉讼中,法院于诉讼提起或终局裁决之前作出的法庭命令可以对诉讼形成决定性的影响,其中,法院为维系或恢复当事人的地位而作出的临时救济就是一个典型的例子。通常来说,法院基于对诉求实体的初步衡量而作出的临时救济,可能会迫使被告在更为有利的基础上和解案件;同样地,拒绝作出临时救济会削弱原告案件的胜诉预期。[①] 与之相对,原告会根据诉讼进行过程中被告资源的恶化情况来决定其可以"和解"的程度;如果被告的资源不断减少,那么原告不能获得足额赔偿的风险就越大,其就必然接受一个更低的"和解"。[②] 而若法院在此过程中予以适当的介入,原被告面临的"和解"的局面将大为不同。由此观之,法院在最终判决前的临时救济适用对

---

① See Andrew Dickinson, *English Private International Law Aspects of Provisional and Protective Measures*, in Mads Andenas, Burkhard Hess & Paul Oberhammer eds., Enforcement Agency Practice in Europe, The British Institute of International and Comparative Law, 2005, p. 288.

② See A. A. S. Zuckerman, *Interlocutory Remedies in Quest of Procedural Fairness*, The Modern Law Review, Vol. 56:3, p. 329 – 330 (1993).

当事人纠纷解决方式的选择及纠纷解决结果将产生极为重大的影响；而法律和法院要做的应是努力避免一种程序设计上的“失衡”。[①] 无论如何，当事人在国际民商事纠纷或国际民事诉讼中对临时救济机制的恰当运用，可以对他们之间的纠纷解决形成重大影响。

二、临时救济的制度完善

临时救济的出路取决于两个维度的架构与两个层面的努力，即宏观、微观两个维度对临时救济的平衡架构，以及国内、国际两个层面对临时救济适用给予的必要保障和推进。

（一）宏观、微观维度之架构

临时救济的理论困境之破解主要围绕两个基本问题：该机制“应否被选择”，以及若被选择，“应如何架构”的问题。传统的程序构造表现出越来越明显的失衡难题——终局裁判前拒绝给予救济的路径使原告处于相较于被告极为不利的境地，这无法维持当事人之间的合理平衡。临时救济致力于在新的民商事交往形势之下对当事人之间的程序性失衡进行再架构，这形成应对终局救济难题的极为有效的回应，因此受到了各国的普遍倚重。简言之，临时救济的适用具有显著的“目的合理性”。不过，囿于临时救济的适用是建立在不完整的事实考量之上，因此其潜含着“内在的恶”。这样一来，临时救济的适用存在巨大的价值冲突。相较于临时救济的巨大价值及程序性矫正意义，其“内在的恶”可成为实现程序再平衡架构之更高层级目标的合理且必要的成本。也就是说，临时救济具有的重大“目的合理性”，使其成为“必要的恶”。

对于临时救济的内在困境之反思，除了应予充分肯定的“目的合理性”，“手段合理性”应为另一基本要义。具体来说，一方面，临时救济应定位于制衡机制的引入，以实现当事人之间在诉讼以及整个纠纷解决过程中程序法意义上

---

① 不过，这一程序性失衡不能通过“临时禁制令”的方式予以救济，因为在侵权或合同中要求损害赔偿的原告不能够指向一个被告可能会侵犯的权利。比如，原告不可以主张因为被告在股票市场投资了50,000英镑，原告的权利便受到了侵犯。依靠合意交易下的诉因的原告会面对额外的反对，即其困境是自己造成的。可以说，一个人在订立合同时有机会来决定仅接受一个承诺还是坚持要求为该承诺提供担保。如果他决定仅接受一个承诺，那么其承担了一个风险；其现在于法院寻求强制执行该承诺的事实并不能实质地改变该风险，以使给予特殊的对待合理化。See A. A. S. Zuckerman, *Interlocutory Remedies in Quest of Procedural Fairness*, The Modern Law Review, Vol. 56:3, p. 330 (1993).

的平衡。即为当事人之间在先的表现在传统诉讼架构中的“失衡状态”注入平衡因素,以确立他们之间在诉讼或纠纷解决程序中新的“平衡状态”,尤其是赋予原告在终局救济前的必要保障。另一方面,临时救济的适用应附有最大的谨慎[①]与平衡之架构,确保被告程序地位不至过度失衡,手段合理性的保障从反面有力回应了临时救济的困境。由此观之,手段合理性之保障与架构是应对临时救济适用的理论困境的基本路径,寻求临时救济的平衡架构是其内在要义。

从宏观上来说,临时救济的平衡架构应致力于其所涉主体之间制衡关系的有效确立,主要涉及临时救济对原告的可得性,临时救济对被告的可抗辩性和临时救济对法院的必要裁量性。在此方面,《赫尔辛基原则》倚重临时救济的适用中所涉主体之间的平衡架构,提供了确立所涉主体之间有效制衡关系的借鉴或蓝本。首先,原告有权获得临时救济,但其应迅速地通知被告;其次,被告不应有权依托公司面纱或其他方式隐藏其财产,但其有权在合理的时间内获得听审;最后,法院有权要求原告为被告或第三人因临时救济的适用遭受的损害提供担保或其他条件。[②] 从宏观的角度出发,《赫尔辛基原则》从三个方面确立了临时救济适用中的制衡关系,其意在原告与被告之间实现利益上的合理平衡并在总体上实现了这种平衡。[③]

从中、微观角度来说,临时救济的适用主要着眼于为最终判决效力的实现提供担保,或在诉讼程序结束之前用以维持现状,以应对原告在传统诉讼构造中的不利地位,进而使裁决后的当事人可以获得有效的救济。从比较法的视角来看,可适用的具体临时救济主要包括涉及财产和行为的临时救济,这些措施在总体上有效回应了当前纠纷解决中对临时救济的客观需要。在临时救济的具体架构中,原告和被告之间的具体权利义务之合理分配以及法院裁量权的恰当行使,关系制衡机制能否有效实现。具体来说,作为主要助力于原告的特殊机制,“主动方”原告在可诉诸临时救济之保障的新情境下应承担相对较高的义

① See Jean O. Lanjouw & Josh Lerner, *Tilting the Table? The Use of Preliminary Injunctions*, Journal of Law and Economics, Vol. 44:2, p. 573 (2001); Anthony Disarro, *Freeze Frame: The Supreme Court's Reaffirmation of the Substantive Principles of Preliminary Injunctions*, Gonzaga Law Review, Vol. 41, p. 65 (2011).

② 参见《赫尔辛基原则》第3~9条。

③ See Catherine Kessedjian, *Preliminary Document No 7 of April* 1997 *for the Attention of the Special Commission of June* 1997 *on the Question of Jurisdiction, and Recognition and Enforcement of Foreign Judgments in Civil and Commercial Matters*, Prel. Doc. No 7, April 1997, para. 126.

务,以免临时救济的强有力机制造成对原告的严重偏向:这包括在程序要件、实体要件以及形势要件等方面对原告施加具体、合理且有效的制约。① 对于作为“受动方”的被告来说,必要的程序保障及救济机制的存在尤为重要,尤其是对于依单方申请的临时救济而言,这主要体现在临时救济程序的参与性与事后抗辩之保障上。其他角色的恰当引入,如第三人在临时救济中作用的合理界定与发挥,②法院的平衡角色以及它们之间的合作角色之发挥,亦随着实践之需要而凸显其重要性。③

(二)国内、国际社会两个层面之努力

涉外临时救济的实践及合作困境的应对,取决于两个基本方面的考量。第一,临时救济作为主要由各国国内法规范的事实在短时间内不会改变,这决定了临时救济的完善在当前须主要由各国以完善相关国内法的方式推进。第二,应国际民商事交往纵深发展的需要,国际社会的整体或局部围绕临时救济的协作不可或缺。由于各国国内法在临时救济的宏观架构与微观设计方面相去较远,国际社会远未形成统一或协调的临时救济体系,协调或统一临时救济的实践将是一项甚为困难和棘手的任务。④

首先,对于各国来说,在临时救济的体系架构中,应抱持国际化的视野,践行比较法的思维,取长补短,赋予临时救济更具时代性的广泛内涵,并应特别考量临时救济在涉外语境下的适用。在临时救济的架构中,以英国法中的“冻结令”为代表的临时救济,比德国或日本等大陆法系国家的“扣押”具有更强的国际意义,⑤这主要源于前者具有适用的灵活性与效力的广泛性,因而具有更大国际性维度且更符合跨国纠纷解决的时代要求。不仅于此,各国应秉持开放、支

---

① 英美法系以及大陆法系的代表性国家均在这几个方面对临时救济的平衡适用作了合理的程序架构。

② 参见张文亮:《论临时救济中的第三人——以我国涉诉民商事临时救济为视角》,载《现代法学》2016 年第 1 期。

③ 美国在司法实践中践行的“滑尺标准”是一个权衡各种因素以决定临时救济能否适用的重要例子。See Gebreyesus Abegaz Yimer, *Standards for Provisional and Protective Measures in Civil Litigation: What Ethiopian Courts May Learn from Us Courts*, African Journal of International and Comparative Law, Vol. 24:3, p. 338 – 339 (2016).

④ 欧盟及海牙国际私法会议在该领域的不懈尝试与尚不足道的成效即为有力说明。

⑤ 关于两者之间的比较,参见 Koji Takahashi, *Jurisdiction to Grant an Interim Freezing Order-Anglo-Japanese Comparison*, The International and Comparative Law Quarterly, Vol. 48, p. 431 – 436 (1999)。

持与合作的心态适用临时救济，尤其是在跨国语境下，使临时救济的效力得以更好地实现。也就是说，在没有相关条约或其他合作机制的情况下，各国仍可就临时救济的时代价值之实现做出努力。[①] 一方面，各国在其立法中应充分考虑涉外临时救济适用的适当性保障，架构适用要件的平衡性以及临时救济域外效力的实现等问题，以促进临时救济的效力被其他法域承认的可能性。另一方面，在远未存在各法域之间的有效合作的情境下，各国可给予其他法域的临时救济以必要的协助。临时救济的临时性特征，不应成为全盘否定其域外效力的理由。即使原则上不予承认其他法域的临时救济，各国也可通过明确的立法或司法实践，确立临时救济的适用可独立于主诉程序，即临时救济的管辖权不必以被申请法院对主诉有管辖权为前提条件。这样一来，在临时救济的效力不能跨越国界自由流动的大环境下，当事人可以在各相关国家提起有关的临时救济之诉。

除了前述"内在修行"，各国推进的"外部合作"亦不可少。其中，有关临时救济的"管辖权"与"域外效力之承认"是主要内容。尽管临时救济浸透着各国的文化因素，但其在大多数法律体系下存在共同或相近似的目标，[②]或者说各国临时救济体系在各法域之间共享某些价值体系，这赋予了临时救济的法域间合作以有利的根基。比如，尽管"冻结令"通常被认为在英国产生，然而其在事实上只不过是英国民事诉讼法的"欧洲化"。[③] 此外，各国临时救济的共同点亦充分地体现在各国临时救济的目标设定上，以及相关国际组织在比较法的基础上寻求的临时救济协调或统一。[④] 在合作方式上，各国之间的临时救济合作可以采取双边或多边模式；有关临时救济的国家间司法合作可成为更为广泛意义上的司法合作的一部分，如围绕国际民事诉讼管辖权以及国家间判决的承认和执行合作。令人欣慰的是，各国在临时救济的架构中亦充分注意到了彼此之间临时救济适用中的经验并有效地借鉴，如在"沃姆斯银行诉布拉肖夫妇案"[⑤]中，

---

① See George A. Bermann, *Provisional Relief in Transnational Litigation*, Columbia Journal of Transnational Law, Vol. 35:3, p. 615 – 617 (1997).

② The Committee on International Civil and Commercial Litigation of International Law Association. Second Interim Report-Provisional and Protective Measures in International Litigation, 1996.

③ See Jens Grunert, *Interlocutory Remedies in England and Germany: A Comparative Perspective*, Civil Justice Quarterly, Vol. 15, p. 19 (1996).

④ 参见《跨国民事程序原则》《赫尔辛基原则》。

⑤ Cass. Civ. lre, 19 nov 2002, Banque Worms c. Epoux Brachot, J. C. P. 2002. Ⅱ, 10 201.

法国最高法院认可了凡尔赛上诉法院作出的限制法国当事人在西班牙启动财产性救济的禁制令，在很大程度上借鉴了英国法中财产冻结令的做法，尽管它们之间的差别比较明显。此外，荷兰法院在司法实践中作出的“欧盟禁制令”，意在阻止其他成员国发生的知识产权侵犯，亦产生英国法中“冻结令”具有的对人性和相关的财产效力。① 实践中也出现了为外国法院诉讼扣押本地财产的做法。在“巴克莱银行股份有限公司诉巴兹尔·A. 察科斯和劳拉·法玛基·察科斯案”②中，哥伦比亚地区上诉法院撤销了原审法院的判决，指出了“不方便法院”同时适用于“实体诉讼程序”和“临时救济程序”的不合理性。原审法院考虑的仅仅是中止“实体诉讼程序”，而非“临时救济程序”。这样一来，原告就可以在美国获得“扣押”的临时救济，尽管实体救济不可在美国寻求。如果涉外临时救济中的管辖权问题能够在各国之间得到有效的分配，那么临时救济的作用将得到有效的保障，临时救济适用中的国家间冲突将得以避免。无论如何，作为其中的基础性因素，各国在临时救济架构及适用中践行开放与合作的心态是十分重要的方面。

其次，对于国际社会的整体或局部来说，经由国际组织主导的国际社会之协调或统一临时救济的努力是应对临时救济的实践与合作难题的重要路径。若干重要的国际组织，如国际法协会和国际统一私法协会，在临时救济的协调或统一中已取得了不少成绩，③直接回应了临时救济在跨国交往语境下的实践困境与国家间合作之僵局等根本问题。国际组织协调或统一的努力大都是从宏观的视野出发，梳理临时救济适用的原则体系，探究临时救济在各国适用的交集，以寻求临时救济在国际民事诉讼大环境下价值的最大实现。因此，其先前以及正在进行的努力和成果，可成为各国重构临时救济以及国际社会进一步协调或统一临时救济的重要起点和导向。其中，《赫尔辛基原则》提供了基本起点；该原则建立在对主要国家临时救济适用的深度考察之上，凝练了基本的、共通的临时救济适用规范，聚焦于临时救济的时代价值，已成为国际社会整体或

---

① See H. Muir Watt, *Injunctive Relief in the French Courts: A Case of Legal Borrowing*, The Cambridge Law Journal, Vol. 62:3, p. 573 (2003).

② Barclays Bank, S. A., Appellant, v. Basil A. Tsakos & Laura Farmaki Tsakos, Appellees, 543 A. 2d 802; 1988 D. C. Ap. LEXIS 90.

③ See F. K. Juenger, *The ILA Principles on Provisional and Protective Measures*, The American Journal of Comparative Law, Vol. 45:4, p. 942 – 944 (1997); ALI & UNIDROIT, *Principles of Transnational Civil Procedure*, Uniform Law Review, Vol. 9:4, p. 758 – 808 (2004).

局部推进后续的临时救济协调或统一的重要基础和导向。[①] 此外,《跨国民事程序原则》在临时救济的“适用标准”与“赔偿救济”等基本方面提供了重要的基石和导向。[②]

在围绕临时救济的跨国协调方面,海牙国际私法会议亦有良好的实践基础;其努力和贡献主要体现在临时救济的国家间“管辖权”分配与“跨国承认和执行”体系的架构上。比如,2000 年海牙国际私法会议的《判决草案公约》对临时救济适用中的管辖权作出了协调。[③] 尽管该草案公约的宏大计划暂时搁浅,但其提供了国际协调临时救济的重要路径。面向未来,海牙国际私法会议应聚焦涉外临时救济的“管辖权”与“域外效力的承认”,并对此进行更为深入的协调或统一。此外,欧盟在其程序法的协调或统一过程中,持续深入对临时救济的域内适用的协调或统一,这体现在 1999 年《坦佩雷计划》[④]、2009 年《斯德哥尔摩计划》[⑤]、《欧盟知识产权实施指令》[⑥]、《欧共体商标条例》[⑦]以及 2012 年《布鲁塞尔条例 I》(修订)等文件中。[⑧] 值得特别提及的是,欧盟于 2013 年通过的《关于相互承认民事保护措施的条例》[⑨]专门致力于统一欧盟域内临时救

① 比如,海牙国际私法会议在其 2000 年《判决草案公约》的报告中,即充分肯定了《赫尔辛基原则》的重要性和基础地位。《赫尔辛基原则》将临时救济的适用建立在两点宏观考量之上:(1)适用临时救济时对案件实体的证明标准应低于依据应当适用的法律对案件实质的证明标准;(2)对原告的潜在损害超过对被告造成的潜在损害。

② 参见《跨国民事程序原则》第 8 条。

③ See Preliminary Draft Convention on Jurisdiction and Foreign Judgments in Civil and Commercial Matters Adopted by the Special Commission, Article 13.

④ Tampere European Council 15 and 16 October 1999 Presidency Conclusions.

⑤ European Council, The Stockholm Programme-An Open and Secure Europe Serving and Protecting Citizen, OJ C 115/01, 4.5.2010.

⑥ Directive 2004/48/EC of the European Parliament and of the Council of 29 April 2004 on the enforcement of intellectual property rights, OJ L 195, 2.6.2004, p.16 – 25.

⑦ Council Regulation (EC) No 40/94 of 20 December 1993 on the Community trade mark, Official Journal L 011, 14/01/1994 P.0001 – 0036.

⑧ See Article 24, The 1968 Brussels Convention on Jurisdiction and the Enforcement of Judgments in Civil and Commercial Matters (consolidated version), OJ C 27, 26.1.1998, p.1 – 27; Article 31, Council Regulation (EC) No. 44/2001 of 22 December 2000 on jurisdiction and the recognition and enforcement of judgments in civil and commercial matters, OJ L 12, 16.1.2001, p.1 – 23.

⑨ Regulation (EU) No 606/2013 of the European Parliament and of the Council of 12 June 2013 on mutual recognition of protection measures in civil matters, OJEU, L 181/4, 29.6.2013.

济的适用,并以实现欧盟域内临时救济的自由流动为目标,①提供了各国之间在临时救济领域深度合作的典范。诸如此类的全球性或区域性国际组织的实践为各国临时救济体系的丰富和完善及其国家间的协调或统一提供了重要经验和基石,成为破解临时救济的实践与合作困境的重要路径。

第三节　我国涉外临时救济的适用及反思

在涉外法治推进的大环境下,我国涉外民事诉讼立法的修改及司法的完善必将深化,这将深刻影响未来我国国际民事诉讼中临时救济的架构及适用。从整体上来说,我国国际民事诉讼制度发展的动因有两个维度:一是更高水平对外开放对国际民事诉讼改革的迫切要求及我国发展国际民事诉讼的内在动力,使我国国际民事诉讼制度发展成为必要;二是世界范围之内司法改革潮流的冲击和国际公约的推动,激发着我国国际民事诉讼制度的完善。相应地,在我国国际民事诉讼临时救济制度的完善中,处理好承继我国已有的制度特色和借鉴国外司法改革的相关经验问题十分关键。因此,我国在借鉴域外经验完善我国国际民事诉讼中的临时救济时,需虑及"本土化"原则并找寻外来文化制度与本土文化资源制度资源的契合点;当然,真正意义上的"本土观"应是将我国的发展纳入世界共同发展这一战略图景中,并真正找准自己目前所处的位置。② 在我国现行民事诉讼司法实践中,涉外临时救济的地位不断凸显,然而涉外临时救济的制度体系仍不完善,这要求在审视我国涉外临时救济现状的基础之上寻求我国临时救济的发展路径。

一、保全立法体系不完善

无论是从立法角度还是司法层面来说,我国现行(国际)民事诉讼中的临时救济机制尚不完善。以财产保全为例,临时救济的结构性矛盾突出。③ 从规范

---

① Regulation (EU) No 606/2013 of the European Parliament and of the Council of 12 June 2013 on mutual recognition of protection measures in civil matters, OJEU, L 181/4, 29.6.2013, preamble 5.

② 参见齐树洁:《民事司法改革研究》,厦门大学出版社 2000 年版,"序"。

③ 参见刘哲玮:《论财产保全制度的结构矛盾与消解途径》,载《法学论坛》2015 年第 5 期。

角度来看，有关临时救济的规定散布于各法律及司法解释之中。[①] 作为临时救济的基础法律，《民事诉讼法》（2023 年修正）规定了保全制度，区分有关财产、行为及证据的诉前保全和诉中保全，但并未单独规定“涉外”保全。不过，在涉外仲裁保全中，《民事诉讼法》（2023 年修正）要求将当事人的申请提交被申请人住所地或者财产所在地的中级人民法院裁定。[②] 根据《民事诉讼法》（2023 年修正）的规定，对于可能因当事人一方的行为或者其他原因，使判决难以执行或者造成当事人其他损害的案件，可以裁定财产保全或行为保全；[③]对于诉前保全来说，因情况紧急不立即申请保全将会使其合法权益受到难以弥补的损害的，可以在提起诉讼前通过要求利害关系人以提供担保的方式适用保全。[④] 在证据可能灭失或者以后难以取得的情况下，可以适用诉中证据保全；而因情况紧急，在证据可能灭失或者以后难以取得的情况下，也可以适用诉前证据保全。[⑤] 除此之外，《民事诉讼法》（2023 年修正）并未引入其他任何适用保全的实质条件；我国其他有关保全的法律及司法解释在一定程度上丰富了我国的临时救济机制，但其并未超越民事诉讼法的基本框架。

一方面，作为各国普遍适用的程序性机制，临时救济在我国同样受制于前述临时救济适用中的多重困境；另一方面，从比较法的视野来看，我国临时救济的体系架构所受到的困境较为明显。首先，我国目前的临时救济之架构更多地着眼于为原告或申请人提供一种简单的判决执行之保障，未有效地关注原告或申请人与被告或被申请人之间的利益平衡问题，即未能合理地回应临时救济自身架构中的内在理论困境，临时救济适用中的诸多平衡因素根本未被触及。无论是有关保全的程序要件、实体要件与形势要件，还是对被告的必要程序保障及救济机制等方面，我国的保全之平衡架构体系远未确立。[⑥] 在保全的适用中，

---

① 除了《民事诉讼法》（2023 年修正），这方面的法律和司法解释主要包括《最高人民法院关于人民法院办理财产保全案件若干问题的规定》（2020 年修正）、《民事诉讼法司法解释》（2022 年修正）、《海事诉讼特别程序法》（1999 年）、《最高人民法院关于民事诉讼证据的若干规定》（2019 年修正）、《商标法》（2019 年修正）、《专利法》（2020 年修正）以及《著作权法》（2020 年修正）等。

② 参见《民事诉讼法》（2023 年修正）第 289 条。

③ 参见《民事诉讼法》（2023 年修正）第 103 条。

④ 参见《民事诉讼法》（2023 年修正）第 104 条。

⑤ 参见《民事诉讼法》（2023 年修正）第 84 条。

⑥ 参见周翠：《行为保全问题研究——对〈民事诉讼法〉第 100－105 条的解释》，载《法律科学（西北政法大学学报）》2015 年第 4 期。

我国现行立法倚重担保的提供,①以之作为平衡保全适用的关键筹码,然而担保在很多情形下是不充分的,尤其在涉及被申请人的商业信誉、对第三人履行等方面,更不用说申请人提供的担保可能根本无法涵盖被申请人遭受的损失的情形。从具体制度的架构上来说,我国法律中临时救济的适用存在一些值得完善的方面,这主要包括:临时救济类型的“区分和界定”,适用条件的“明晰与平衡”,效力体系的“范围与厘定”等。

其次,《民事诉讼法》(2023 年修正)等法律未区分涉外与非涉外保全,未充分考量涉外语境下临时救济的适用不能有效回应国际民商事交往情境下的实践困境。在跨国民商事交往日益深入的大背景下,临时救济应具有更为广博的维度,我国传统的以非涉外诉讼为出发点的保全立法思维及模式难以应对新的民商事交往环境。从原则上来讲,“参照适用”国内民商事诉讼中的临时救济体系,对国际民事诉讼中临时救济的适用形成较大的拘囿。一方面,我国国内民商事诉讼法律体系在临时救济体系设置的诸多方面尚存在不少问题;另一方面,尽管“参照适用”尚不会从根本上对国际民事诉讼中临时救济的适用形成桎梏,但仅着眼于国内民商事诉讼的临时救济体系的架构很难移植于国际民事诉讼的实践中。为国际民事诉讼引入独立于国内民商事诉讼的临时救济体系是可取的,尤其是对于临时救济的国家间协调,包括临时救济的管辖权以及围绕临时救济的国家间司法合作而言,国内民商事诉讼的临时救济体系是无法应对的;即便是采取将涉外临时救济架构于非涉外临时救济的做法,以一种广阔的视角而非局限于国内民商事诉讼的方式也是十分必要的。

最后,我国在国际民商事司法合作领域的成果有限,②尚未缔结或参加包含临时救济的双边或多边国际条约,更未就临时救济问题专门寻求国家间或法域间合作,这在很大程度上制约着我国临时救济的域外效力,也同样影响着其他

---

① 比如,《最高人民法院关于人民法院办理财产保全案件若干问题的规定》(2020 年修正)进一步细化了担保的适用,该规定在 9 个核心条款规范了提供担保的问题。参见江伟、王国征:《完善我国财产保全制度的设想》,载《中国法学》1993 年第 5 期;黄文艺:《比较法视域下我国民事保全制度的修改与完善》,载《比较法研究》2012 年第 5 期。

② 迄今为止,我国与 39 个国家缔结了双边民商事司法协助条约,其中 35 个双边条约包括判决执行条款,但并不存在有关临时救济的条款。关于我国目前已缔结民商事双边司法协助条约的总体情况,参见《中国关于民事和商事司法协助的双边条约清单》,载中国司法观察员网, https://zh-cn.chinajusticeobserver. com/a/list-of-chinas-bilateral-treaties-on-judicial-assistance-in-civil-and-commercial-matters,最后访问日期:2024 年 4 月 10 日。

国家或法域的临时救济效力在我国的合理实现。临时救济的架构应充分关注国际社会在这方面的努力和进展,以及其他国家的立法和司法实践的晚近发展。国际社会的整体或局部为回应不断涌现的各式各样的国际民事纠纷及其对纠纷解决机制提出的越来越高的要求,提出了诸多架构临时救济的方案,意在协调或统一国际范围内临时救济的适用,各国际组织在这方面抛出的有关临时救济适用的体系是很好的证明。这些模范性的临时救济体系可以成为包括我国在内的法律制度重新构建临时救济体系的重要参考和方向,而其本身亦是国际组织在充分地考察、比较主要国家的临时救济体系的基础上提出的临时救济发展方案。

二、保全司法实践混乱且不一致

在我国的司法实践中,保全已成为广泛适用的重要诉讼机制,[①]并成为我国最高人民法院关注的重要问题。然而,立法上的不足决定着有关保全适用的司法实践难以统一且不存在合理的适用标准。[②] 纵览我国法院适用保全的司法实践,保全适用的特点主要表现在以下几个方面:第一,适用的思路基本一致,即依据申请人的保全申请,建立在其提供担保的基础之上,受理法院原则性地引述相关法律即作出保全裁定。其中,过分强调并依赖担保的提供是司法实践的突出特点。[③] 第二,依托申请人的担保,法院大都径直裁定予以保全;然而,对于保全的适用,法院在其裁定中通常并不进行有效的说理分析——仅认定申请人的保全申请符合法律规定,甚至连民事诉讼法就保全适用所规定的一般条件亦未明确阐释。第三,保全裁定大都是依单方程序作出的,审判庭由 3 名法官组成合议庭,特别强调保全的“突袭”或“出其不意”的效果。第四,裁定中大都载明保全的执行力及可复议性之提示,但是被保全人并无其他救济机制。诸如此类的实践问题印证了我国临时救济体系平衡架构的缺失。

---

① 参见江苏省淮安市清河区人民法院宣法科:《财产保全案件逐年上升的原因探究》,载《建筑时报》2011 年 9 月 26 日,第 4 版。

② 比如,行为保全在实践中遇到的申请难的问题即为重要例证,参见任重:《我国诉前行为保全申请的实践难题:成因与出路》,载《环球法律评论》2016 年第 4 期。

③ 与有关的立法相对应,我国的司法实践亦主要地围绕担保的提供来架构保全的体系。对于担保的提供问题,2016 年的《最高人民法院关于人民法院办理财产保全案件若干问题的规定》给予了特别规范,在很大程度上降低了担保的提供给予申请人的不合理负担。

在2016年浙江唐德影视股份有限公司诉上海灿星文化传播有限公司案[①]中,北京知识产权法院在决定是否适用诉前保全时,综合考虑了如下因素:申请人是否是权利人或利害关系人;申请人在本案中是否有胜诉可能性;是否具有紧迫性,以及不立即采取措施是否可能使申请人的合法权益受到难以弥补的损害;损害平衡性;责令被申请人停止相关行为是否损害社会公共利益;申请人是否提供了相应的担保等。在综合考虑了上述因素之后,北京知识产权法院裁定作出保全措施。毋庸置疑,北京知识产权法院在该案中适用保全的方式已经大大超越了我国现行的法律体系,[②]也迥然不同于我国法院的传统做法。该案寻求保全的平衡适用,考量了保全适用中的各种因素,尤其细化并深入分析了实体上的和形势上的适用要件,在回应临时救济的内在困境方面显然有着重大进步,实现了突破。不过,作为一个"非涉外"案件中的保全适用,其未能提供回应保全在更广泛领域适用时面临的诸多困境的方案,尤其是其中的实践困境与合作困境。无论如何,该案体现出的积极且平衡适用临时救济的思路,应被因循并得到进一步发展。

三、我国保全体系的架构及出路

在构建能够有效应对诸多时代困境的临时救济机制之前,我国的相关立法及司法之完善仍有很长的路要走。在架构与完善我国保全机制的过程中,应遵循以下基本思路:

首先,从比较法的视野出发,以我国《民事诉讼法》的立法完善为主线,积极应对国际民事诉讼中临时救济适用中的内在困境,尤其是我国司法实践中广泛适用的"依单方申请的临时救济",其制度完善尤为必要。与国际社会的大趋势相一致,我国保全机制的"目的合理性"应予充分肯定,但搭建在平衡架构思维之上的"手段合理性"应予充分保障,以从根本上回应保全或临时救济的内在理论困境。借鉴国际社会的主流做法,尤其是《赫尔辛基原则》《跨国民事程序原则》中的临时救济理念与平衡架构模式。具体来说,在实体要件上,申请人应存在"实体"上可初步证明的诉求,并负有全面、善意披露的义务,尽可能地降低恶

① 北京知识产权法院民事裁定书,(2016)京73行保1号。

② 其中,2015年《最高人民法院关于审查知识产权与竞争纠纷行为保全案件适用法律若干问题的解释(征求意见稿)》中列出了若干保全必要性的考虑因素,该案的分析与此征求意见稿在很大程度上是一致的。

意保全或错误保全的出现;在形势要件上,保全请求应存在“形势”上的必要性,难以弥补的损失之虞是各国普遍确立的形势要件,我国法律应予确立,以避免轻率保全或保全滥用。在适用程序上,基于送达的通知之最根本程序性保障须维系,尤其是对于依单方申请的保全而言,有关的程序保障的价值重大。[①] 在裁定后救济方面,赋予当事人以及时、有效审查的保障,恶意或错误保全下的赔偿机制,必要情形下的担保之提供,当事人的上诉权以及特定国家如德国和瑞士等国已经践行的“保护书”[②]等机制均可成为考虑借鉴的事后制衡因素。需要特别指出的是,我国立法应特别区分依单方申请的保全与双方对席听审程序下的保全,并对前者予以特别且更为严格的体系架构。简言之,我国未来立法应致力于架构平衡的保全体系,确立所涉主体之间的平衡诉讼态势,有效回应其内在的理论困境。

其次,抱持开放、合作的态度,保全的体系架构应考虑当前临时救济适用的时代要求和涉外大环境,秉持国际视野,以更好地回应临时救济适用的实践困境。我国未来立法应充分考量涉外语境下保全的效力及实现问题,可特别就涉外语境下保全的适用及效力架构予以特别规范。具体来说,我国未来立法应明确保全诉讼的管辖权之独立性,[③]外国法院对有关案件实体行使管辖权或我国法院对其实体无管辖权等情形不应影响我国法院有关保全的管辖权之行使,以争议或可供扣押财产等为依据适度行使涉外保全的独立管辖权具有重大的实践意义,当事人据此在适当的国家均可寻求临时救济。而对于外国法院之临时救济的效力,秉持一种更为开放的和支持的立场是可取的,尤其是在外国法院对案件的实体有管辖权的情形下,该外国法院作出的临时救济可予承认。

最后,积极参与有关的双边及多边司法合作,以有效回应临时救济面临的合作困境,在双边或多边的司法协助中借鉴有关临时救济协作的安排。在未来有关的中外司法协助协定中对临时救济予以特别规定,可为临时救济在涉外案

---

① 我国学者在该领域的探讨相对缺乏,少数探讨可参见郭小冬:《论保全诉讼中被申请人利益的保障》,载《法学家》2010 年第 2 期。

② See Jens Grunert, *Interlocutory Remedies in England and Germany: A Comparative Perspective*, Civil Justice Quarterly, Vol. 15 (1996); Peter Gottwald, *Principles and Current Problems of Uniform Procedural Law in Europe Under the Brussels Convention*, Saint Louis-Warsaw Transatlantic Law Journal, Vol. 1997, p. 139.

③ 关于我国保全之管辖权在非涉外语境下的讨论,参见江伟、王国征:《完善我国财产保全制度的设想》,载《中国法学》1993 年第 5 期。

件中的适用提供重要的合作基础。我国正积极地参与海牙国际私法会议主导的有关国家间判决承认与执行的全球判决计划,该计划对临时救济的适用所进行的直接或间接协调亦会有力地推进临时救济的全球协调适用,我国应积极参与诸如此类的全球临时救济之协调或统一计划。